求明之历程
李求明传

李华虹　方若冰　王培军 ○ 著

老科学家学术成长资料采集工程丛书

1926年	1945年	1951年	1992年	2003年	2019年
出生于上海	考入圣约翰大学医学院	参加抗美援朝志愿医疗队	实施黑龙江省首例心脏移植手术	获国家科学技术进步奖二等奖	逝世于哈尔滨

心之历程

夏求明传

李华虹 方若冰 王培军 ◎著

老科学家学术成长资料采集工程丛书

中国科学技术出版社
湖南科学技术出版社

图书在版编目（CIP）数据

心之历程：夏求明传 / 李华虹，方若冰，王培军著.
— 北京：中国科学技术出版社，2021.11
（老科学家学术成长资料采集工程丛书）
ISBN 978-7-5046-9145-3

Ⅰ.①心… Ⅱ.①李… ②方… ③王… Ⅲ.①夏求明—传记 Ⅳ.① K826.1

中国版本图书馆 CIP 数据核字（2021）第 158358 号

责任编辑	李双北
版式设计	中文天地
责任校对	吕传新
责任印制	李晓霖

出 版	中国科学技术出版社　湖南科学技术出版社
发 行	中国科学技术出版社有限公司发行部
地 址	北京市海淀区中关村南大街 16 号
邮 编	100081
发行电话	010-62173865
传 真	010-62173081
网 址	http://www.cspbooks.com.cn
开 本	787mm×1092mm　1/16
字 数	235 千字
印 张	15.75
彩 插	2
版 次	2021 年 11 月第 1 版
印 次	2021 年 11 月第 1 次印刷
印 刷	北京华联印刷有限公司
书 号	ISBN 978-7-5046-9145-3 / K·306
定 价	88.00 元

（凡购买本社图书，如有缺页、倒页、脱页者，本社发行部负责调换）

老科学家学术成长资料采集工程领导小组专家委员会

主　任：韩启德
委　员：（以姓氏拼音为序）
　　　　陈佳洱　方　新　傅志寰　李静海　刘　旭
　　　　齐　让　王礼恒　徐延豪　赵沁平

老科学家学术成长资料采集工程丛书组织机构

特邀顾问（以姓氏拼音为序）
　　樊洪业　方　新　谢克昌

编委会

主　编：老科学家学术成长资料采集工程领导小组办公室
编　委：（以姓氏拼音为序）
　　　　定宜庄　董庆九　郭　哲　胡化凯　胡宗刚
　　　　刘晓堪　吕瑞花　潘晓山　秦德继　阮　草
　　　　申金升　王扬宗　熊卫民　姚　力　张大庆
　　　　张　剑　张　藜　周德进

编委会办公室

主　任：孟令耘　杨志宏　石　磊
副主任：许　慧　胡艳红
成　员：（以姓氏拼音为序）
　　　　高文静　韩　颖　李　梅　林澧波　刘如溪
　　　　罗兴波　马　丽　王传超　余　君　张佳静

老科学家学术成长资料采集工程简介

老科学家学术成长资料采集工程（以下简称"采集工程"）是根据国务院领导同志的指示精神，由国家科教领导小组于2010年正式启动，中国科协牵头，联合中组部、教育部、科技部、工信部、财政部、文化部、国资委、解放军总政治部、中国科学院、中国工程院、国家自然科学基金委员会等11部委共同实施的一项抢救性工程，旨在通过实物采集、口述访谈、录音录像等方法，把反映老科学家学术成长历程的关键事件、重要节点、师承关系等各方面的资料保存下来，为深入研究科技人才成长规律，宣传优秀科技人物提供第一手资料和原始素材。

采集工程是一项开创性工作。为确保采集工作规范科学，启动之初即成立了由中国科协主要领导任组长、12个部委分管领导任成员的领导小组，负责采集工程的宏观指导和重要政策措施制定，同时成立领导小组专家委员会负责采集原则确定、采集名单审定和学术咨询，委托科学史学者承担学术指导与组织工作，建立专门的馆藏基地确保采集资料的永久性收藏和提供使用，并研究制定了《采集工作流程》《采集工作规范》等一系列基础文件，作为采集人员的工作指南。截至2021年8月，采集工程已启动592位科学家的学术成长资料采集项目，获得实物原件资料132922件、数字化资料318092件、视频资料443783分钟、音频资料527093分钟，具有重要的史料价值。

采集工程的成果目前主要有三种体现形式,一是建设"中国科学家博物馆网络版",提供学术研究和弘扬科学精神、宣传科学家之用;二是编辑制作科学家专题资料片系列,以视频形式播出;三是研究撰写客观反映老科学家学术成长经历的研究报告,以学术传记的形式,与中国科学院、中国工程院联合出版。随着采集工程的不断拓展和深入,将有更多形式的采集成果问世,为社会公众了解老科学家的感人事迹,探索科技人才成长规律,研究中国科技事业的发展历程提供客观翔实的史料支撑。

总序一

中国科学技术协会主席　韩启德

　　老科学家是共和国建设的重要参与者，也是新中国科技发展历史的亲历者和见证者，他们的学术成长历程生动反映了近现代中国科技事业与科技教育的进展，本身就是新中国科技发展历史的重要组成部分。针对近年来老科学家相继辞世、学术成长资料大量散失的突出问题，中国科协于2009年向国务院提出抢救老科学家学术成长资料的建议，受到国务院领导同志的高度重视和充分肯定，并明确责成中国科协牵头，联合相关部门共同组织实施。根据国务院批复的《老科学家学术成长资料采集工程实施方案》，中国科协联合中组部、教育部、科技部、工业和信息化部、财政部、文化部、国资委、解放军总政治部、中国科学院、中国工程院、国家自然科学基金委员会等11部委共同组成领导小组，从2010年开始组织实施老科学家学术成长资料采集工程。

　　老科学家学术成长资料采集是一项系统工程，通过文献与口述资料的搜集和整理、录音录像、实物采集等形式，把反映老科学家求学历程、师承关系、科研活动、学术成就等学术成长中关键节点和重要事件的口述资料、实物资料和音像资料完整系统地保存下来，对于充实新中国科技发展的历史文献，理清我国科技界学术传承脉络，探索我国科技发展规律和科技人才成长规律，弘扬我国科技工作者求真务实、无私奉献的精神，在全社会营造爱科学、学科学、用科学的良好氛围，是一件很有意义的事情。采集工程把重点放在年龄在 80 岁以上、学术成长经历丰富的两院院士，以及虽然不是两院院士、但在我国科技事业发展中作出突出贡献的老科技工作者，充分体现了党和国家对老科学家的关心和爱护。

自 2010 年启动实施以来，采集工程以对历史负责、对国家负责、对科技事业负责的精神，开展了一系列工作，获得大量反映老科学家学术成长历程的文字资料、实物资料和音视频资料，其中有一些资料具有很高的史料价值和学术价值，弥足珍贵。

以传记丛书的形式把采集工程的成果展现给社会公众，是采集工程的目标之一，也是社会各界的共同期待。在我看来，这些传记丛书大都是在充分挖掘档案和书信等各种文献资料、与口述访谈相互印证校核、严密考证的基础之上形成的，内中还有许多很有价值的照片、手稿影印件等珍贵图片，基本做到了图文并茂，语言生动，既体现了历史的鲜活，又立体化地刻画了人物，较好地实现了真实性、专业性、可读性的有机统一。通过这套传记丛书，学者能够获得更加丰富扎实的文献依据，公众能够更加系统深入地了解老一辈科学家的成就、贡献、经历和品格，青少年可以更真实地了解科学家、了解科技活动，进而充分激发对科学家职业的浓厚兴趣。

借此机会，向所有接受采集的老科学家及其亲属朋友，向参与采集工程的工作人员和单位，表示衷心感谢。真诚希望这套丛书能够得到学术界的认可和读者的喜爱，希望采集工程能够得到更广泛的关注和支持。我期待并相信，随着时间的流逝，采集工程的成果将以更加丰富多样的形式呈现给社会公众，采集工程的意义也将越来越彰显于天下。

是为序。

总序二

中国科学院院长　白春礼

由国家科教领导小组直接启动，中国科学技术协会和中国科学院等12个部门和单位共同组织实施的老科学家学术成长资料采集工程，是国务院交办的一项重要任务，也是中国科技界的一件大事。值此采集工程传记丛书出版之际，我向采集工程的顺利实施表示热烈祝贺，向参与采集工程的老科学家和工作人员表示衷心感谢！

按照国务院批准实施的《老科学家学术成长资料采集工程实施方案》，开展这一工作的主要目的就是要通过录音录像、实物采集等多种方式，把反映老科学家学术成长历史的重要资料保存下来，丰富新中国科技发展的历史资料，推动形成新中国的学术传统，激发科技工作者的创新热情和创造活力，在全社会营造爱科学、学科学、用科学的良好氛围。通过实施采集工程，系统搜集、整理反映这些老科学家学术成长历程的关键事件、重要节点、学术传承关系等的各类文献、实物和音视频资料，并结合不同时期的社会发展和国际相关学科领域的发展背景加以梳理和研究，不仅有利于深入了解新中国科学发展的进程特别是老科学家所在学科的发展脉络，而且有利于发现老科学家成长成才中的关键人物、关键事件、关键因素，探索和把握高层次人才培养规律和创新人才成长规律，更有利于理清我国科技界学术传承脉络，深入了解我国科学传统的形成过程，在全社会范围内宣传弘扬老科学家的科学思想、卓越贡献和高尚品质，推动社会主义科学文化和创新文化建设。从这个意义上说，采集工程不仅是一项文化工程，更是一项严肃认真的学术建设工作。

中国科学院是科技事业的国家队，也是凝聚和团结广大院士的大家庭。早在1955年，中国科学院选举产生了第一批学部委员，1993年国务院决定中国科学院学部委员改称中国科学院院士。半个多世纪以来，从学部委员到院士，经历了一个艰难的制度化进程，在我国科学事业发展史上书写了浓墨重彩的一笔。在目前已接受采集的老科学家中，有很大一部分即是上个世纪80、90年代当选的中国科学院学部委员、院士，其中既有学科领域的奠基人和开拓者，也有作出过重大科学成就的著名科学家，更有毕生在专门学科领域默默耕耘的一流学者。作为声誉卓著的学术带头人，他们以发展科技、服务国家、造福人民为己任，求真务实、开拓创新，为我国经济建设、社会发展、科技进步和国家安全作出了重要贡献；作为杰出的科学教育家，他们着力培养、大力提携青年人才，在弘扬科学精神、倡树科学理念方面书写了可歌可泣的光辉篇章。他们的学术成就和成长经历既是新中国科技发展的一个缩影，也是国家和社会的宝贵财富。通过采集工程为老科学家树碑立传，不仅对老科学家们的成就和贡献是一份肯定和安慰，也使我们多年的夙愿得偿！

鲁迅说过，"跨过那站着的前人"。过去的辉煌历史是老一辈科学家铸就的，新的历史篇章需要我们来谱写。衷心希望广大科技工作者能够通过"采集工程"的这套老科学家传记丛书和院士丛书等类似著作，深入具体地了解和学习老一辈科学家学术成长历程中的感人事迹和优秀品质；继承和弘扬老一辈科学家求真务实、勇于创新的科学精神，不畏艰险、勇攀高峰的探索精神，团结协作、淡泊名利的团队精神，报效祖国、服务社会的奉献精神，在推动科技发展和创新型国家建设的广阔道路上取得更辉煌的成绩。

总序三

中国工程院院长　周　济

由中国科协联合相关部门共同组织实施的老科学家学术成长资料采集工程，是一项经国务院批准开展的弘扬老一辈科技专家崇高精神、加强科学道德建设的重要工作，也是我国科技界的共同责任。中国工程院作为采集工程领导小组的成员单位，能够直接参与此项工作，深感责任重大、意义非凡。

在新的历史时期，科学技术作为第一生产力，已经日益成为经济社会发展的主要驱动力。科技工作者作为先进生产力的开拓者和先进文化的传播者，在推动科学技术进步和科技事业发展方面发挥着关键的决定的作用。

新中国成立以来，特别是改革开放30多年来，我们国家的工程科技取得了伟大的历史性成就，为祖国的现代化事业作出了巨大的历史性贡献。两弹一星、三峡工程、高速铁路、载人航天、杂交水稻、载人深潜、超级计算机……一项项重大工程为社会主义事业的蓬勃发展和祖国富强书写了浓墨重彩的篇章。

这些伟大的重大工程成就，凝聚和倾注了以钱学森、朱光亚、周光召、侯祥麟、袁隆平等为代表的一代又一代科技专家们的心血和智慧。他们克服重重困难，攻克无数技术难关，潜心开展科技研究，致力推动创新发展，为实现我国工程科技水平大幅提升和国家综合实力显著增强作出了杰出贡献。他们热爱祖国，忠于人民，自觉把个人事业融入到国家建设大局之中，为实现国家富强而不断奋斗；他们求真务实，勇于创新，用科技为中华民族的伟大复兴铸就了辉煌；他们治学严谨，鞠躬尽瘁，具有崇高的科学精神和科学道德，是我们后代学习的楷模。科学家们的一生是一本珍贵的教科书，他们坚定的理想信念和淡泊名利的崇高品格是中华民族自强不息精神的宝贵财富，永远值得后人铭记和敬仰。

通过实施采集工程，把反映老科学家学术成长经历的重要文字资料、实物资料和音像资料保存下来，把他们卓越的技术成就和可贵的精神品质记录下来，并编辑出版他们的学术传记，对于进一步宣传他们为我国科技发展和民族进步作出的不朽功勋，引导青年科技工作者学习继承他们的可贵精神和优秀品质，不断攀登世界科技高峰，推动在全社会弘扬科学精神，营造爱科学、讲科学、学科学、用科学的良好氛围，无疑有着十分重要的意义。

中国工程院是我国工程科技界的最高荣誉性、咨询性学术机构，集中了一大批成就卓著、德高望重的老科技专家。以各种形式把他们的学术成长经历留存下来，为后人提供启迪，为社会提供借鉴，为共和国的科技发展留下一份珍贵资料。这是我们的愿望和责任，也是科技界和全社会的共同期待。

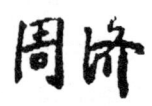

周济

夏求明

夏求明与采集小组工作人员合影

采集小组工作人员整理的档案资料

目 录

老科学家学术成长资料采集工程简介

总序一 ································· 韩启德

总序二 ································· 白春礼

总序三 ································· 周　济

导　言 ································· 1

第一章 | 懵懂童年 ······················· 7

　　名医世家 ······························· 7
　　快乐童年 ······························ 12
　　逃难上海 ······························ 15
　　上海中学 ······························ 17

第二章 | 初涉医科 ······················ 21

　　初萌学医志 ···························· 21
　　"光和真理" ···························· 23

顶尖医学教育中成长 ··· 27
上海仁济医院实习 ·· 33
参加血吸虫病防治 ·· 37
战争洗礼下的信仰 ·· 42

第三章 支援东北 49

哈尔滨医科大学 ·· 49
初涉胸外科 ··· 60
改进胸外手术 ·· 64
心脏与循环 ··· 68
"不能让他死啊" ·· 73

第四章 廿载耕耘 79

初到哈医大二院 ·· 79
"文化大革命"中苦撑危局 ································· 83
科学春天　百废待兴 ··· 86
重建队伍　更新知识 ··· 91
心脏"密码"逐一破解 ·· 97

第五章 十年一剑　心脏移植 102

挫败重重 ··· 102
医学史的提示 ·· 109
大胆设想　小心求证 ······································· 112
心脏保护 ··· 114
敢为天下先 ··· 119
难忘的"4.26"清晨 ··· 128
长期存活 ··· 133

| 第六章 | 再创"心"纪录 ············· 139

    心与心的交换 ················ 139
    攻克亚洲首例"全心移植" ········ 148
    一鸣惊人 ···················· 152
    再战巅峰 ···················· 154
    "活下来再说" ················ 160

| 第七章 | 老骥伏枥　壮心不已 ········· 168

    桃李天下 ···················· 168
    器官移植立法 ················ 172
    爱心的启示 ·················· 178
    后世纪念 ···················· 184

结　语 ························· 185

附录一　夏求明年表 ············· 196

附录二　夏求明主要论著目录 ····· 216

参考文献 ······················· 224

后　记 ························· 226

图片目录

图 1-1　父亲夏仲方 …………………………………………………… 10
图 1-2　外祖父张友苍 ………………………………………………… 10
图 1-3　童年夏求明 …………………………………………………… 12
图 2-1　圣约翰大学 …………………………………………………… 24
图 2-2　圣约翰大学旧址（现华东政法大学长宁校区）…………… 25
图 2-3　夏求明与圣约翰大学医学院同学合影（一）……………… 32
图 2-4　夏求明与圣约翰大学医学院同学合影（二）……………… 32
图 2-5　仁济医院旧址地图 …………………………………………… 33
图 2-6　圣约翰大学医学院学生在仁济医院实习期间的合影 ……… 35
图 2-7　1950年，夏求明在上海周边地区参加血吸虫病防治工作 … 40
图 2-8　1950年，夏求明随医疗队去上海郊区罗店为部队防治血吸虫病
　　　　………………………………………………………………… 40
图 2-9　1950年4月，夏求明获得上海市郊区日本血吸虫病防治委员会
　　　　颁发的立功证 ………………………………………………… 41
图 2-10　夏求明《上海市医务工作者抗美援朝手术医疗队人员登记表》
　　　　 ………………………………………………………………… 43
图 2-11　1952年，圣约翰大学抗美援朝医疗队部分队员出发前的合影 … 43
图 2-12　圣约翰大学医学院抗美援朝志愿医疗队学生在通化二道江合影
　　　　 ………………………………………………………………… 44
图 2-13　1951年9月24日，圣约翰大学抗美援朝医疗队队员和陆军医院
　　　　 部队医务人员合影 …………………………………………… 47
图 2-14　毕业前夕，圣约翰大学医学院部分师生在钟楼前合影 …… 48
图 2-15　夏求明毕业证书 ……………………………………………… 48
图 3-1　滨江医学专门学校首任校长伍连德 ………………………… 51
图 3-2　1926年的滨江医学专门学校 ………………………………… 54

IV

图 3-3	1949年4月16日，在文庙旧校址图书馆前举行的哈尔滨医科大学开学典礼	58
图 3-4	20世纪50年代，哈尔滨医科大学正门与致知楼	59
图 3-5	医患共同庆祝手术成功	66
图 3-6	低温阻断临床研究	69
图 3-7	1963年，哈尔滨医科大学附属第一医院使用的上海Ⅱ型体外循环机	71
图 3-8	1963年，夏求明等探望术后的黑龙江省首例先心病患儿	73
图 4-1	20世纪50年代，哈医大二院在道外区的门诊部	80
图 4-2	20世纪60年代，哈医大二院主楼（现第一住院部）	80
图 4-3	20世纪70年代末到80年代初，夏求明带领团队重启心内直视手术	90
图 4-4	20世纪80年代初期心肌保护灌注装置设计图	100
图 4-5	20世纪80年代改进后的心肌保护灌注装置	100
图 5-1	首位"换心人"杨玉民	120
图 5-2	心脏移植手术现场	130
图 5-3	1992年4月29日，心脏移植术后的新闻发布会	133
图 5-4	术后第四天，护士给杨玉民喂流食	135
图 5-5	术后100天，杨玉民离开隔离病房到普通病房，身体迅速恢复，食量大增	136
图 6-1	"换心"后的于文峰重返教学一线	147
图 6-2	1996年夏求明七十大寿时，三位心脏移植患者齐聚医院为其贺寿	150
图 6-3	"换心人"杨孟勇术后的健康生活	167
图 7-1	2003年，夏求明获得国家科技进步奖二等奖	175
图 7-2	2005年4月26日，杨玉民携妻女参加哈医大二院首届"爱心日"活动	179
图 7-3	2008年第四届"爱心日"，夏求明与他的心脏移植患者们合影留念	180
图 7-4	2002年，夏求明荣获中华医学科技奖一等奖	181
图 7-5	2009年第五届"爱心日"，患者向夏求明和哈医大二院院长张斌表示感谢	182

导 言

传主简介

1926年，夏求明出生于江苏省松江县（现上海市松江区）的一个医学世家，父亲夏仲方是当地著名的"经方派"中医大师。淞沪会战期间，为避战乱，夏求明全家从松江县搬迁至上海市区。夏求明高中从上海中学毕业后，考入圣约翰大学医学院，在那里接受了高水平的医学教育。在圣约翰大学期间，夏求明参加上海防治血吸虫病运动和抗美援朝医疗队，战争经历对他的影响很大，他因此立志投身新中国的建设事业中。毕业后，夏求明志愿支援边疆建设，来到祖国边陲黑龙江省哈尔滨医科大学，从此扎根黑土地，为东北地区的胸心外科和我国心脏移植事业发展奉献一生。

在我国胸心外科初建的年代，夏求明以全心全意为患者服务的医学理念和高尚医德，在黑龙江省率先开展二尖瓣闭式分离手术，两年内无一例死亡病例。20世纪60年代，他刻苦钻研体外循环技术，在体外循环机器设备尚不过关的条件下，寻找最佳心肺转流方案，使体外循环下心内直视手术顺利开展，并率先应用于先心病患儿治疗。在胸外科领域，他开展器官代食道重建术、食道胃吻合口瘘原因的探索、经肺动脉持续灌注化学药物治疗不能切除肺癌等研究，极大地改良了当时死亡率高、治愈率低的胸外科重大手术。"文化大革命"结束后,夏求明在哈尔滨医科大学附属第二医院(哈医大二院)重新开展心内直视手术,更新学科知识系统、重建心脏外科团队、培养优秀人才队伍,使哈医大二院心外科迅速达到国内领先水平,在缩窄性心包炎手术、低温阻断心内直视手术、低温稀释血体外循环技术、法鲁四联症根治术、心脏瓣膜移植、心肌保护、冷停跳灌注器的研制等方面取得了国内领先成果。作为黑龙江省胸心外科的学术带头人,在他的领导下,黑龙江省胸心外科从无到有,再到学术的顶峰,救治了无数相关疾病的患者。

1992年4月26日,经过数年的研究和精心准备,夏求明率领百人医学团队,为黑龙江东风镇农民杨玉民开展了黑龙江省第一例同种原位心脏移植手术,术后患者存活18年,创造了当时我国大陆地区时间最长、生存质量最佳的心脏移植术后存活纪录。1994年2月,夏求明再次使用标准法术式,完成了第二例心脏移植手术。患者于文峰术后重返教师岗位,迄今仍健康存活,是目前我国大陆地区存活时间最长的"换心人"。夏求明并未因此止步,90年代,他先后完成了心脏移植标准法、双腔法、全心法三种术式,为我国心脏移植事业做出大胆探索,积累了宝贵的经验。

夏求明完成的心脏移植手术不单单是一门技术的创新,由心脏移植研究带动了免疫耐受、心肌保护、体外循环、肺动脉高压、麻醉学、心血管影像学、重症医学等相关研究工作的全面展开,发展成一项庞大的系统工程。心脏移植技术取得突破后,我国脏器移植学科及相关领域研究,如同燎原之火迅速铺开,再次推动了我国沉寂数十年的大脏器移植事业的历史车轮。

受理想的感召、被医学的信仰驱动,夏求明离开了上海的优渥生活和发展平台,一生服务于祖国边陲地区的患者。与上海相比,当时的黑龙江地区医疗条件差、信息闭塞、观念落后,但他克服了种种不利条件,在这片广袤的土地上成长为一代医学宗师。他彬彬有礼、潇洒乐观,是患者们信赖的好医生;他严谨求实、学养丰厚,是国内心血管界知名的临床医学科学家;他智慧聪颖、善于启迪人心,是年轻医生和青年学子们崇拜的导师。

采集过程

走进夏求明的学术人生，我们心怀敬意。

2015年5月，哈医大二院党委宣传部接受黑龙江省科协相关采集工程任务后，积极组织材料进行申报工作。2015年9月末，"夏求明学术成长资料采集工程"项目正式获批。

夏求明学术成长采集工程小组成员由具有中文、历史、影视、新闻、档案管理、心血管外科学等相关学科背景的专业人员组成，承担具体工作。根据老科学家学术成长资料采集工程领导小组的要求，采集内容以夏求明的成长经历为主线，着重采集求学经历、师承关系、科研和工作经历、学术交往、学术成就、学术成长过程的重要节点等方面。

本项目得到了哈医大二院领导的高度重视，保证了项目的顺利完成。在哈医大二院党委副书记王培军的鼎力支持下，项目组长、哈医大二院党委宣传部部长李华虹带领部门成员为"夏求明学术成长资料采集工程"项目付出了大量的心血和汗水。方若冰同志负责采集项目的文字撰写和口述访谈工作；杨帆同志是视频、音频的专业人员，负责全部的视频、音频采访和后期整理工作；徐丽娟、曹玥同志负责档案资料的收集和整理；宣传部同事刘乙辉、孙瑜淼也在项目初期做了大量工作。采集项目进展期间，为了保证医学史的客观性和史学操作的专业性，项目小组得到了哈尔滨医科大学医学史教研室主任李志平教授和人文学院科技史专家任守双老师的专业指导。在医学专业的学术领域，项目小组每一次科学论述都要征求心外科主任田海教授的专业性意见，使我们能够客观、真实、准确地重绘夏求明的学术成长轨迹。

采集工作虽然得到了夏求明教授本人和哈医大二院各部门的鼎力支持，但起步阶段仍然遇到一些困难，主要原因是有关夏求明本人的资料较少。夏求明教授一生埋首医疗事业，虽然在临床医疗和科研工作中做出许多令人惊叹的成果，但他为人非常低调。尽管有关他的患者"换心人"杨玉民、于文峰、杨孟勇等人的新闻报道和访谈数量庞大，可有关夏求明本人的报道和访谈却少之又少。他认为这些只是自己作为一名医生的本分，因此每当有媒体采访，都推了又推。1965年，夏求明第一次接受《黑龙江日报》记者采访时就"没什么话说";半世纪后,新华社记者采访他时仍"没什么话说"。他避谈自身,却畅谈医学。他身上闪耀的医学大师的思维之光,让我们敬佩不已。

采 集 成 果

采集阶段,我们沿着夏求明的成长历程,一路追随。走访了上海松江区档案馆、上海松江区地方志办公室、上海市档案馆、上海中学、上海华东政法大学圣约翰大学旧址、上海交通大学医学院、上海第十人民医院、清华大学、北京安贞医院、哈尔滨医科大学档案馆、哈尔滨医科大学附属第一医院档案馆、哈尔滨医科大学附属第一医院心外科、黑龙江省地方志办公室、新华社黑龙江分社、福建协和医院、海南省肿瘤医院等16家单位,采集实物资料包括传记、证书、信件、手稿、学术著作、报道、照片、专利等12类资料总计1200余件。

很多夏求明的患者、同仁、学生对采集小组的工作表示大力支持。如,夏求明的患者、作家杨孟勇亲笔作画对夏求明的救命之恩表示谢意,还赠送给我们讲述他心脏移植术前后心路历程的著作;"换心人"于义峰捐献了他宝贵的心脏移植术后日记,里面详细记录了心脏移植术后的细节事件。

采集小组采集到许多珍贵资料,如夏求明的大学毕业成绩单、抗美援朝志愿书、毕业证书,以及夏求明设计的灌注器手绘设计图、大量中英文研究手稿、心脏手绘图、心脏移植术中体外循环记录等珍贵的资料原件。哈医大二院也为采集小组捐献了夏求明使用过的体外循环机以及黑龙江省第一例"换心人"杨玉民死亡后的心脏模型。这些都为我们了解和理解夏求明的学术细节和重大事件起到至关重要的佐证作用。

在口述访谈方面,采集小组每次访谈前均根据相关资料和被采访人情况,编写采访提纲送交被采访人,以保证访谈工作高效开展。先后奔赴上海、南京、北京、福州、海南以及哈尔滨周边地区,采访了夏求明本人,夏求明的儿子夏清,大学同学陈敏娴,学生张海波、于洋、刘宏宇、臧旺福、张临友、蒋树林、李咏梅,业界同仁廖崇先、于波,同事陈子道、关振中、王志成、田家玮、谢宝栋、李艳双,领导杨宝峰、徐秀玉、傅世英、陶天遵，患者于文峰、杨孟勇等共33人，收集访谈音频、视频各46份，访谈视频总时长约43小时。

研究思路与写作框架

本书第一章介绍了夏求明的家庭和青少年时期的教育经历，从外祖父、第十三代儒医张友芹，到父亲、著名"经方派"中医学家夏仲方，介绍了夏家的世家医德和严谨学风如何潜移默化地影响了夏家后代。第二章讲述圣约翰大学读书期间学习和生活的经历，在大学期间，夏求明参加了防治血吸虫病运动和抗美援朝医疗队，这些经历影响了他未来的人生选择。第三章介绍了哈尔滨医科大学这所边陲大省的高等医学学府的历史渊源，夏求明志愿支援边疆建设来到哈尔滨，从此扎根黑土地，在哈尔滨医科大学附属第一医院、附属第二医院工作期间，他逐项改进胸心外科技术，完成了两家省内龙头医院的胸心外科建设和发展过程。第四章讲述了夏求明在"文化大革命"期间的学术蛰伏，70年代末到80年代，他迎来了科技发展的新的春天，成功带领团队突破了多项心脏外科技术难关，成长为黑龙江省内首屈一指的心脏外科专家。第五章回顾了夏求明克服百余项技术难题，在毫无前人经验借鉴的情况下，完成心脏移植手术的全过程。第六章讲述夏求明没有满足于眼前的成功，再次向更高难度的手术进军，并从"换心人"的视角出发，审视心脏移植这一科技成果对人生命的改变和关乎生命的重大意义。第七章讲述了心脏移植技术在全国范围推广过程中夏求明所做的工作，介绍了我国器官移植立法过程的坎坷经历，以及夏求明与哈医大二院为了扭转脏器移植的传统观念所做的努力。结语部分，我们经过两年来的反复推敲和研究，结合医学史发展规律，挖掘夏求明学术成长过程中特殊性的一面以及作为临床医学科学家成长的共性规律，分析促成他最终取得杰出成就的重要因素。

鲐背之年的夏求明仍居于哈医大二院院内的两居室家属区，不求闻达、不慕豪宅，有学问可做就是他最大的乐趣了。夏求明的儿子曾为父亲买了一套新房，但夏求明迟迟未搬，他亲笔题写了一副对联："赤子丹心传承济世德，残年探求成真移植梦"，精练地浓缩了他的一生。

第一章
懵懂童年

名 医 世 家

1926年6月2日（民国十五年农历四月廿二日），江苏省松江县城（今上海市松江区）一户颇有名望的夏姓家庭诞生了一个男孩，父亲希望儿子能够通明达观，特意为他取名"求明"。

松江，古称华亭，历史悠久，自古以来文化昌盛，经济繁荣，是人才荟萃之地。东汉建安二十四年（219年），东吴名将陆逊以功封华亭侯，华亭始见于历史。唐天宝十年（751年），设置华亭县。至元十五年（1278年），改称松江府，下辖7县（华亭、上海、青浦、娄、奉贤、金山、南汇）、1厅（川沙）。1912年废府，华亭县、娄县合并为华亭县，1914年改称松江县。

松江素有"上海之根"的称呼，昔日的上海是松江的一个县，现在的松江是上海的一个区。在清朝时期和民国初年，松江一直是江苏省的经济文化中心。松江位于长江三角洲冲积平原的东端，土地肥沃，物产富饶，向称鱼米之乡。孙觌《鸿庆居士集·三十四卷》之《宋故右中奉大夫直秘阁致仕与朱公墓志铭》载:"富室大家,蛮商舶贾,交错于水陆之道,为东南第一大县。"唐宋以来,发达的农业、盐业与航运贸易业作为本地区的三大支柱产业,维持着社会经济的繁荣,当时的松江已是全国闻名的水稻生产地区,滨海盛产食盐,高地广植棉花。元代以后,松江府曾发展成为全国棉纺织业中心,有"衣被天下"之誉,出现了著名的棉纺织家、技术改革家黄道婆。松江的经济力量的雄厚在全国处于举足轻重的地位,清嘉庆《松江府志》载:"府治负海枕江,襟湖带浦,西南错壤嘉禾,西北毗连苏太,财赋以数十万计,户口以百万计,风土清美,民物繁庶,海疆一大都会也。"

随着经济的繁荣,松江地区的文化也有明显的发展。西晋时文学家陆机、陆云驰名文坛。两宋时,华亭士子科举得第者甚众。据《云间志》载,从北宋天禧三年(1019年)至南宋宝祐元年(1253年),中进士的有148人,状元1人。自宋至清,华亭及后设的娄县共有521人中进士,状元5人。明中叶以后,松江地区人才辈出,学术研究蔚然成风。明嘉靖年间,松江最著名的学者有经济思想家陆楫与礼学大家徐阶。万历年间,松江府又出了著名科学家徐光启与书画家董其昌。明代后期出现的"松江画派"对后世影响深远。明末崇祯年间,松江府著名文人陈子龙、夏允彝、徐孚远等发起组织"几社",参加者超百人,他们以文会友,关心政治,有志报国。

清初,松江军民掀起反清浪潮,绵延直至清中叶。松江地区杰出的学术传统和先进思潮与爱国主义相结合,逐渐形成了当地进步文人的爱国风气。清末民初,上海《申报》总经理史量才及总主笔等均为邑人,曾有"无松不成报"的谚语;柳亚子等创办的爱国文学团体"南社",松江籍社员有30余人;五四运动后,革命先驱侯绍裘等创办《问题周刊》《松江评论》等进步刊物;20世纪30年代起,当代作家、出版家、金石家、书画家先后脱颖而出,创作宏多。

1842年,鸦片战争延及松江府。英军占领上海县城,四处抢掠并勒索赎城费,又沿黄浦江西上进攻松江府城,遭到以知府王绍复与总兵尤渤为首的军民的坚决抵抗,无功而返。不久清政府战败,被迫开放五口通商。

1843年11月17日，上海正式开埠。从此，西方殖民者纷至沓来。1845年，英国人在县城外建立了第一块享有治外法权的地界——英租界。1848年，美国援引英国先例，建立了美租界。次年，法国划出了法租界。此后，租界几经扩张，达到了四万亩土地、数十万人口的规模，"十里洋场"开始形成。上海开埠后，连年的战乱和洋货大量涌入，导致松江县经济开始呈现衰退。

　　民国时期，华亭县改称松江县，县内农业、商业、教育、文化都比较发达。上海开埠造成了大量外国商品和思潮的涌入，松江县成为中西文化交汇与碰撞的地方。各色新式学堂、职业教育、教会学校纷纷设立，传统私塾教育与现代教育并存；洋货盛行改变了松江县人民的生活，但同时松江商界的爱国热忱又不断掀起抵制洋货的罢市活动；在政治思潮方面，孙中山曾多次来到松江县开展政治宣教活动，而中共早期的领导人恽代英、陈云等人也在松江开展地下党工作。作为江苏省重镇和新兴上海市周边最重要的政治中心，松江县也成为各类军事力量的必争之地，数次军阀割据战争对松江县经济造成了严重影响。

　　纷繁芜杂的政治、军事、文化力量在松江、上海一带交织盘亘，也体现在夏家开设的医馆中。就在这种中西文化交融并蓄又战乱频仍的时代，夏求明的父亲夏仲方凭借高超的医术，令身处乱世的夏家人过上衣食无忧的日子。

　　夏求明的祖父早年在城里开了一间帽子铺，经营有方攒下几十亩地，他与正妻育有五个子女，四子分别取名伯方、仲方、叔方、季方，女儿取名单字兰。夏求明的父亲夏仲方（图1-1）生于1895年，又名夏琦。夏仲方13岁时，被送去帽子铺做学徒，以便继承家业。旧时候做学徒要从最底层做起，白天端茶倒水伺候客人，还要兼顾打扫卫生，几年下来夏仲方觉得没有学到什么像样的手艺，便坚决不再去帽子铺了。为有一技之长得以生存于乱世，1911年，夏仲方拜师十三世儒医张友苌门下学医。张友苌（1871—1915，图1-2），字绍贤，清松江府娄县人。张家是当地的名门望族，世代儒医，《松江县志》记载名医张友苌：

　　　　有人劝其应举，他（张友苌）说："我家以医术传世，以治病济人为乐，何用功名？"专心钻研医术，遍阅家藏历代医籍，手抄名著验方医案，因此精于脉理。嗣父去世，独立应诊，求医者往往一药辄效，声名益盛。

光绪二十八年（1902年），松江时疫流行，求诊者接踵而来，往往下午出诊，至次日凌晨方回；中途有人拦轿邀请，又不忍拒绝；自己忍饥耐劳，遂得胃病。经治愈的险症很多，而对贫病者不受诊金。[1]

图1-1 父亲夏仲方　　　　　　　图1-2 外祖父张友苌

张友苌对待患者细心友善，在医学方面精益求精，更难能可贵的是他善于博采众家之长，善于接受新事物和新思想，不排斥西医，摒除门户之见。他自幼研习传统儒学，却将女儿张尧超送到金陵女子师范学校这样的新式学堂读书，接受新式教育。同时，张友苌与上海著名西医俞凤宾[2]过

---

[1] 松江县地方史志编撰委员会：《松江县志》。上海：上海人民出版社，1991年，第1030页。
[2] 俞凤宾（1884-1930），江苏太仓人，中国现代医学开创者之一。1907年毕业于上海圣约翰大学医学部，获医学博士学位。1912年留学美国宾夕法尼亚大学，专修热带病学及公共卫生学，获公共卫生学博士学位。他是我国早期知名的医学与公共卫生学专家与社会活动家，与上海医科大学创始人颜福庆教授等一起建立了中华医学会，并担任第三任会长。创办《中华医学杂志》《医学世界》，主编《中华医学杂志》，著有《卫生丛话》《个人卫生篇》《中西医学沿革》《中国药科分剂表》等，译作有《肺痨康复法》《婴儿保育法》《学校卫生讲义》《学校卫生要旨》等。

从甚密,相互探讨,取长补短,开创中西医结合的先河。深厚的中华文化修养和博览众家的学习精神,造就了张友苓高超的医术,他尤其善于治疗疑难杂重症,以"善治险症"闻名一方。据《松江县志》记载:"辛亥革命期间,应孙中山之聘,任医务顾问,为许多军政要员治病。其时孙科患伤寒症,濒于危险,诸医束手,为友苓治愈。"

夏仲方拜入张友苓门下不久便显出聪慧之姿,而且十分勤奋,深得张友苓喜爱。他出诊时带夏仲方随侍左右,亲自教导其学习医方,教授他金石古籍,数年间将所学倾囊相授。张友苓去世后,年仅20岁的夏仲方便继承师傅衣钵,出诊看病。随张友苓出诊的数年间,夏仲方积累了丰富的治疗杂病及急重症的经验。此后,他又研习张仲景的医方,加以活学活用,很快便积累起良好的口碑,以善治伤寒、妇科及疑难病症而闻名乡里,声誉日隆。《夏仲方医案》记载这样一个故事:

> 20世纪二三十年代,西医对产褥热尚无有效的治疗方法,有一次,一名产妇因难产做了手术,术后高热不退,一日间忽冷忽热十余次,发热时汗透毛巾,身体日渐虚弱。夏仲方给以调养体力、扶正、祛邪、补血,病情减轻最终康复。当时,松江地区凡有产妇高热症,产科医生都介绍夏仲方来治疗。①

夏仲方承袭了师傅张友苓治疗疑难杂症的经验,养成了严谨的治学态度,酷爱博览群书,他对张仲景的《伤寒论》《金匮要略》研究尤其深入,随时有心得随时摘抄,日历纸、便签甚至香烟包装的背面,都有他的墨迹。这些治学的日常习惯也潜移默化地影响着他的子女,多年以后,其子夏求明也是随手摘抄心得,桌案上一摞摞的便签,几乎成为夏家学子们的共同特点。

---

① 陈沛沛,杨杏林:《夏仲方医案》。上海:上海科学技术出版社,2010年,第2页。

快 乐 童 年

夏仲方成名后不久便与授业恩师张友苌之女张尧超结为连理。张尧超自幼家学深厚，父亲张友苌见识开明，没有男女偏见，主张女儿也要受教育，张尧超八岁时就被送至南京金陵女子师范学校接受新式教育。学成后，张尧超在松江一所幼儿园做教师。随着夏仲方声誉日隆，远近乡里看病的人越来越多，每日早出晚归，应接不暇，张尧超与夏仲方成婚以后，就辞掉工作，负责照顾家中事务。

1924年，夏仲方与张尧超的大女儿夏求真出生；1926年，张尧超又诞下长子夏求明；三年后，小女儿夏求洁出生。酷爱钻研的夏仲方颇具君子之风，认为知识分子做人应当高洁自持，他以自己的人生信条为子女命名，希望他们能够追求真理、光明、清洁。"求真""求明""求洁"寄托了夏仲方对子女的深厚期望。

图1-3 童年夏求明

行医十余载，夏仲方在松江县已经远近闻名。他行医属于经方派[①]，对张仲景推崇之至，因此开方用药很少超过十三味，常常数味药一方，主张用药"精而有效"。这就要求行医者对药方和中医的理解非常透彻，也为很多贫困的患者节省了诊金。除了医术高超，他对待患者不分贫贱富贵，一视同仁，有时候遇到贫困的患者常常免收诊金。

夏求明祖父去世后，把家中的田产分给七个子女（夏仲方的继母另育

[①]《汉书艺文志〈方技略〉》载有经方十一家，内容包括痹、疝、瘅、风寒热、狂癫、金疮、食禁等内、外、妇、儿各科疾病的治疗方法，是汉代以前的临床医学著作。后世医家称《伤寒论》《金匮要略》等古典著作中的方剂为经方，其立方用药的法度比较严谨。医家有宗于此而在学术观点上自成一派者为经方派。

有二子），每家得了十几亩地。夏仲方因为行医已有可观的收入，便将土地交给亲戚代为打理，遇到收成不好的时候，就免收佃户们的租金，后来夏家迁居以后就没再收租金。1936 年，夏仲方在松江城内购得一块空地，建起一栋小有规模的楼，想作为新的寓所和诊所。继母一家也想分得几间屋子，夏仲方考虑每日应诊患者很多，一大家子住在一起不太方便，时值松江一中正在扩建校舍，筹资新建教学楼。学校与夏家新宅临墙之隔，夏仲方权衡再三，也为了避免家中因财起纷争，毅然将新建宅院无条件捐赠给松江一中，自己在松汇路上又租赁了一处房产开业。后来，松江一中将这栋大楼作为图书馆，提名"仲方图书馆"，以此纪念这位名医的慷慨之举。

一名医生的优秀医德对外可以安抚患者，对内可以启迪后人。夏仲方为病患着想的大医精神和不计较金钱的风骨，也给子女们树立了高尚的榜样。夏求明和妹妹夏求洁后来都从医，严格恪守医德，不收诊金之外的任何报酬。夏求明的儿子夏清后来回忆，他从小被父亲安排了一项工作：凡是来送礼的患者一律拦住不许进门。[①] 90 年代末，夏求明的一个老患者家里因洪灾房子被毁，夏求明慷慨解囊给他送去数千元让他重新安家。[②] 夏求明一生都秉承一个职业理念——"救死扶伤"。治病救人不计报酬，是夏求明从父亲身上学到的最重要的品德。

> 父亲对我的医德有一定的影响，他看病的挂号费和诊疗费等都随便给，这就是中医的"医道"，自然而然形成，无论高低贫富，你有病我就给你治。中西方的医德基本是一样的，南丁格尔把护士变成一个职业，成为国际上护理学的典范。想通过学医致富是不大可能的，想要通过学医当官更不可能。一个人如果想赚钱就去从商，如果想当官就去为官，而医生的目的非常明确，就是救死扶伤。[③]

---

① 夏清访谈，2016 年 5 月 22 日，上海。资料存于采集工程数据库。
② 于文峰访谈，2016 年 5 月 8 日，哈尔滨。存地同①。
③ 夏求明访谈，2015 年 10 月 15 日，哈尔滨。存地同①。

救死扶伤的医德和日益精深的医学修养使夏仲方远近闻名，夏家名流士绅往来不断，妻子张尧超出身儒医世家，受过高等教育，迎来送往礼数周详。张尧超平日话不多，却对自身要求极为严格，很有大家闺秀的风范。多年后夏求明回忆起母亲的生活细节，仍然记忆犹新："父亲很晚回来，母亲给他准备饭。九、十月份要吃大闸蟹，母亲就把螃蟹剔出来，放在盘子里，看着还是螃蟹的样子。"① 夏求明的儿子夏清回忆祖母，第一印象也是"十分讲究"。② 张尧超将家人的生活打理得一丝不苟，即使在后来的艰难时期，也从未松懈。张尧超严格细致的生活习惯对子女影响极大，严谨、细致、井然有序与待人谦和的作风伴随着夏求明的一生。

夏仲方夫妇俩对子女的教育非常重视。长姐夏求真后来毕业于私立大同大学化学工程系，后任西南化工研究所科主任。小妹夏求洁比夏求明小两岁，毕业于上海第二医学院（原圣约翰大学医学院），后成为北京协和医院中国医学科学院肿瘤研究所病理科主任。

虽然家教严格，但夏家对子女的孩童天性并不限制。三个孩子在优渥的环境下享受了无忧无虑的童年，夏求明作为唯一的儿子，更是受到许多宠爱。夏求明从小顽皮好动，尤其喜欢爬树，家中后院种了几棵大枣树，他常常一边爬树一边摘枣吃，一直爬到最上面。有一次树枝折了，他从上面掉下来，很是惊险。③ 七八岁的时候，夏求明喜欢上了跳高，有一次摔下来，胳膊脱臼了，去伤科医院，给他吃了止疼片，脱臼了的胳膊又给复位上去了。

夏求明小时候还特别喜欢自行车，他的叔叔便带他去上海买车，本来应该买小孩子骑的童车，可夏求明坚持要骑大人的车，叔叔就给他买了一辆成人自行车。夏家住在公路旁，当时的路都是煤渣铺的，夏求明骑车摔得满身伤，车子的"命运"也不太好——最终被他骑到了河里。夏求明对自行车的爱好却没有因此打消，长大后他仍热衷于此，他经常自得的一件"豪举"就是买了哈尔滨第一台变速自行车。

---

① 夏求明访谈，2015 年 10 月 15 日，哈尔滨。资料存于采集工程数据库。
② 夏清访谈，2016 年 5 月 22 日，上海。存地同①。
③ 同①。

夏家的儿子就在这样懵懂的岁月里渐渐长大，到了上学的年纪，家里把他送到市中心的松江县立观音桥小学读书。学校离家比较远，上学要穿过郊区和市区，父亲夏仲方就让送自己外出看诊的黄包车师傅接送夏求明上下学。

夏求明每天放学都要穿过市区的一个广场。有一天，广场围满了人，黄包车师傅告诉夏求明，今天要在那里枪毙汉奸。那一声枪响让夏求明印象极深，这是他第一次听到枪声，他开始懵懂地知道背叛国家是可耻的行为。数年之后，夏求明再次回到这个广场，送自己的亲姐姐坐飞机逃离松江。姐姐夏求真因组织和参与进步学生运动上了国民党当局的"黑名单"，父亲得知情况，联系了一架私人飞机把姐姐送到云南避难。松江县城的小广场，像一部鲜活的爱国教科书，让夏求明坚定地树立起"国家兴亡、匹夫有责"的爱国心。

逃 难 上 海

然而，夏求明无忧无虑的童年生活很快就结束在硝烟弥漫的战火中。

1937年8月13日上午9时15分，侵沪日本军舰重炮轰击闸北，日本陆战队一小队向驻守在西宝兴路附近的保安队射击，中国守军予以抗击，淞沪会战开始。16日，日军开始轰炸松江县城。当时，夏求明家住在松汇路（今北松公路），是松江县通往上海的主干道，家对面就是松江防守司令部，成为飞机轰炸的目标。那一天，母亲张尧超带着三个孩子跑到后厨房，趴到锅台附近的角落，头上盖着被子，躲避榴弹和飞溅的瓦砾。

轰炸一直持续到日落，为了防止夜间轰炸，松江县城开始灯火管制，城里墙壁刷成灰黑色。夏求明一家五口为了躲避战乱，和夏求明的舅舅、舅母一起，两家人雇了两条小船，沿水路逃到乡下。然而，战火继续蔓延，日本侵略者的飞机隔三岔五就飞过松江地带，铁路和公路沿线都成了轰炸的目标，夏求明一家的宅院也被炸成废墟。

夏求明一家在乡下躲了三个月就待不下去了。日军很快扑进松江地区，一路杀人放火，沿途村庄均遭到洗劫。夏家躲避的村庄也危在旦夕，父亲夏仲方想办法联系到上海红十字会，把一家人接到了上海法租界避乱。

夏求明一家在上海浙江路上的一家旅馆暂时安顿下来。逃难出来的时候，母亲张尧超随身带着一些家当，全家人住在旅馆，不供餐食也没有做饭的条件，一家人就在附近的小饭店吃饭。但很快就吃不起了，夏仲方就买了一个小煤油炉，每天靠这个小煤油炉做饭对付。

战争阴云时刻笼罩着夏家，颠沛流离的逃亡和国破家毁的经历，在夏求明幼小的心灵上打下了深深的烙印。逃到上海不久，姐姐夏求真就病倒了，起初是高烧不退、上吐下泻，后来开始便血。父亲夏仲方诊断是患了"肠伤寒"，一边开方子抓药，一边让张尧超想办法给女儿加强营养。张尧超买回来一条鱼煮好，把鱼肚子的肉挑出来一口一口喂给大女儿，剩下的鱼头和鱼尾留给夏求明和小女儿，自己和丈夫只喝汤。夏求明自出生起就生活在富裕环境，虽说不上锦衣玉食，却也从未缺吃少穿。如今一家人连饭都吃不上了，让夏求明开始感受到生活的艰辛，逐渐有了家人相互扶持的意识，开始懂事起来。

父亲夏仲方在治疗伤寒时疫方面很有经验，姐姐夏求真在他的调理下病情很快好转。一家人这样下去不是办法，父亲就用仅有的积蓄盘租到一处合适的房子继续行医。那是一处小二楼的房子，一楼用来行医应诊，二楼是全家人的住处。夏仲方在松江时就已经很有名气，一些逃难来上海的松江人听说夏仲方在上海开业，又陆续前来光顾。如此，夏求明一家算是逐渐渡过了难关，在上海安顿下来。

虽然夏仲方继续行医让家里有了收入，但时值战乱，整个上海经济萧条、物价飞涨、物资匮乏。夏求明清楚地记得，有一次母亲让他去买雨衣，刚到店里发现雨衣涨价了，他又回去取钱再来买，第二次到了店里又涨价了，一日之内，物价接连涨三次。粮食也是统一供给，且都是些碎米糙米，夏求明一家也只是勉强维持温饱。

经济困难没能阻挡夏仲方夫妇供子女读书的决心，他们对子女们的教育非常重视，想方设法给三个孩子提供良好的教育。淞沪会战开始时，夏求明正在读小学四年级，因为战乱停学一年，在上海定居以后，父亲马上给他联系了附近的齐鲁小学继续读书。1938年，夏求明进入上海齐鲁小学读五年级，经过这番磨难，夏求明也十分珍惜这来之不易的学习机会，努力读书。小学毕业后，夏求明进入当时上海最好的中学之一——上海中学。

上 海 中 学

上海中学的前身是创始于1865年的龙门书院，由热心洋务的苏松太道丁日昌创办。1937年，就在夏求明一家因战乱而背井离乡的时候，上海中学也在战火中风雨飘摇：是年11月，上海中学吴家巷校舍被日军占领，此后直至1943年1月，成为沪上最大的日本兵营；1943年1月—1945年8月，校园又被用来关押英美侨民，成为华东地区最大的英美侨民集中营——"龙华集中营"。

国难当头，学校教育救亡图存之心不改，即便是在最艰难、最困苦的时期，上海中学的教育火种依然坚定不息。时任校长郑通和被派往甘肃任教育厅厅长，卢绍稷[①]任代理校长，学校事务由各科主任组成的校务委员会管理。上海中学无法在原校址办学，于1937年9月迁入法租界，借助美术专科学校校舍继续上课，一切自给自足。高中理工科和初中部借用菜市路（今顺昌路）上海美术专科学校的部分教室。[②]

[①] 卢绍稷（1899-?），字克宜，浙江永康县儒堂村人。1916年秋考入浙江省立第七师范学校，毕业后留校任书记兼附属小学教员。1923年考入厦门大学预科，一年后入上海私立大夏大学教育科，因成绩优异只用三年就获得教育学学士学位。1927年8月，受聘于江苏省立上海中学，历任该校师范科主任、教导副主任、训育主任、教务主任、代理校长等职，并兼任高中教育、史学、国文、党义、公民等科教员。著有《从教师到教授——一个中学教师升为大学教授的自述》《一个多学科制的中学》《乡村教育概论》《教育社会学》。

[②] 唐盛昌：《史品上中：菁英教育的缩影》（第二版）。上海：上海教育出版社，2015年，第90-92页。

1939年9月，夏求明进入上海中学读书，就在上海美术专科学校的校址上学。学校搬离吴家巷，设施和教学设备都十分匮乏。迁校前的上海中学管理严格，学风极正，学校要求学生必须住宿，课程设置也十分丰富。迁入法租界后，学校没有什么条件了，学生们只上半天课，放学以后各自回家，不再住校。为了躲避战乱，上海很多人都往乡下逃难，或者随部队迁往内地，上海中学在抗日战争期间招收的学生明显减少很多，特别是夏求明这一届，只有甲乙两个班。

夏求明读初中的三年期间，上海中学虽然历经磨难，但仍然弦歌不辍，一些教师随学校迁入租界坚持给学生们上课。夏求明尤其珍惜战争中这来之不易的书桌，学习十分刻苦。上海中学的教育方式和教学理念在今天看来也很先进，例如：国文课程除了要学习基础课本之外，教师还须自选书籍扩充讲义进行授课；英语课程在第二年就开始全英文授课，引导学生阅读原文著作；数学和几何科目是教师自编讲义，关键词和概念全部是用中英双语阐释。上海中学的教员们多是从大学高薪聘请，还有很多人有留学背景，所以英文很好，学问扎实。正规严谨、内容丰实的中学教育给夏求明奠定了坚实的知识基础，也培养了他良好的学习习惯。

校友钱重耀回忆上海中学的师资力量时说：

> 上海中学的教学质量闻名于世，其中一个重要因素是有一支治学严谨、教育有方、情操高尚的教师队伍。我们所知道的有著名数学教师朱凤豪、唐秀颖、张信鸿、余源庆、余元希，物理教师杨逢挺、江浩，化学教师吴瑞年、徐子威、谈冠英，生物教师袁善微、顾巧英、褚圻，英语教师姚志英、陆福遐、吴德彰，语文教师陶庸生、侯砚圃、娄博生，地理教师陆人骥，历史教师孙大明，政治教师王绍铨、贺仁麟、程太堃，等等。[①]

初一初二这两年的假期，夏求明的舅爷爷一直住在他家，老人家过去

---

① 唐盛昌：《史品上中：菁英教育的缩影》（第二版）。上海：上海教育出版社，2015年，第155页。

是一位督学，后来在当地的教育部门任职，儿子出国留学以后，他一个人在老家很不习惯，夏求明的父亲就接过来一起住。老人家闲暇之余就给夏求明授课，让夏求明在假期的时间里也没有松懈。因此，夏求明在举家迁居的这数年间，也没有荒废学业，反而接受了比较完善的教育。

当时的上海中学是国民政府教育部门关注的重点，代理校长卢绍稷主张学生应一心读书，禁止参加政治活动。然而，战乱时期哪里容得下"充耳不闻窗外事"的模糊态度。迁入法租界办学四年后，上海中学又面临重大考验。1941年太平洋战争爆发，日军占领了上海的外国人公共租界，法租界当局态度软弱，召集迁入的各省立学校校长会议商量，形成一致决议停办学校。且当时上海的汪伪国民政府要求，所有公办性质的学校都必须在汪伪政府登记。卢绍稷不能继续代理校长，校务管理委员会推选化学教员吴瑞年①任代理校长，吴瑞年多方筹措资金艰难维持办校。为使学校得以延续，并拒绝向卖国求荣的汪伪政府登记，上海中学改名为私立沪新中学，以掩护继续办学，不致中断。

夏求明是家中唯一的男孩，在父母的教导下虽然活泼好动却也知书达理，又经历了一家人死里逃生的困难时期，慢慢成长为敏而好学又有责任感的少年，他待人宽厚友善，在同学中颇有人缘，中学期间一直担任班长，虽然只是帮助老师收作业、发课本这类小事，他也十分乐意去做。1941年，上海租界区也被日军占领，连学校都快办不下去了，升入高中部的夏求明又一次想起家园被毁的经历，不禁十分愤慨。当时同学们都表示坚决不做亡国奴，要离开上海奔赴内地，夏求明也想到重庆去投军。和家人说了自己的想法后，却遭到父母的坚决阻拦。夏求明的姐姐夏求真在时局稍微稳定后又回到松江县女子中学读书，读书期间受到革命精神的感召，参与并组织了一些进步学生运动，被列入国民党通缉的"黑名单"。父亲夏仲方得到消息，立即联络了国际红十字会的朋友，用一架私人飞机

---

① 吴瑞年（1900-1985），字稼英，江苏南京人。幼年随家迁沪。1920年入圣约翰大学读理科。毕业后赴美国留学，获哥伦比亚大学硕士学位，即行回国。曾任浙江公立专科学校（今浙江大学）无机化学系主任、教授。1928年，任教上海中学，先后兼任大中中学和新寰职业中小学校长。1957年，调任淮海中学校长，直至退休。曾任中国民主促进会上海市委委员，市政协第二、三、四届委员，上海佛教协会理事，上海中学校友会名誉会长。

连夜送走了夏求真。听说尚未成年的儿子夏求明又要离开家，父母坚决不同意，连劝说带威逼终于让夏求明打消了念头，继续留在上海求学。

虽然不能公开抵抗，但夏求明与同学们也不甘心做亡国奴。日军占领上海租界后，推行奴化教育，强制各学校开设日语必修课。上海中学的学生们公开拒绝上课，当时学校教学楼有两个楼梯，教师一般都走中间楼梯。同学们就派人在中间楼梯旁放哨，一见日本教员上楼，就发信号，全班同学就由旁边楼梯下楼。日本教员扬言日语不及格就不能毕业，教务主任向同学们打招呼，日语课一律给60分。同学们也"有理有节"，回来应付上课。夏求明一到日语课就睡觉，日本教员让他读课本，他就吱吱呜呜地糊弄。

定居上海期间，父亲夏仲方逐渐创下声誉，家搬迁到法租界兴安路141弄11号，慕名来看病的人上至军政高官下至贫民，不一而足。夏仲方夫妇虽然秉持医者中立之心，无论贫富贵贱一视同仁，却也十分同情劳动人民，上海沦陷后，夫妇二人更是激发了爱国热忱。一天夜里，一名被汪伪政府通缉的爱国志士逃出监狱，躲到了夏家，母亲帮助他躲过追兵连夜逃走。第二天，母亲就被警局带走关押，夏家遭到搜查，夏仲方夜晚出诊归来，看见门房的人冲他使眼色，机灵地转身就走。事后，夏仲方想办法又把张尧超从警局救出来，一家人才算躲过牢狱之灾。

家人的爱国之心和老师们的爱国教育，给了夏求明很大影响。上海中学读书的六年时间，既奠定了夏求明良好的知识基础，又树立了他正确的人生观和价值观。德育的滋养胜过于知识的教授。上海中学的教员们在烽火硝烟中仍然坚持传道授业，在沦陷区和汪伪当局虚与委蛇，对学生们既爱护又严格，他们对金钱的漠视、对真理的崇尚和对国家的热爱深刻地影响了夏求明的一生。

第二章 初涉医科

初萌学医志

1945年，夏求明即将从上海中学毕业，准备报考大学。父亲夏仲方当时已经是上海当地比较有名的中医了，他精通医道，见识开阔，对于唯一的儿子夏求明的未来学业思虑再三：是否让夏求明继承自己的衣钵继续从医？他又该接受什么样的医学教育呢？当时的中国社会，中西思潮混杂，中西医的观念与地位呈现出剧烈的冲突，这些思潮和社会形势的转变潜移默化地影响了夏求明的学业选择。

19世纪初期，伴随西方军事和政治的扩张，西医作为"神学的侍女"跟随宗教传播到中国。晚清时期，西医受到民间和清政府双重的质疑和排斥；但鸦片战争以后，医学传教在中国的影响日益扩大，成为在华基督教仅次于布道和教育的第三大活动领域。1861年，英国人雒魏林在北京开办了一家基督教会医院（现北京协和医院的前身），其后任者德贞经过多年经营，打开了清政府的大门，获得了官方认同。洋务运动后，中西文化交流日甚。1881年，李鸿章聘用马根济建立了中国第一所官办医学校——北洋医学堂，此后，西医也开始进入海关检疫部门。1898年，光绪皇帝接受维新派主张，创立京师大学堂，下谕"医学一门，关系至重。亟应另设医学堂，考求中西医理，归大学堂兼辖，以期医学精进。"① 1902年8月，清政府颁布《钦定京师大学堂章程》，规定大学分科仿日本体例，共七科，医科为第七科，下设医学、药学两目。1904年，医科被列为第四科，并规定医本科修业年限为三到四年，预科三年。至此，西洋医学在经历了排斥拒绝与接受支持的百般波折后，终于得到官方支持，为西方医学在中国传播发展开启了绿灯。

在民族危机日趋深重的近代社会，"文化救亡"一直是进步人士追求的主题之一。20世纪初期，中国医学深陷激进派与保守派的漩涡之中，在整个传统中学受到抨击破坏、西学备受推崇的氛围中，中医遇到前所未有的存亡危机。五四新文化运动时期，医学救亡思想开始涌现，西医被提升到救亡运动的重要高度，而中医的"阴阳五行"学说、无法确证的经验体系和师徒传承的教育方式，与西方医学形成鲜明反差，与近代科学文化格格不入，因此被视为"封建文化"的代表。

民国时期，政府照搬西方国家的卫生行政体系正式确立，很多医学留学生纷纷回国，代替西方传教士成为国内推广西医的中坚力量，正规系统的医科教育学制也在全国高等教育中全面展开。虽然整个民国时期，西医在数量上无法与庞大的中医队伍相提并论，但在学术地位上却发生了根本性的置换，经过多年努力，西医不但牢牢站稳脚跟，而且全面超越中医，取得绝对的地位和优势。1929年，国民政府卫生部召开第一届中央卫生委员会，通过余云岫等人的"废止中医案"，将近代中西医废存之争推向高潮。此案一出，全国震动，引发中医近代史上空前绝后的抗争风潮，后来国民政府为了息事宁人，不得不取消了废止中医的提案。虽然提案被取消，但对中医的打击是巨大的，对中医的否定逐渐被舆论所接受。此后，终民国之世，中医药界为生存的斗争一直此起彼伏，中医学界也开始尝试

---

① 《大清德宗景（光绪）皇帝实录·卷六》。台北：台北华文书局，1960年，第3879页。

科学化的道路。

夏求明的父亲夏仲方是中医科学化、中西医结合的倡导者，在中华人民共和国成立后，夏仲方成为上海中医带教西医的第一人，也是早期研究中西医结合药物的中医学者之一。[①] 在此背景下，夏仲方希望自己的儿子能够学习西医。父母询问夏求明感兴趣的学科，夏求明回忆起小时候在松江老家幸福的童年，又觉得自己很喜欢栽树种花，就说想去学农科，以后要做园艺师。父亲听了儿子的想法，略觉孩子对农学专业的认识不足，便建议他还是从医更好，夏求明听从父亲的意见，报考了当时上海著名的教会私立大学——圣约翰大学。

圣约翰大学的招考时间比其他学校要早一点，入学考试有国文、英语、数学三科，时值抗战末期，上海许多高校内迁，圣约翰大学留沪未迁，所以向学青年大量报考。夏求明凭借在上海中学打下的扎实基础，顺利通过招生考试，进入圣约翰大学预科。

"光和真理"

圣约翰大学（图2-1）是美国圣公会在上海创办的一所著名的教会大学，曾经被誉为"东方哈佛"。它创立于1879年，1952年被裁撤，在它存在的73年中，培养了一大批各界精英。它以"光和真理"（Light and Truth）为校训，在繁华与硝烟并存的上海滩筑起一座令人敬仰的精神殿堂。在半个多世纪的短暂历程中，圣约翰大学培养的人才灿若繁星，他们活跃于整个20世纪中国的外交、政治、法律、工商、医学等各个领域，其中不少是声名显赫的人物，如：外交界的施肇基、顾维钧、颜惠庆、刁作谦；实业界的荣毅仁、刘鸿生、吴舜文；金融界的周作民；教育界的陶

[①]《夏仲方专辑》载：早在20世纪60年代，夏仲方大胆探索中药剂的改革，和科室同仁共同拟定清热解毒药方，与上海中药一厂合作试制"抗601"针剂，用于治疗上感、发热等疾，取得与西医消炎药类似的疗效，这是中药改革的初步尝试。

行知、陈鹤琴、孟宪承；新闻界的邹韬奋、曾虚白；医学界的颜福庆、刁信德、牛惠霖、牛惠生、屠规益、刘彤华；经济学界的潘序伦、张仲礼；科技界的吴蕴之、徐凤石、蒋锡夔；文学界的林语堂、张爱玲；建筑界的贝聿铭；法律界的史久镛；政治界的宋子文、严家淦等。①

圣约翰大学地处上海西梵王渡，三面临河，绿树成荫，碧草如茵，典雅庄重的校舍掩

图 2-1 圣约翰大学

映在秀丽的风景之间，堪与当时国际任何一所大学校园媲美。圣约翰大学教学理念先进，管理制度健全，学科设置合理，有出色的师资队伍、宽紧适度的教学理念和丰富的校园文化生活，从这里走出的政界精英、商界巨子、学界泰斗、医学圣手，在中国现代化进程中留下了辉煌的业绩。在相当长的时间里，它是江浙一带学子们倾心向往的高等学府。

圣约翰大学创立于1879年，起初只是一个书院。1888年，美国人卜舫济任校长，开始一系列改革，并将英语作为学校的教学语言。1892年，圣约翰添设正馆教授大学课程，是书院迈向大学的第一步。1896—1898年，卜舫济募款建设大学校舍"格致室"（现华东政法大学长宁校区"格致楼"，图2-2），将大学生与中学生分别管理，初步建立了文理科为主，兼设医科、神学科、预科的教学格局。1905年，圣约翰依照美国哥伦比

---

① 熊月之，周武：《圣约翰大学史》。上海：上海人民出版社，2007年。

亚大学条例改组为完全大学，并于次年在华盛顿注册，圣约翰正式升格为大学，设文、理、医、神四科。1911年，圣约翰大学将文理科分为文科和理科两个独立的学科，率先实行学分制，1913年增设大学院招收硕士研究生，形成预科、本科、大学院三级教学模式。学科设置日趋科学化，师资条件不断扩大，逐渐建立起现代高等教育模式，确立了自成一体的大学教育体系，教育质量迅速提高，成为蜚声海内外的名校。圣约翰大学的师资队伍一直使现代高等教育界为之称颂，校长卜舫济注重教师的品行和素质，网罗众多业内闻名的专业人士，如生物学家朱鼎元、经济学家赵绍鼎、化学家程有庆、医学家刁信德、外科学家兰锡纯、建筑学家杨宽麟等。

图2-2　圣约翰大学旧址（现华东政法大学长宁校区）

近代中国四海不靖，战乱对圣约翰大学造成了严重影响。1927年，北伐军抵沪，圣约翰大学除了神学院、医学院继续上课外，其他院系一度宣告停办，大部分美籍教师回国。1937年抗战时期，圣约翰大学无法照常上课，1938年夏，与之江大学、东吴大学、沪江大学等校合办上海基督教联合大学（又称华东联合大学），直到1939年才迁回原址。

随后，圣约翰大学经历了校政更迭。1941年，主持校政长达半世纪的卜舫济辞去校长职务，中国人沈嗣良继任校长；1946年10月，涂羽卿任校长；1948年，涂羽卿辞职，校董临时设立由吴清泰、卜其吉、赵修鸿、倪葆春及德爱莲组成的校政委员会，行使校长职责；1949年，物理学教授赵修鸿被任命为代理校长，学校其他重要行政岗位也由中国人担任。至此，圣约翰大学已经完全处于中国人的行政管理之下。

在73年的办学历程中，圣约翰大学形成了鲜明的办学特色和独特传统。

首先，圣约翰大学以"光和真理"为校训，校长卜舫济认为教育的最大使命在于"生命之丰富"和"性格之培养"，他认为"生命之丰富者，意教育所以助人创世，学校所以教人为人，绝非徒为谋生而设……性格之培养者，意为超越个人物质与金钱之欲望。圣约翰大学教育之宗旨，在于造就学生为完全国民，使之以利国利民服务为前提，以克己自治为本领。"因此，圣约翰大学从创立之日起，坚持小规模办学和非职业化教育的定位，严格控制招生数量。在73年的办校历史上，毕业生总数不过6500人，30年代统计其师生比例约为1：13，与同时期美国高等学府师生比例相近，这样有利于师生间的密切接触。而"非职业化"的办学定位也使得学校得以坚守"大学理念"，促进学生集中精力治学求真，以追求"光和真理"为学习目标，使圣约翰大学成为现代中国绅士的摇篮，培养了许多各领域的顶尖专业人才。

其次，圣约翰大学最为人称道的莫过于重视英语教学。卜舫济认为学生观察、实验和独立思考的能力是现代教育培养的目标，而英语作为传播新式教育和新科学的媒介，在现代教育中具有至关重要的作用。1890年，学校全部科学课程开始用英语授课；1896年，医学院、神学院全部采用英语教学，使用英文课本。从此，能够直接使用英语进行治学、说得一口纯粹的英语，成为圣约翰大学学生的典型标志。对于圣约翰大学的英语教育，很多毕业生至今仍记忆犹新。虽然已经毕业60多年了，但夏求明的大学同学陈敏娴至今仍可以操着流利地道的美式英语谈笑风生，她回忆道："圣约翰大学医学院全部用英语讲课和回答问题，便于我们以后做教学、科研工作阅读外文资料。"[1]

---

[1] 陈敏娴：我的同学夏求明。未刊稿，资料存于采集工程数据库。

这些理念先进的教育方式和高水平的师资力量，确保了即使在战乱时期，圣约翰大学仍然能培养出大量杰出的专业型人才。

顶尖医学教育中成长

医学科是圣约翰大学最早设立的学科之一。1879 年，美国圣公会中国布道圣约翰书院成立，创始人文惠廉（W. J. Boore）之子文恒理（H. W. Boone）创立了早期的医科培训班，使圣约翰大学成为中国最早设立医科的教会大学。1880 年 12 月，文恒理创办同仁医院；1882 年 11 月，文恒理将圣约翰医学临床课程迁至同仁医院进行，同仁医院因此成为圣约翰书院的主要临床教学基地。随后，文恒理为圣约翰书院医学科引入美式医学教育模式，取消传统医科带徒制度，增加实验科学，建设实验室。1896 年，圣约翰书院改组为圣约翰学校，大学部得到美国圣公会确认，设立新的医学馆，同仁医院的学生并入医学馆，开始采用全英文教学，学制四年。1906 年，圣约翰学校正式更名为圣约翰大学，医科开始按照美国医学院标准制定学制，招收的学生必须先在学校认可的大学或文理学院修业二年以上，再进行五年的医科学习，其中包括最后一年临床医学实习，毕业授予博士学位。医科院校早期的"七年制"开始定型。

1914 年，圣约翰大学与美国宾夕法尼亚医科学会签署协议，将广州宾夕法尼亚医学院与圣约翰医学院合并，更名为圣约翰大学医学院宾夕法尼亚医学院，通过合作，圣约翰大学医学院不仅在教学和科研方面获得宾夕法尼亚医科学会的指导，毕业生也可以进入宾夕法尼亚医学院深造，这项举措使其成为与国际接轨的国内顶尖医学院之一。1947 年，圣约翰大学向国民党政府立案，原医学院院长莫约西退休，圣约翰大学与美国宾夕法尼亚方面的协议终止，此前的名称取消，正式更名为上海圣约翰大学医学院。

圣约翰大学的医科学制较长，入学前两年先读预科，每一门课程 70 分及格。医学院淘汰率很高，夏求明入学时，医学预科一共100多人，两年后进入医学院仅40人，到毕业时仅剩27人了。刚入学的夏求明对于一切都感觉新鲜。可没多久，他就感受到圣约翰大学严格紧张的课程教育。第一个困难就是英文。很多与夏求明同时考入医学院预科的同学，中学时就读于圣约翰大学附属中学，这些同学从高中开始接受英语教育，英文基础较好，对圣约翰大学的全英语授课很适应，这无形中给夏求明极大压力。教授们用全英文授课，有的老师还带有不同地域的口音，使用的教材又是全英文，仅有高中基础英语水平的夏求明倍感吃力，特别是生物课等专业性课程更是很难听懂。

圣约翰大学从预科课程开始就使用英文原版教材和全英文上课，教科书也是厚厚的一大本，老师上课只挑一些重点来讲解，剩下的要学生下课后自学研究。为了能跟得上老师授课，夏求明只好上课紧紧跟着老师做笔记，下课捧着字典再温习，一页一页仔细研读。刻苦扎实的夏求明不甘落后，读预科的两年时间里，他慢慢熟悉了全英文授课的模式，也养成了英文读写的习惯。

当时，现代西方医学刚刚在中国起步，医学生的英文读写能力对他们未来推动中国医学进步起到了至关重要的作用。

医学预科两年主要学习基础课程，如生物、物理、心理学、化学，很多课程都配有实验课，从基础课程培养学生的动手能力和细心严谨的科学态度。这些理科基础课对学生进入医学院后的生理、生化、药理等课程有很大帮助。

预科结业后，圣约翰大学要求学生成绩均需达到C以上才能进入医学院本科。1947年5月10日，夏求明修满预科学分，正式进入圣约翰大学医学院。由于医科对学生成绩要求很高，学制又长，不少学生在预科阶段就放弃了医学志愿。预科刚刚入校时的100多名学生，进入圣约翰大学医学院仅剩40人，其中男生31人，女生9人。

能够升入医科，夏求明历经了艰苦的学习过程，大浪淘沙中能跻身仅有40人的医正科，给夏求明带来了极大的信心，他逐渐形成了"只有不断学习，成为优秀的人才能做医生"的意识：

当时大家一致认为能入医正科都是了不起的，在学校里都被另眼相看，这种风气形成了我现在的自尊心，因此更加重视学习，埋首于书本。①

正式进入圣约翰大学医学院后，夏求明开始接受医学高等院校正规系统的训练。第一学年、第二学年主要进行生理学、病理学、细菌学、解剖学等基础教学，第三学年开始临床诊断学、实验诊断学、外科学、内科学、神经病学等临床医学教育，高年级开始耳鼻喉、皮肤科、骨科、眼科、外科等分科的专科化教学。医学院非常注重临床应用，学生从三年级开始在合作医院的医生带领下，参加临床病例讨论和门诊实习。

圣约翰大学医学院学制七年，共十四个学期，预科两年四学期，本科五年十学期，最后一年实习。医学院采用英语或中英双语教学，后三年的临床课程在同仁医院、安仁医院、同济医院等教学医院进行。对比现代医学教育，圣约翰大学医学院当年的一些教学理念至今没有过时。例如：设公共卫生学，将躯体疾病防治与公共卫生体制的建立相结合；强调文医兼修，设置医学伦理和道德学等课程，增强医学生的人文素养；开设心理学课程，强调人除了生物属性外还具有社会属性和精神、心理活动。在中国传统医学教育还与世隔绝、停留在师徒制的状况下，圣约翰已经开启了现代医学教育的先河，其课程设置成为全国各大医学院校沿用至今的基本结构。

除了学制先进，圣约翰还汇集了当时国内顶级的医学专家授课。1950年夏求明大四，当时的授课教师阵容堪称一流：外科学教授有著名医学家、中国整形外科先驱、圣约翰大学医学院院长倪葆春和中国心血管外科奠基人兰锡纯，热带病学教授是中华医学会创始人之一刁信德，内科学授课教授是中国血吸虫病专家黄铭新，矫形外科学教授是骨科专家、后任中华骨科学会名誉会长叶衍庆和骨科矫形外科先驱胡兰生，眼科学教授是眼科学专家、国家一级教授张福星，妇科教授王逸慧，精神病学教授韩芬，

---

① 夏求明：夏求明自传。未刊稿，资料存于采集工程数据库。

皮肤花柳病学教授潘继盛等。这些顶尖医学专家后来在我国医学发展史上做出了杰出贡献，中华医学会 21 位发起人中有 7 位毕业于圣约翰大学医学院，其中颜福庆、俞凤宾、刁信德、牛惠霖、牛惠生均担任过会长，被誉为"名医摇篮"。

医学院的老师们上课多以启发式教学为主，主要介绍一些学科重点，更多的时候要求学生自学，上课随堂提问，考试也是提问似的，而且很少考察已经讲解过的内容。看似简单的教学方式却要求学生有扎实的研读资料和自学能力，启发了学生广泛深入的思维能力。

> 大学的考试让我印象深刻。解剖课考试题目很有意思，老师画了一个图，问："要做肾切除，请问这个切口要经过哪些组织？"题目很开放，不是死记硬背就能学会的。骨科考试更有意思，老师画了一个膝关节的图，问："膝关节的某个部位骨折了，应该怎么治？"平时没有学过这个问题，我不知道该怎么回答，就说："打个钉子。"后来到了临床后我才知道，那是关节内的骨折，要精准复位，否则就要残废了。①

此外，圣约翰大学医学院对学生严谨求实的学习态度也有很高的要求。同学陈敏娴认为强调学生的严谨性是圣约翰能够培养出众多杰出医学家的重要原因：

> 它（圣约翰大学医学院）的特点不是死读书，而是提倡独立的学习能力。实验做得多，要求很严格。化学实验做分析的时候，经常给一些未知样品，试管洗的不干净，都会有一些假阳性的结果。我们就培养了比较严谨的习惯。②

医科是一门综合性较强的学科，既要有坚实的理论基础，也要有精巧

---

① 夏求明访谈，2015 年 10 月 15 日，哈尔滨。资料存于采集工程数据库。
② 陈敏娴访谈，2015 年 11 月 1 日，北京。存地同①。

的动手能力。夏求明这两方面都在不知不觉地进步，特别是他精巧沉稳的动手能力和天分，在解剖学课程上逐渐显露出来，就连要求严格的解剖学教授也对夏求明赞不绝口：

> 我们的同学人数少，做解剖时候四个人一组，机会就比较多。不像现在，只能看看，没机会动手。当时我们的解剖老师说夏求明会是个好的外科大夫。①

这个特殊的"天分"促进夏求明对解剖学产生了兴趣。夏求明的父亲是中医，并不懂解剖，夏求明同班学习好的女同学们大多害怕解剖课，这些额外的"小心思"也给夏求明很大信心，他学习解剖课程十分用心，1947年大学一年级上学期，他解剖课得了90分的高分，下学期得了83分。陈敏娴曾与他分为一组做动物实验，数十年过去，仍然对他沉着冷静的精细解剖十分称赞。相隔近半个世纪，夏求明的同事曲仁海教授回忆起和他共同做手术时的情形，对夏求明精巧的手法和一丝不苟、干净利索的手术风格印象深刻，记忆犹新：

> 夏求明手巧，说他怎么好都不过分。夏求明这个人干净利索，不像有些人手术都在血泊里，他没有做完手术浑身是血的情况。②

一台出色的外科手术就像一场优美的交响乐，手术的节奏张弛有度，术者对解剖结构熟悉，联想和逻辑思维能力强，能够对病灶做出冷静、快速、准确的判断，尽量减少术中出血，这些能力既是天赋也取决于后天的努力。出色的动手能力和扎实的解剖学基础，为夏求明未来从事心脏外科奠定了坚实的基础。

---

① 陈敏娴访谈，2015年11月1日，北京。资料存于采集工程数据库。
② 曲仁海访谈，2017年4月14日，哈尔滨。存地同①。

图 2-3 夏求明（前排右四）与圣约翰大学医学院同学合影（一）

图 2-4 夏求明与圣约翰大学医学院同学合影（二）（左起：林泽群、潘祖德、梁定中、夏求明、林泽彦）

上海仁济医院实习

圣约翰大学医学院学制七年，第四年颁发学士文凭，最后三年是见习实习期。1949年，夏求明完成了全部基础课程的学习，获得了医学学士文凭，进入临床见习和实习阶段。1947年，倪宝春担任医学院院长，确定了三家教学医院——同仁医院（今上海交通大学医学院附属同仁医院）、仁济医院（今上海交通大学医学院附属仁济医院）、宏仁医院（今上海交通大学附属胸科医院）。

医学院学生在实习以前称见习生，夏求明与另外8名同学进入了当时名声显赫的仁济医院外科见习，另外一名同学进入眼科见习，女同学大多进入妇产科和内科。

仁济医院（图2-5）是上海开设最早的一家西医医院。1844年初开埠后不久，英国传教医师威廉·洛克哈脱受英国基督教伦敦教会的派遣来沪开设医馆，名为中国医院。1846年7月改名仁济医馆，有病床60张，实

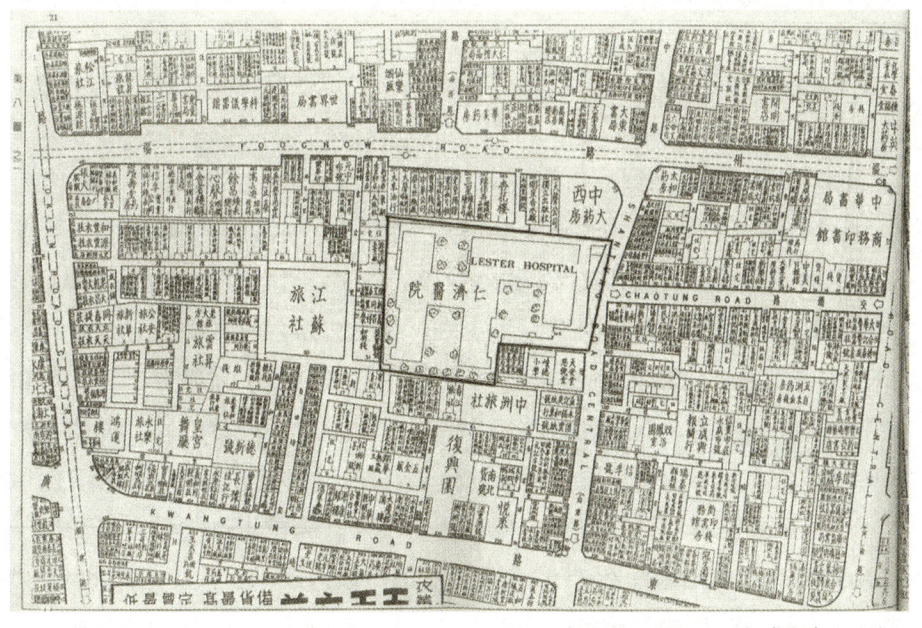

图2-5 仁济医院旧址地图

行施诊舍医，1856年开始招收中国人佐理医务，培养了我国第一批西医医师。

由于施行大手术视患者情况收费、赤贫者可以免费，仁济医院受到了上海市民的欢迎。抗战爆发后，因收治大批伤员，医院开设骨科病房，是上海第一个骨科专业病房。1941年太平洋战事发生后，日本同仁会华中支部接管该院。战后，国民政府卫生局指派陈邦典接管医院任院长，改为教学医院。由于仁济医院的各项制度健全，管理也比较严格，高患者量和井然有序的严格管理，对刚刚进入临床的医学生培养良好的医疗习惯至关重要。因此，它成为医学院校见习实习的首选教学基地。

夏求明很快就对见习医生的工作产生了很大兴趣，现代西方医院里的一切都令他好奇和兴奋。对他而言，医学再也不是刻苦背书、研究理论和对着尸体做各种实验，而是真真正正鲜活的生命和许多亟待救助的患者。见习医生实际上仍然是医学生，只有老师才是临床医生，课堂变成了诊室，课本变成了患者，这些变化对于夏求明无疑具有巨大的吸引力，他很快就进入了"角色"，对医院的一切工作都以最大的热情投入其中。夏求明和其他同学跟着老师一起查房，各位专科老师们一边查房，一边结合患者给学生们讲解，每天查房授课完毕，老师们会布置第二天的查房内容，学生们回去查资料提前温习，第二天再来病房印证自学的知识，并和老师进行讨论。

面对这样大的门诊量，仁济医院的见习生、实习生都要投入到临床工作中。因此，见习期间的工作和学习任务明显比学校期间忙碌很多，夏求明除了随老师查房看诊，还要尽快学习临床实际工作。那时的见习实习医生和现在不一样，患者入院后，护士站开出三张票，一张给实习医生，一张给住院医生，一张给总住院医生，然后各自按照分工完成工作。见习和实习医生负责患者入院后的处理工作，首先采病例，进行问诊、查体。白天的工作做完，半夜安顿患者睡觉以后，就开始写病志，常常忙到深夜。

仁济医院有五层楼，电梯主要给患者使用，医护步行楼梯。每天从一楼到五楼，夏求明来回数十次，不但不觉得累，还乐在其中。20世纪40年代的医院，医生的工作范围与现在并不相同，也要完成很多现在看来应该是护士的工作，比如给患者换药、配药、注射等，仁济医院的患者量又大，所以见习实习期间的工作十分辛苦和疲劳，但夏求明却一直都保持着旺盛的精力，不嫌苦不觉累。对待自己负责的每一件事都非常认真，对患者更是态度温和，耐心细致地给患者解释病情，医疗操作干净利索。

夏求明对临床工作的热情很快引起了老师们的注意，他们开始关注和锻炼这位积极性极高的见习生，很快夏求明就被老师们带进手术室，做主刀医生的助手。夏求明聪颖好学，认真观察老师的每一步操作，手术结束就记录细节和重点，不懂的地方自己查找资料。见习期间，夏求明成为唯一一名做主刀医生手术助手的见习生。

见习期通过以后正式进入实习医生阶段，实习医生可以独立进行很多临床工作。20世纪20年代，手术麻醉还比较简单，没有专门的麻醉医生，所有的手术麻醉都是外科医生担任，麻醉的方法也比较原始，还没有气管插管麻醉，只是半开放麻醉——戴上口罩，做乙醚麻醉。夏求明等几位实习生也要学习麻醉互相协助的工作，在互相交流中，夏求明学到麻醉的两条准则：一是让患者有呼吸，二是保证瞳孔不放大。在夏求明后来的医学生涯中，对麻醉的重视极大地帮助了他建设胸心外科，为他完成众多高难度手术奠定了重要的临床基础（图2-6）。

图2-6　圣约翰大学医学院学生在仁济医院实习期间的合影（前排左二为夏求明）

实习生还要跟随医生出门诊，有时候还要独自完成门诊手术，这让夏求明等实习生积累了各种外伤处理的经验。最让夏求明印象深刻的是一名头部外伤的患者：患者精神状态不正常，意识出现障碍，有自杀和自残情绪，他把自己的头皮割了很多伤口，血肉模糊，到医院的时候头上一道一道的血沟。门诊医生仔细做了检查，就让夏求明缝合，夏求明就一点点地缝合了上百针。

回忆起实习期间的忙碌情形，同学陈敏娴说：

> 做实习大夫的时候，我和蓝芝泰两个人管妇产科。入院写病例，出院写出院的病例，出院的时候有几十人，我们两个人要量血压、大静脉推葡萄糖、打硫酸镁肌肉针，这些都是实习大夫做，还要做妇产科接生、新生儿测量以及在小手术时为医生做助手。每天要催着自己，有时候来不及，大夫就会给我们留条，提醒哪些还没做完。①

实习期间，夏求明最喜欢的工作就是跟着老师上手术台做助手。机会总是偏爱有准备的人，有一日，泌尿外科接诊了一位睾丸结核的患者，夏求明像往常一样随着老师做手术，刚刚做完麻醉，老师忽然对夏求明说："你也看了这么多手术了，这次你来独立完成。"不等夏求明反应，老师就把手术刀递到他手里。夏求明于是集中精力，按照主刀医生的指示，一点点处理动静脉和输精管，切除病变的睾丸，独立完成了他实习期的第一台手术，也是一台真正意义上的外科手术。

老师们对夏求明的冷静细致和娴熟手法十分欣赏，从此，夏求明的手术机会越来越多。夏求明在实习期的第二台手术是胃部手术，这在当时的外科领域算是比较大的手术了。这台手术的主刀医生是仁济医院普外科主

---

① 陈敏娴访谈，2015 年 11 月 1 日，北京。资料存于采集工程数据库。

任、著名外科专家董方中[①]，夏求明作为他的第一助手，跟随董方中完成了整个胃穿孔手术。手术期间，董方中对外科手术的精益求精和严谨扎实的风格给夏求明留下了深刻的印象。此后实习期间，夏求明在这些大师级的教授指点下，陆续完成了普外科在当时能够进行的全部手术。

读书时成绩中等的夏求明，在临床实习阶段脱颖而出，显示出了一名优秀外科大夫的娴熟技术，逐渐成长为一名关爱患者的儒雅医生，树立了君子式为人、专业化为医、求真务实为学的重要品格。1950年4月25日，第一期实习结束时，仁济医院住院总医师及住院医师对各个实习生进行了总结评估，评价夏求明"服务态度认真，工作能力强"。这短短两句，是9名实习生中最高的评语。[②]

参加血吸虫病防治

　　绿水青山枉自多，华佗无奈小虫何！千村薜荔人遗矢，万户萧疏鬼唱歌。

　　坐地日行八万里，巡天遥看一千河。牛郎欲问瘟神事，一样悲欢逐逝波。

　　春风杨柳万千条，六亿神州尽舜尧。红雨随心翻作浪，青山着意

[①] 董方中（1915— ），湖北武汉人，外科专家。1941年毕业于上海圣约翰大学医学院，获医学博士学位。毕业后赴美国伊利诺伊州环湖医院任外科住院医师。1947年回国后在仁济医院工作。曾任上海第二医科大学医学系一部外科学总论教研组主任、仁济医院外科主任、广慈医院外科第二主任、瑞金医院终身教授、国际外科学会永久名誉委员、中华医学会理事、上海红十字学会理事。回国后即引进国外先进的医疗技术，1954年参加了我国第一例心脏二尖瓣交界分离手术，同年实施了我国第一例静脉侧吻合术。1956年首先在我国开展了经皮穿刺腹主动脉造影术，并在我国开展第一例肾动脉下同种尸体腹主动脉移植，均获成功，成为我国血管外科和血管移植的先驱。

[②] Q243-1-644-24，仁济医院等单位学生实习情况鉴定函（圣约翰大学）。缩微胶片存于上海市档案馆。

化为桥。

　　天连五岭银锄落，地动三河铁臂摇。借问瘟神欲何往，纸船明烛照天烧。

——毛泽东《七律二首·送瘟神》

　　1958年10月3日，《人民日报》刊登了毛主席的《七律二首·送瘟神》。这两首诗乍看很普通，其实很有来历，背景是正在杭州开会的毛泽东从《人民日报》上得知江西省余江县在建国初期轰轰烈烈的血吸虫病防治运动中率先基本消灭了血吸虫病的消息后，有感而发写下的。这场轰轰烈烈的消灭血吸虫病运动，堪称新中国成立之初第一场牵涉全国的爱国卫生运动。

　　早在1949年5月下旬，毛泽东责成华东野战军副司令员粟裕组织三野部队进行攻台准备，抽出野战军主力第9兵团的4个军进行攻台训练，并兼任上海地区警备。为了准备渡海，解放军战士们开始学游泳，每天至少2个小时。十几天后，许多人出现了发高烧、风疹块和腿肿等症状，后波及4万余人。上海市卫生局组织医学专家诊疗，确诊为"日本血吸虫病"。经过及时有效的治疗，在解放军战士中爆发的血吸虫病很快得到扼制，但因此引发了中央对血吸虫病疫情的关注。据不完全统计，当时华东地区血吸虫病流行区域涉及4个省市115个县区，患者人数600余万。

　　血吸虫病与鼠疫一样，是我国典型的地方性传染病，在我国至少有2100年历史。血吸虫病主要是指血吸虫寄生于人体内门静脉系统所引起的传染疾病。该病主要由皮肤接触含有血吸虫尾蚴的疫水，通过血液循环流经肺，最终进入肠道、肝脏并引起一系列病变。临床表现主要为发热、腹泻、肝脾肿大、贫血、消瘦、内分泌紊乱等。及时治疗多可痊愈，但如果进入晚期，则出现门静脉周围纤维化病变，发展成肝硬化、肝腹水、门脉高压，并有呼吸困难等临床并发症，有较高致命危险。

　　血吸虫适宜在湖沼、水网、山丘等环境繁殖，我国南方广大湖沼、丘陵地区是血吸虫病高发地区，主要包括江苏、浙江、安徽、江西、湖北、湖南、广东、广西、福建、四川、云南、上海等。新中国成立前，由于社会动荡、战争频发、农户无钱就医以及公共卫生防疫薄弱等原因，血吸虫病疫区在南方各省大面积存在，这对当地人民身体健康乃至生命安全构成了严重威胁，成为当地的"瘟神"。

在新中国成立之初，血吸虫病最大的危害是对人口数量的影响。无论是首次与疫水相接触产生的急性或慢性血吸虫病，还是没有得到及时救治的晚期血吸虫病，都足以危及人们的生命安全。受感染的患者往往呈现心肌损害、腹水、神智迟钝，进而出现脾脏肿大、脾功能亢进、消化道的出血、全身性衰竭，直至死亡。血吸虫病除了对人口的直接影响外，血吸虫病也通过其他渠道间接影响人口的增长，主要表现为血吸虫对肺部和脑部的异位损害，对患者生殖系统产生影响进而无法生育；而且由于从事体力劳动的多为男性，这也就导致在血吸虫病感染患者中，男性人数占据相当大的比例，导致疫区男女比例不协调影响人口增长。

连年战争加上大规模疫情，导致南方人口锐减，这对新中国的保卫和建设无疑产生了相当巨大的影响。为了对抗血吸虫病，1949年12月20日，上海市血吸虫病防治委员会成立。上海医疗界几乎全部投入了这场爱国卫生运动，圣约翰大学医学院作为上海最高医学学府，全体师生几乎都参与到防治血吸虫病的工作中。1949年末，华东卫生部召开各院校负责人会议，决定于寒假开展上海郊区血吸虫病防治工作，圣约翰大学潘孺荪任医疗队大队长，上海宏仁医院、仁济医院、同仁医院三家教学医院的高级医师以及圣约翰大学医学院高年级学生自愿报名参加医疗队。

1950年1月3日，上海市有关专家和医务人员共1400多人组成的血防大队分赴海盐、嘉定、嘉兴、青浦、宝山等重点地区，与解放军第20军部队一起进行血吸虫病的疫情调查和防治工作。1950年初的寒假期间，夏求明作为第四中队的一员与其他圣约翰大学医学院学生，随同解放军官兵走访乡村，对村民进行结肠取样化验，调查血吸虫病疫情（图2-7、图2-8、图2-9）。

夏求明的家庭条件在当时算是比较优渥，他对乡下人民贫困和疾病交织的情形只有耳闻却从未目睹，这次血吸虫防治的经历对他的心灵产生了巨大触动，让他第一次切身感受到医疗对改变人民生存的重要作用。他随部队走进了上海松江区感染严重的村屯，患病的村民面带菜色，长期营养不良。这些食不果腹、衣不蔽体、饱受疾病折磨的人们让夏求明一阵阵揪心。乡下的主要食物是米和菜，几乎吃不到荤食，蛋白质供给量远远不足。长期的营养缺乏加上血吸虫毒素抑制内分泌，从而影响发育，疫区出现很多发育不全的"少老人"，看似10岁上下，而年龄都在20岁左右，感染严重的未到老年就死亡了。

图 2-7 1950年，夏求明在上海周边地区参加血吸虫病防治工作

图 2-8 1950年，夏求明（左一）随医疗队去上海郊区罗店为部队防治血吸虫病（图为队伍出发前的合影）

《圣约翰大学医学院血吸虫防治工作报告》中详细记录了当时的情形：

> 访问了松江地区感染血吸虫重心地点之一的苍梧乡，这次访问使我们更加了解农民们遭受疾病的痛苦，

图2-9　1950年4月，夏求明获得上海市郊区日本血吸虫病防治委员会颁发的立功证

很多农民都患了大肚子病，面黄肌瘦，发育不全，很多家庭都因为主要劳动者患病而家破人亡……同学们下了向血吸虫病战争的决心，农民们都高呼希望人民政府能够在近期内为人民解除疾病的痛苦，以便更好进行大生产。同学们通过这次实地体会，便开了小组会议，情绪高涨。

……

据人口普查，此间主要食物为米及蔬菜，能吃荤食的机会很少，每天蛋白质供给仅50克左右。据点散漫，控制不易，全不如解放军集中治疗的条件。况且，解放军的感染多是比较早期的，但此次所治疗患者多是重复感染，肝脏机能较差，在这种情况下，要治疗这许多患者，觉得发生意外的可能性极大。故每人多战战兢兢，非常担心，不能完成安全第一的目的。其主要原因实由全体工作同志，已习惯了新时代医务工作者的精神，能刻苦认真耐劳，换得了军民的无比情感。[①]

在随军下乡的过程中，夏求明和官兵们挨家挨户对村民进行体检，调查取样，宣传科普防病和卫生知识，初步确定了血吸虫病爆发的严重地

---

① Q243-1-658，圣约翰大学医学院血吸虫防治大队工作报告。存于上海市档案馆。

区。与官兵们的密切合作，让夏求明对军人产生由衷的敬佩之情。战士们对国家的理想和共产党的信念坚定不移，他们纪律严明，对待人民全心全意，战士们在老乡家里分文不取，遇到困难的家庭主动帮忙，军民们发自内心的互相爱护和感激之情，都给夏求明留下了深刻印象。可就是这一批战士，却在短短的几个月后血洒朝鲜战场，激起了夏求明投身战争前线的意念。

1951年寒假期间，上海周边各地区设立了防疫点，圣约翰大学医学院学生们再次深入乡村，开展系统防治，为农村患者注射锑剂，同时监测不良反应率，一定程度控制了血吸虫病蔓延。这次爱国卫生运动改变了很多医学生的人生选择，间接为我国公共卫生事业和寄生虫病防治吸引了大批医学人才，夏求明的很多同学后来都选择了从事寄生虫疾病的研究，如：何尚英成为我国著名的血吸虫病专家、卫生部血吸虫病专家咨询委员会副主任委员；陈敏娴进入清华大学从事公共卫生医学研究；夏求明的妹妹夏求洁也就读于圣约翰大学医学院，后来担任上海血吸虫病医疗队第三十小队队长，毕业后进入北京协和医院从事病理学研究。

战争洗礼下的信仰

1949年5月上海解放，江南甫定，新中国的周边却战火弥散。从1949年1月—1950年6月，朝韩在"三八线"不断发生纠纷，武装冲突日益升级。1950年6月25日，大规模的冲突在"三八线"上爆发了；10月25日，中国人民志愿军应朝鲜请求赴朝，举世瞩目的"抗美援朝"战争打响。

1950年12月15日，上海召开了医务工作者抗美援朝大会，成立了上海市医务工作者抗美援朝委员会，圣约翰大学医学院院长倪葆春担任常委兼研究计划组副组长，负责有关手术医疗队技术问题的研究计划、组织编制、药材配备以及出发前政治、技术方面的学习培训。1951年7月，圣约翰大学医学院组织医疗队赴朝鲜，倪葆春担任上海抗美援朝志愿医疗总队第五大队的大队长。

圣约翰大学本着自愿的原则,组织学生报名抗美援朝志愿医疗队,很多学生对上前线比较有顾虑,还有一些受欧美思想影响较深的同学认为自己是受美国教育成长的,"抗美"的思想比较淡漠,对与战备精良的美国人战斗也存在畏惧心理。第一批医疗队报名的仅有8名学生:1名地下党员,6名共青团员(何尚英、陈敏娴、尹遂文、周保和、蓝芝泰、俞少华),仅有一名非党员、非团员的普通学生,就是夏求明。国家的需要、救死扶伤的医学理想召唤着夏求明投身保家卫国的事业中去,他在《参加上海市医务工作者抗美援朝手术医疗队人员登记表》郑重地写下了这样一段话:"为了新中国的自由、独立,为了争取和平,为了更进一步表现爱国的热潮,为了我们的下一代,这些都是每一个新中国的人民应负的责任"(图2-10,图2-11)。

作为家中独子,夏求明报名上前线的事情却并没有受到家里的反对,相反父母很支持他的决定。1949年上海解放后,夏求明的父亲夏仲方响应国家

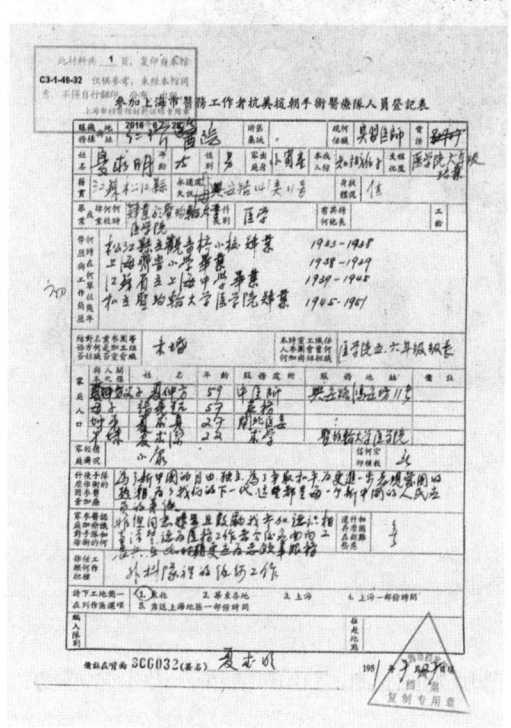

图2-10 夏求明《上海市医务工作者抗美援朝手术医疗队人员登记表》

图2-11 1952年,圣约翰大学抗美援朝医疗队部分队员出发前的合影(左三为夏求明)

"公私合营"的号召，率先结束了私人诊所的经营，后来担任华东医院中医科主任，作为上海中医界著名的医学专家和进步人士，他对儿子参加志愿医疗队十分赞赏，鼓励他多为病员服务。

在父亲的影响和家庭的支持下，1951年7月31日，夏求明与其他志愿者乘专列抵达通化市二道江第十一陆军医院（图2—12），第二天恰逢八一建军节，志愿医疗队受到当地人民群众的热烈欢迎，军民一家的热烈氛围再一次感染了南方来的学生们。多年以后，同学陈敏娴回忆起当年的情景，仍十分感动：

图2—12 圣约翰大学医学院抗美援朝志愿医疗队学生在通化二道江合影（后排左起：何尚英、陈敏娴、夏求明；前排左起：尹遂文、蓝芝泰、俞少华、周保和）

> 每年八一建军节我都会给蓝芝泰和夏求明打电话，因为我们对解放军的感情很深。1950年我们去参加上海郊区血吸虫病的防治工作，受到了解放军那种无私为国牺牲精神的影响。他们的显微镜是打败日本人以后缴获的，所以很爱惜，会把它擦干净，包起来放在盒子里。和我们一起工作的女化验员，自己的零花钱不够花，都要家里贴补。我和一个女同学表示要参军，但是部队不要我们，因为我们还在上学。抗美援朝时，当时就有血吸虫治疗的部队，我们还碰到了事务长，还请了我们吃饭，阶级感情很深的。①

---

① 陈敏娴访谈，2015年11月1日，北京。资料存于采集工程数据库。

刚到医院，战争的血腥气味就扑面而来，伤员们痛苦的呻吟声和消毒气味充斥着病房，让夏求明和同学们感到一阵阵痛心，他们迅速投入工作。二道江第十一陆军医院三所在山上，分南楼北楼，夏求明与陈敏娴被分到北楼，其他五名同学在南楼，另外一名在通化总联络部。医学院的学生们不了解战争伤病，被编入战地医院的各个小组，每组都有部队医生和护士带领，学习感染分类、传染病诊疗和穿刺等技能。

夏求明和陈敏娴的主要工作是接伤员。北楼在半山腰，夏求明和同事们轮流值班，每从前线送来一批伤员，他们就套上马车拉着平板车去接，在北楼进行初次分检，通过问病史和查体将有传染病可疑或已被确定为传染病的战士留下观察，可以较快恢复的慢性病伤员留在南楼区治疗，不易恢复的伤员转到后方条件更好的医院。北楼也设有病区，接完伤员还要对其进行感染防控和救治，任务十分艰巨。

战争时期的条件非常艰苦，不久东北开始进入冬季，整个冬天寒冷而漫长，增加了伤员救治的难度。冬季的二道江气温很低，最低时在 -40℃，夏求明他们有时要在极冷的室外等待接送伤员的专列，虽然穿着厚厚的棉大衣、戴着棉帽子，仍然感到彻骨的寒冷，睫毛和鼻毛都会结冰。伤员到来后，夏求明他们要穿上隔离服对伤员进行分检，1951 年末到 1952 年期间，因战事不顺，伤员量巨大，每一列车都有伤病员，他们经常忙得连饭都顾不上吃，再加上穿上隔离服，简直喘不过气来，每次完成任务后都非常疲劳，但救治一车一车的伤员，完成救援任务，还是让他们感到十分满足。

那时候一来就是一列车，当时因为前线战争艰苦和虱子的传染，所以伤寒和传染就特别多。所以我们要检疫，就要穿隔离服。检疫完了，伤兵把衣服脱下来，让他们洗澡、消毒，减少再传染的机会。有传染病的、可疑的、有前兆的，留在我们的病区；有慢性病的，就到南楼的病区。我们这些同学，有五个在南楼，他们在做病房的工作；我和夏求明在北楼，也有病房。别的医院都没有去实习医生，只有我们医院（仁济医院）去了。当时我们就说我们在别的医生带领下工作，后来还是让我们分管病房，我们很困难，没怎么实习临床就来了，内科更是根本没实习过。但是大家也挺感兴趣的。有肝肿大的大家就赶紧去摸一摸，有一个大夫年纪大了，穿刺什么的就让我们做，我们也爱做，在老师的指导下，也没有出过医疗事故。那时候我们过得非常充实。

那时候我们的生活还是蛮苦的，零下40℃，当时我们从上海来，就觉得很冷。吃饭呢，解放军是杀一头猪，剁成一块块的，我根本不吃肥肉，但那时候也要吃，肉炖白菜，冬天只有萝卜白菜，也挺好的。

战士跟我们也特别好。去的时候穿的是发的军服，女同志发的是裙子，到了冬天怎么办呢？虽然我们也做了列宁服，但是里面穿不进去很多衣服，战士们就把他们的军服送给我们，说到了下一站就发衣服了。我们也跟战士们关系特别好。那时候没有医患矛盾。但是部队不一样，每死一个人都要开病例讨论会，因此对医护人员要求非常高。那时候护理员都是男生，解放军战士有脾气暴躁的，就会发火，小护理员还是耐心的，哪里不满意就帮着做好了。所以我觉得部队的医疗责任感非常好。①

部队医院对医生和护士的要求比较严格，除了医疗技术过硬，部队教育各级医务人员要有"爱伤"的意识，每一例死亡病例都要在大队长的主持下开死亡病例讨论会，认真查找原因。医生每天认真查房，熟悉自己分管病区的每一位患者。战场下来的伤员，有不少是副伤寒、斑疹伤寒、回归热的患者，发病时非常痛苦，尤其是斑疹伤寒，发病急、发高烧、寒战、剧烈头痛、肌肉疼痛，有些患者发病的时候脾气暴躁，甚至动手打骂护理人员，但所有的医生护士都打不还手，骂不还口，耐心帮助患者。在冬天零下几十度的严寒中，护士还要给病员洗衣服和床单，一些痢疾患者一天要换洗几十次，护士们不怕脏不怕累，脏了就换，换下来立刻在冰水

---

① 陈敏娴访谈，2015年11月1日，北京。资料存于采集工程数据库。

里洗，还要想办法用热水袋烘干。一些医护人员只有微薄的生活费，还用这点钱给伤员买营养品。

那时候经济困难，物资严重缺乏，肉蛋类食物奇缺，解放军部队的医生护士只吃蔬菜，把肉和蛋留给病患和学生们。工作期间，部队医生们传授学生们临床经验；闲暇之余，学生们教部队医生学外语。解放军医生护士们的无私敬业、舍己为人的精神，朝鲜战场上战士们对祖国的忠诚，都深深地感染了夏求明和同学们，在陈敏娴的推荐下，夏求明向共青团提出了入团申请，但由于已经到了团员年龄的上限，遗憾未能如愿。

战争考验着人的品格，也催生了许多医疗制度的改进。为了应对大规模医疗救援行动，医疗队建立了各种制度，明确分工和职责，保证治疗和护理工作质量，提高工作效率。如在分类转诊工作中，医疗队建立了三级检查制，控制了传染病后转；建立了医生分级负责制和护士三八制，克服了过去分工混淆、职责不清的问题；建立了会诊制度，解决技术上的疑难问题，及时诊断治疗……这些制度很多至今应用于公共医疗事件的救援体系中。

战争时期结下的情谊，令夏求明和同学们终生难忘，抗美援朝志愿医疗队的经历，彻底改变了他的人生选择：过去他学医是听从父亲的意见，认为学医是一项技能，有不错的收入，当医生可以过上好日子。经过战争的洗礼，他慢慢意识到医学不是用来赚钱的，它的根本是治病救人，是为人们解除疾苦，是可以保卫国家和建设国家的！战争的历练不单单教会了他大规模医疗行动的分工协作，为他未来指挥上百人参与的心脏移植手术提供了制度建设经验，更改变了他整个未来人生的方向（图2-13）。

图2-13　1951年9月24日，圣约翰大学抗美援朝医疗队队员和陆军医院部队医务人员合影（右一为夏求明）

1952年5月，夏求明等8名同学结束了历时10个月的抗美

第二章　初涉医科　47

心之历程　夏求明传

图 2-14　毕业前夕，圣约翰大学医学院部分师生在钟楼前合影［前排左起：姚岱、蓝芝泰、俞少华、陈敏娴、夏宗馥、杨婉华、张慧默、尹遂文、陈海琼、陈培恩、陆道炎、褚大由；后排左起：何尚英、（未知）、徐方贡、教师、倪葆春（校长）、教师、教师、翁仲颖、周保和、夏求明、周孝增、梁定中］

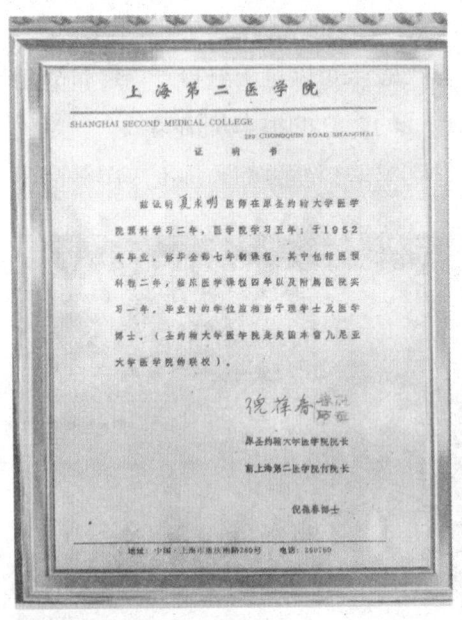

图 2-15　夏求明毕业证书

援朝志愿医疗队救援任务，返回到上海，继续回到仁济医院实习。同年秋，上海圣约翰大学与其他教会大学被裁撤，医学院并入上海第二医学院，原校址归华东政法大学使用，圣约翰大学遂成为历史。

这一年，夏求明等 27 名学生从圣约翰大学医学院毕业，获得上海第二医学院医学博士学位证书（图 2-14，图 2-15）。在毕业分配时，夏求明志愿报名到祖国东北地区支援国家建设，从此一生扎根于黑土地。

48

第三章
支援东北

哈尔滨医科大学

1952年，夏求明从圣约翰大学医学院正式毕业。受到抗美援朝期间的爱国主义洗礼，夏求明非常想投身到新中国的建设中。听说祖国的西北建设落后，分配工作时他就在分配意向书上填写了"西北"。但由于当时东北地区建设任务艰巨，需要大量的毕业生和青年人才支援建设，校方在得知夏求明有支边意向后，就问他是否愿意改去东北。抗美援朝期间夏求明一直在东北地区工作，对东北凝结了深厚的感情，因此毫不犹豫地答应了组织的安排。

1952年9月，夏求明与同学蓝芝泰、梁定中、陈敏娴四人乘北上的列车，向祖国的边疆进发，同车还有很多其他院校支边的大学毕业生。临行前，站台挤满了送行的家长，子女们即将远离家乡到遥远的北方，离别的伤感在站台弥散。夏仲方夫妇也来给儿子送行，但他们对夏求明此行却显得很高兴：见到儿子有理想、有抱负，学有所成、报效国家，夫妻俩都非常高兴，反而淡忘了独子即将远走他乡的离愁。

放弃优渥的家庭环境，放弃锦绣的发展前途，毅然决然志愿支援边疆建设，到最艰苦的地方去。多年后，很多同学对夏求明的决定仍然十分钦佩，同学陈敏娴回忆：

> 我后来才知道，他（夏求明）是家里的独子，父亲是上海有名的中医，如果他不愿意去支援边疆的话完全可以不去。当时有的同学就选择了留在上海。但是夏求明没有，他无条件服从分配，从这一点可以看出他当时还是比较进步的。[1]

火车一路向北，梁定中首先在锦州下车，辞别同窗七年又共赴战场的同学，他在辽宁省落脚扎根，年轻血气方刚的医学骄子们，却没想到挥别再见竟是半个世纪以后的事了。梁定中后来到了锦西（今葫芦岛市），在工厂的医院工作，后来成为当地著名的外科医生。剩下的三人抵达沈阳医学院，陈敏娴的基础医学成绩较好，又参加过血吸虫防治工作，被分配到了北京协和医院做病理研究，后来成为著名的病理学家。

到沈阳医学院后，夏求明和蓝芝泰才知道被分配到哈尔滨医科大学，他们带着行李继续北上，夏求明的行装很简单，只有一些被褥、衣服和几本医学书籍，当时他的心愿只有一个——做一名外科医生。

两个对哈尔滨只有模糊地理概念的青年学子，就这样来到了祖国的东北重镇——哈尔滨。

哈尔滨是一座新兴城市，城市化历史仅百余年，却历经风云变幻，受到多民族文化的冲击，是我国少有的浓缩了多国度、多民族文化基因的城市。凭借重要的战略地位，哈尔滨很快成为中国东北地区的政治、经济重镇。

历史上哈尔滨真正作为城市雏形，发端于中东铁路的建成通车。1896年，沙俄与清政府签订《御敌互相援助条约》，获得中东铁路的修筑和经

---

[1] 陈敏娴访谈，2015年11月1日，北京。资料存于采集工程数据库。

营特权。中东铁路以哈尔滨为枢纽，呈丁字形。随着中东铁路的开通，哈尔滨迅速发展成为近代大都市，大量沙俄侨民迁居至此，成为国际性的内陆商埠。出于政治目的及安抚沙俄士兵和移民的思乡心理的需要，沙俄努力把哈尔滨规划建设成为"东方的莫斯科"，因此，哈尔滨的城市规划和建设风格至今仍保留着很多欧洲的文化风貌——蛛网状的街道布局、巴洛克风格的建筑，使哈尔滨成为名扬国内外的"东方小巴黎"。

多个政权的更迭统治，造就了哈尔滨这座国际型都市的复杂文化气息，既有东北传统的乡土习俗，又有欧洲的异域风情和日本侵略军遗留的战争印记。从上海风尘仆仆而来的夏求明一行并不了解这些背景，他们对哈尔滨奇特的风貌感到新奇：建筑都很洋气，像是异域之都；俄国人很多，女人们大冬天还穿着裙子裹着貂皮；在上海人民穿着朴素的时候，这里的姑娘们已经开始穿起了花裙子；医院里还有日本医生；人们吃着东北菜，也有很多西餐馆……

与哈尔滨多舛的命运紧密相连，哈尔滨医科大学也有着复杂的历史，这所大学的建立与一段震惊中外的疫情有着千丝万缕的联系。

哈尔滨医科大学前身是1926年创建的滨江医学专门学校，第一任校长是我国现代医学先驱伍连德博士（图3-1）。伍连德祖籍广东台山，1879年3月10日出生于英属海峡殖民地槟榔屿（今马来西亚）。17岁获得女王奖学金赴英国读书，成为第一位获得剑桥大学医学博士学位的华人。游学欧洲期间，他先后在英国圣玛丽医院、利物浦热带病学院、德国哈勒大学卫生学院、法国巴斯德研究所从事研究，曾师从诺贝尔生理学或医学奖获得者梅奇尼可夫和霍普金斯。1907年，伍连德应袁世凯之邀回国，在海军将领程璧光

图3-1 滨江医学专门学校首任校长伍连德

等人的引荐下，出任天津陆军医学堂协办（副校长）。1910年12月，外务部右丞施肇基电召他紧急赴哈尔滨调查处理鼠疫。

1910年春夏之交，西伯利亚就出现鼠疫疫情，由于人烟稀少，加上俄国控制严密，疫情未得肆虐。当时，大量疑似染病的中国劳工回国，鼠疫病毒就随同染病劳工沿铁道沿线一路进入东北地区。1910年11月8日，疫情传至哈尔滨北部傅家甸。傅家甸民房低矮，街道肮脏，是个拥有两万多人的贫民窟，疫情就在这里暴发了。

随着中东铁路开工，大批关内劳工涌入。当时的哈尔滨，有中国居民数万人，俄国侨民十万人，日本人两千人。俄国控制着哈尔滨到长春的东清铁路，日本控制着从长春到大连的南满铁路，而从奉天到北京的京奉铁路则属于清政府管辖。日俄两国不断明争暗斗，使防疫工作变得更加复杂；春节在即，大批由山东到关外打工的农民拥挤着回家过年，疫情面临着向全国扩散的风险。

伍连德抵达哈尔滨的第一件事，就是视察傅家甸，以取得疫情暴发的第一手信息。1910年12月27日，傅家甸一名与当地人通婚的日本女人疫死，伍连德决定解剖尸体，找出真正的病因。解剖尸体在晚清时期是大不敬之事，更不为清朝律法允许，伍连德顶住多方压力进行了东三省第一例尸体解剖。经过化验，伍连德在死者的血样中发现了鼠疫杆菌。但飞沫传播病毒与当时公认的鼠疫传播方式相矛盾。伍连德大胆地提出，在傅家甸流行的鼠疫是通过飞沫传播的肺鼠疫。也就是说，无须通过老鼠，肺鼠疫就可以在人与人之间传播。

伍连德的肺鼠疫理论并没有被同行接受。就连伍连德的老相识、法国医生梅尼，凭借印度、中国香港等地鼠疫防治的经验，全面否定了伍连德的判断。就在争论不下的时候，梅尼却突然死在了哈尔滨的俄国铁路医院里。这位法国医生来到疫区仅仅十天，便感染鼠疫不治身亡了。

梅尼之死被视为这场鼠疫的转折点，人们开始全盘接受伍连德的防疫观念和措施。在伍连德的指挥下，傅家甸被分为四个区，居民出行必须在左臂佩戴证章，根据各区的不同，证章分为白、红、黄、蓝四种。佩戴证章者可以在本区内行动，前往别区则必须先申请特别批准证。医生带领工作人员挨家挨户检查疫情，一旦发现有人感染鼠疫，立即送到防疫医院，并对患者家属进行隔离。为此，他们还专门从俄国铁路局借来大量空车厢，用作隔离之所。

伍连德全权接手了哈尔滨防疫局，并下设检疫所、隔离所、诊病院、庇寒所、消毒所等部门。其中，检疫所专事检查进入傅家甸者是否染疫；庇寒所为无家可归者提供食宿；消毒所各区设立一个，为参与防疫工作的医生、巡警和夫役提供沐浴消毒服务。按照收治患者的病情，诊病院分为疫症院、轻病院、疑似病院和防疫施医处几种。各病院中均设有医官、庶务、司药生、看护、巡长等职务。既为不同病情的患者提供了治疗，又避免他们之间的交叉感染。伍连德还发明了四层纱布口罩，应对飞沫传染疾病，至今仍在医学界广泛使用。伍连德在哈尔滨建起一个"城中城"。随后，哈尔滨俄人居住区、奉天、长春纷纷仿照傅家甸的模式。与此同时，公共卫生安全也第一次引起了东北各级政府的重视。隔离、消毒、阻断交通，可是疫情仍日益严重。此时，伍连德意识到，尸体掩埋或许是症结所在。1911年1月，伍连德来到城北坟场，眼前的一幕让他惊呆了——时值隆冬，地上的积雪有五六寸厚，雪地上一排排棺木和尸体露天停放着，如长蛇般绵延一里有余。鼠疫杆菌可以在这些尸身上存活很久，而坟场变成储藏鼠疫杆菌的"大冰柜"。如果有老鼠或其他动物接触到这些尸体，再由动物传染给城里的人，那么一切防疫措施都将化为乌有。

只有两种办法可以阻断鼠疫通过尸体传播，一个是深埋，另一个便是"焚尸"！中国人历来有"入土为安"的习俗，对待父母先人的遗体更加尊重备至，在当时的传统观念下，"焚尸"简直不可想象。伍连德思来想去，唯有上书朝廷，请皇帝下一道圣旨才能平复民间的反对。他立即把当地官员和乡绅召集起来，向大家说明了自己的想法。出乎意料的是，官员和乡绅们一致同意他的主张。伍连德焚尸的请求对清政府震动很大，三天后，他们才收到外务部发来的电报："准许伍医生之请，可依计划进行。"

宣统三年（1911年），大年初一。哈尔滨的官员们见证了中国医学史上触目惊心的一幕：2200多具尸体被浇上煤油，付之一炬。很快，震惊世界的东北鼠疫大流行被迅速扑灭了。

一个多世纪过去，即便是今天来看，这些防疫措施也堪称科学，伍连德博士的很多公共卫生防疫办法至今仍在发挥着作用。他也因此获得1935年诺贝尔生理学或医学奖提名，成为我国第一个获得诺贝尔奖提名的科学家。

为继续控制和消灭东北鼠疫等疫情，经伍连德博士提议，1912年，在哈尔滨成立了东三省防疫总处，这是中国历史上第一个近代常设防疫机构，内设滨江医院。

有感于东北地区医务人员的严重不足，滨江医院决定利用防疫总处及滨江医院的人员和设备，自办学校培养医师。

1926年，滨江医学专门学校正式成立了，校舍位于道外保障街东三省防疫总处滨江医院内（图3-2）。伍连德为首任校长，林家瑞任教务长，何邦瑞任总务长，学校聘请多位留学医学专家，还有几位外籍专家，另有北京协和医学院、北京大学医学院和上海医学院的教师，林家瑞从《礼记·中庸》中选择"慎思明辨"作为校训。

图3-2　1926年的滨江医学专门学校（资料来源：哈尔滨医科大学档案馆）

建校伊始，1926年9月1日，第一期学员入学，经过考试，按照英文水平高低分为第一期和第二期，第二期增加一年预科，加强英语与其他基础课的学习，学制为四至五年，毕业颁发本科文凭。

1928年1月1日，滨江医学专门学校更名为哈尔滨医学专门学校，移交东三省特别教育厅管理和领导，由东三省特别行政公署拨款办学，从此学校有了稳定的经费来源。同年，学校临时迁至南岗车站街原华俄道胜银行旧址（今红军街与民益街交汇处的现黑龙江省文史研究馆址）。1929年2月，学校又搬迁至道里东警察街的特区市立医院（即前俄人赤十字病院）。

1931年，"九一八"事变后，校长伍连德辞职，由李希真继任，很多外籍教师追随伍连德南下离开了哈尔滨。1932年2月，哈尔滨沦陷，学校停发经费，生源开始大幅减少，新任校长李希真、教务长阎德润积极筹措资金，分担多科目教学，坚持不停课，为学校临床医学教育做出重要贡献。然而，动荡的东北局势容不下独立自主的办学，日军占领哈尔滨后，开始大规模的经济和文化侵略，并从日本迁移大量移民，力图将哈尔滨占据和建设成为日本一省，哈尔滨各学校开始推行日文教育。

1934年，日本人开始控制哈尔滨医学专门学校。1936年，学校从道里搬至南岗大直街25号，此处成为后来哈尔滨医科大学的卫生系，现哈尔滨医科大学附属第一医院门诊楼。由于学校教学由日本人控制，学校的各基础医学科开始聘用日本教师，教研室和仪器设备陆续添置。在此期间，哈尔滨市立医院的医生也充实进哈尔滨医学专门学校的教师队伍中，学校有了比较稳定的教师队伍。

从1937年开始，哈尔滨医学专门学校的办学体制开始有了大幅改变，基本采用日本医学教育模式，授课和教材都为日文，临床病历也用日文书写，并加设日文和德文的教学，学校各部门改称"部"，如基础医学部、临床医学部。

更大的变化还有学校的名称。1938年1月1日，哈尔滨医学专门学校正式更名为哈尔滨医科大学。在清末到民国初年，我国早期的医学院校大多称医学院，"医科"一词源于日本医学界。此后，我国医学院校普遍更名为医科大学，哈尔滨医科大学也是我国最早使用"医科大学"命名的医学院校。更名后的哈尔滨医科大学处于日本的殖民统治之下，校长阎德润苦撑危局，在学生的爱国热忱和日本人的高压统治之间斡旋。1939年，哈尔滨医科大学再次更名为伪国立哈尔滨医科大学，日本人植村秀一成为代理校长。阎德润改任首席教授，主持生理教研室工作。日本殖民化教育开始全面入侵。

客观上，哈尔滨医科大学的办学和教学条件在这段时间扩充许多。将当时的哈尔滨市立医院作为临床教学医院，修建了可供学生参观手术过程的手术室；合并俄侨开办的齿科专门学校，成立哈尔滨医科大学齿科医学部；聘请大量日籍教授、医生来校任职；开始向日、俄等其他外国籍学生招生，学生免交学费。在这个时期，哈尔滨医科大学融合了当时日俄的一些高等教育办学特点。

然而，殖民化的教育终究是为侵略服务。日本侵略东北期间，关闭了大量高等教育机构，只保留了农学、医学等实用类高等教育机构，通过奴化教育抹杀学生的民族性，强行灌输忠君、皇道王道主义和军国主义等思想内容，实务教育轻视文化教育。高校中，中国学生数量只占少数，且日本学生的地位高于中国本土学生，对中国学生的管理更为严酷。殖民化教育对哈尔滨医科大学的医学高等教育产生了非常严重的摧残。青年学生多服劳役，授课时数和真正的医学教育大为缩短，强调实务教育，反对学术自由，禁止文化教育，多输出技工式人才，事实上造成了医学高等教育的落后。

1945年，抗日战争胜利，日本宣布无条件投降。哈尔滨医科大学职权又重新移交给中国。8月，随着苏军进占哈尔滨等城市，一批随着苏军前进的原东北抗联的中共党员陆续回国，进入东北各大城市。原东北抗联的高级将领李兆麟回到哈尔滨，被苏军任命为哈尔滨卫戍副司令。12月，国民党接收了哈尔滨，但随着苏军撤退，中共领导下的东北人民自卫军做好了接收哈尔滨的准备。1946年4月，东北联军进驻哈尔滨，国民党接收人员仓惶逃离，哈尔滨成为中国共产党领导的人民武装在全国解放的第一个大城市。

此后，因国共战争形势需要，东北部分重要战备物资和机构开始从城市向乡镇转移，哈尔滨医科大学在此期间分为了三部分。1946年，第一部分学生南下沈阳，编入东北临时大学，后转入沈阳医学院及长春大学医学院。6月，第二部分师生搬迁至佳木斯市，筹建东北大学医学院；11月，已经迁到佳木斯市的哈尔滨医科大学师生和图书设备，并入兴山中国医科大学。第三部分师生辗转到达吉林龙井，成立中国医科大学第一分校。

兴山中国医科大学始建于1931年，前身是中国共产党在江西瑞金创建的第一所军医学校——中国工农红军军医学校。1934年，学校随中央军委从瑞金出发，开始两万五千里长征。1937年，学校辗转迁至延安附近，规模迅速扩大，网罗了一大批进步青年和名医。1940年，学校更名为中国医科大学，王斌担任校长。1945年，出于战争形势的需要，中国医科大学奉命从延安出发，挺进东北，次年抵达兴山（今黑龙江省鹤岗市），合并了早期兴山办学的东北军医大学。1946年11月，北上的哈尔滨医科大学师生和设施并入该校。

兴山医科大学的教学体制较哈尔滨医科大学的旧体制有较大不同，这一时期，学校主要采用了"战时体制"，主要针对战争伤等病种，学制时间短，短则数月，多则两年。

1948年，抵达吉林龙井的哈尔滨医科大学师生与部分中国医科大学师生在原龙井医科大学（抗战胜利前为伪开拓医学院）的基础上，成立了中国医科大学第一分校，主要培养内科医生，学制为一年。同年，哈尔滨市东北卫生干部训练班改名称为中国医科大学第二分校，合并了东北军区卫生部卫戍医院，主要培养五官科医生，校部机关设立在哈尔滨文庙街附近。5月下旬，中国医科大学总校五官科学生转入第二分校学习。

1948年，战争形势向有利于人民解放军的方向转变。11月，中国医科大学从兴山迁至沈阳市，正式扎根在沈阳。

1949年1月，东北卫生部召开大学工作会议，决定将中国医科大学第一分校、第二分校合并成立哈尔滨医科大学（图3-3），校址设在哈尔滨文庙街，大学编制归属部队，同年8月划归政府领导。因此，受到部队院校管理方式的影响，哈尔滨医科大学此后一直以"期"为单位记录学生入学。1953年校务行政会议上决定"凡1954年前毕业的学生均称内科外科、小儿科、五官科专修1期、2期、3期，凡1954年以后毕业的学生，按每届顺序，统称为本科1期、本科2期等。"[1]重新建校后的哈尔滨医科大学也开始改变战时教育培养模式，延长学制，全面提高教学质量，办新型正

---

[1] 金红霞：《哈尔滨医科大学90年大事记》（第一版）。2016年12月，内部资料。

图3-3 1949年4月16日,在文庙旧校址图书馆前举行的哈尔滨医科大学开学典礼(资料来源:哈尔滨医科大学档案馆)

规化大学。1950年5月,哈尔滨医科大学在全国统一招收五年制本科学生,分内科、外科、儿科专业,共265名新生,为哈尔滨医科大学本科一期。

学校办学模式也开始借鉴苏联,设立俄文专修班,开设基础医学部、外科学院,学制设置非常重视基础医学,这些办学理念和特色对哈尔滨医科大学的影响深远,至今,对基础医学教学的重视也一直是哈尔滨医科大学的重要办学特色。师资力量方面,学校保留了搬迁时期一批重要医学专家,如我国著名眼科专家石增荣;此外,一批私营名医响应号召投身国家医学教育事业,关闭私人诊所进入大学教书,如著名心血管内科专家傅世英;除了本地区招募的医学名医,哈尔滨医科大学还从全国各地聘请、招募教师,其中包括后来的中科院院士韩济生、赵尔宓以及哈医大资深教授李璞等,北京、南京、上海等地的专家也相继来哈尔滨任教,如病理学张至果、普外科张仲琪、骨外科刘载生、小儿科富娴寿等。1950年,教师队伍扩展到85人,1951年达到116人。学校也开始陆续修建中央图书馆、化学实验室、生化实验室和病理室实验室等基础设施。

1949年,在原东北卫生部卫戍医院的基础上,哈尔滨医科大学附属医院成立,地址在哈尔滨市道里区地段街,距离文庙的校本部比较远,为了方便管理和学生上课，哈尔滨医科大学附属医院便与位于南岗铁岭街的哈尔滨市立医院交换了位置对迁，搬到铁岭街以后，哈尔滨医科大学附属医院同时作为哈尔滨医科大学的外科学院，承担临床教学任务（图3-4）。

图3-4　20世纪50年代，哈尔滨医科大学正门与致知楼（资料来源：哈尔滨医科大学档案馆）

抗美援朝时期，根据形势的需要，沈阳中国医科大学卫生系、内科、妇婴科、五官科、X光科搬迁入哈医大。同时期，沈阳中国医科大学的学制缩短，部分毕业生提前毕业，分配到哈尔滨医科大学工作。

在全国支援边疆建设的浪潮中，一大批刚刚毕业的青年学子走上了支边的道路，哈尔滨医科大学也迎来了不少祖国各地的毕业生来校任教，夏求明与蓝芝泰就是其中的两位。1952年9月，夏求明与蓝芝泰乘火车抵达哈尔滨。他们雇了一辆马车，边走边欣赏着与众不同的哈尔滨，很快就到了位于文庙街的哈尔滨医科大学。校部就在文庙街路北，门口黑底金字的长方形门牌写着中俄文双语校名"哈尔滨医科大学 **ХАРБИНСКИЙ МЕ- ДИЦИНСКИЙ ИНСТИТУТ**"。进入校门后向北走约一百米就是学校的主教学楼，淡黄色的两层建筑，门前有几根大柱子，窗子也很高大，显得挺拔又气派。校园东侧就是文庙，已经用作校园和教室，原来的文庙大殿用

第三章　支援东北

作图书馆，校园风格古色古香，古典建筑和苏式建筑风格结合得很有特色，马路对面就是临床内科学院。学校周边新建了教学楼和实验室。临床外科学院主要在邮政街、铁岭街一带，校部和临床医院相距约3公里。夏求明和蓝芝泰被分配在当时的外科教研室，临床工作从附属医院的外科开始进行轮科。

初涉胸外科

20世纪50年代初期，哈尔滨医科大学的临床部分一共有三个学院：外科学院、内科学院和儿科学院。外科学院在邮政街和铁岭街一带，年轻医护人员、教职员工的宿舍也在邮政街，内科学院设在文庙街，正对着校部。

夏求明和蓝芝泰被分配到外科学院，接待他们的是当时外科学院院长、泌尿外科专家张钟琪。张钟琪院长介绍了医院情况以后，坦言医院和大学都刚刚建设不久，急需组建高水平的专科化方向，特别是当时全国医学界视为高难度的胸外科，当时由于胸外科患者较少，也没有专门从事胸外科工作的医生，胸外科患者便和泌尿外科在同一个病区。夏求明对胸外科方向很感兴趣，张钟琪便将他留在泌尿外科，着重从事胸外科工作，蓝芝泰被分配到普外科工作。当时的外科学院人员并不多，却拥有几位著名的外科专家，如骨科主任刘载生、普通外科主任徐敬业、泌尿外科专家张钟琪等。

1953年，哈医大外科学院和儿科学院合并，成立哈尔滨医科大学附属第一医院，内科学院成为附属第二医院的前身。

夏求明很快就投入工作中，他工作热情很高，每天跟着护士们打扫病房卫生，甚至连扫厕所都抢着去干。但他首要的任务却是学习俄语。当时，几乎全国的医学院校都在学习苏联经验，作为中苏交流最密切的城市哈尔滨，俄罗斯文化基础雄厚，当然任务更艰巨，学校专门开设了俄文班，至今仍然是哈尔滨医科大学的一大教学特色。

  哈尔滨学术上很出名的就是苏联派，教材都来自苏联。学校里抽调一部分人编写讲义，将俄文翻译过来编成中文教材。那时候全民学俄语，就连厨房的炊事员都要学。我当时参加了三个月的速成班后，可以看俄语杂志。医学有很多专业名词，并不是学习普及型语言后就可以阅读。语言学习和口才是有天赋影响的，真正要精通学习还是很不容易。①

哈尔滨医科大学教学体系深受苏联模式的影响。首先，重视基础学科的教学，学生们入学后要学习化学、数学、生物学、病理学和俄文等课程，此外还有组织学、胚胎学、微生物学、寄生虫学、药理学、营养学等。教材大多采用俄文原版，俄语课的教师都是俄国外教。其次，学校按照苏联模式将教研组分为总论、各论、临床三个教研组，各论和临床教研室在外科学院，总论教研室在内科学院。

哈尔滨医科大学的外科教研室还承担教学工作，夏求明最开始作为助教协助教授们授课，还要带学生到哈尔滨市医院、黑龙江省医院临床实习。在哈尔滨市医院骨科带教实习期间，恰逢骨科主任身体抱恙，夏求明只好亲自参与骨科患者的手术和治疗。有一次，遇到一个脊柱结核的患者，夏求明以前没做过这类手术，只好到图书馆去找资料。手术期间，他发现患者脊柱上有一个包囊，想到资料上写着"病灶清除"四个字，便小心翼翼地将包囊放出，将内含物进行彻底清除，成功完成了手术。因为在骨科的出色表现，当时哈医大外科学院的骨科组王孝长医生很喜欢夏求明，把他留在骨科很长一段时间。

虽然在圣约翰大学和上海仁济医院实习期间打下了坚实的基础，但为了真正进入临床、独立开展工作，夏求明还需要勤于学习，他爱钻研、爱学习的习惯使他的临床工作能力迅速提高。当年一起搭档的曲仁海对夏求

---

① 夏求明访谈，2015 年 10 月 23 日，哈尔滨。资料存于采集工程数据库。

明爱学习的习惯记忆犹新：

> 他（夏求明）外语非常好，却不愿意显露自己，在泌尿科期间，那时候图书馆也没有什么书或杂志，信息来源非常困难。他上学的时候经常翻看一本外文书《泌尿学纲要》，一边翻一边做笔记。[①]

夏求明扎实的外科基本功加上勤于学习的劲头，让他很快成为泌尿外科的重要成员，被当作重点培养的对象。外科学院院长张钟琪筹备组建胸外科期间，因为他是泌尿外科专家，分不开身，便将普外科负责人徐敬业调来负责组建胸外科，夏求明作为徐敬业助手参与建设胸外科。

徐敬业对夏求明的影响很大。他在日占时期就读于哈尔滨医科大学，毕业后曾经做过军医，后来留在哈尔滨市立第二医院外科、东北民主联军哈尔滨卫戍医院外科，卫戍医院改为中国医科大学第二分校后并入哈尔滨医科大学，从此留任哈医大外科学院，因出色的外科技术和高尚的医德深受患者尊敬，后担任哈尔滨医科大学各论教研室主任。他精通日语、俄语，懂英文，爱好写诗和艺术，还是一位小有名气的诗人。徐敬业对新来的年轻医生们不遗余力地给予教导，他比夏求明年长四岁，但从医时间较早，资历比较老。

徐敬业很重视这位国内顶级医学院校毕业的学生，一些重要和高难度的手术都带着夏求明来完成。徐敬业对待医学严谨求实的态度、对待患者深切的同情心和他那颗永远的"好奇心"，都极大影响了夏求明。多年后，夏求明回忆老主任徐敬业仍然怀有深深的敬意：

> 日本人走了以后，第一医院外科主任徐敬业就开始做胃手术。他学习非常努力，会日语和俄语，有科学家的作风。他很严谨认真，做手术吻合口缝得非常密。他的科学素养很高，我从他那里学到了很多做人的道理。[②]

[①] 曲仁海访谈，2017年4月14日，哈尔滨。资料存于采集工程数据库。
[②] 夏求明访谈，2015年10月23日，哈尔滨。存地同[①]。

20世纪50年代初期，徐敬业授命组建胸心外科，召集了夏求明、禹志政等人。1955年，徐敬业专程前往上海第一医学院胸部外科进修，师从新中国胸心外科奠基人石美鑫教授。然而，胸外科刚刚成立不久，徐敬业就病倒了，此后他一直身体多病，胸外科很多事务和患者就交给了夏求明。

1956年2月，徐敬业带领夏求明在黑龙江省率先开展了心脏二尖瓣分离术，标志着胸心外科的专业化方向开始确立。此后两年间，两人相互搭档共完成二尖瓣分离术40例，创下无一例死亡的完美手术纪录。

两年间，夏求明也在不断拓展对该项手术的认识，从起初的标准化治疗逐渐探索对患者损伤更小的手术方式。起初，夏求明做二尖瓣分离手术要切断第四、第五根肋骨，熟练后逐渐减少到只切断第四根肋骨，后期随着他对心脏的机理和疾病的认识逐渐成熟，可以完全不用切断肋骨，直接手指探入实施二尖瓣分离术。

胸外科科室建立的重要标志是能够进行绝大部分的胸部外科手术。跟随徐敬业主任工作的几年间，夏求明对胸部外科疾病有了更深刻的了解，他意识到打开患者胸腔，实施大创伤的外科手术，必须保证患者具有良好的状态，麻醉就是至关重要的前提——只有麻醉做得好，开胸手术才能进行顺利。因此，发展胸外科的第一步便是改进麻醉技术。

50年代初期的外科手术不同于现在，当时没有专职麻醉医生，患者手术的麻醉一般都是由外科医生进行——一位医生做手术，另一位医生做麻醉，换一台手术两人的位置就互换。麻醉方法也还没有现代的气管插管麻醉，只是用乙醚滴在面罩上进行麻醉，或者是穿刺腰麻。乙醚麻醉对患者呼吸道刺激大、麻醉状态不稳定，很难进行开胸手术。

要打开胸腔，一定要有好的麻醉方法。1952年，上海麻醉学专家吴珏办了一个全国麻醉学习班，哈尔滨医科大学外科教研室派寇国奇去学习，主要学习的内容是气管内插管。此后，夏求明、李永唐、曲仁海、禹志政等一大批外科医生都开始研究学习气管内麻醉，手术时互相配合麻醉。1954年，夏求明建议麻醉组应该有专人负责麻醉，并当作未来专业方向将麻醉人员固定下来。此后，李永唐、曲仁海等一批外科医生，根据自身技术特点转做麻醉医生，麻醉组负责人由寇国奇担任，麻醉组的医生们轮流出去学习技术，沈阳、上海等地有先进的麻醉技术就去学。

夏求明因为对上海比较熟悉，便被多次派往上海采购医疗设备，他和同事们首先购置的就是最新一代用于胸外科手术麻醉的心肺机"陶根记"。夏求明觉得气管内麻醉很重要，也自己试着练习插管，很快竟自学成才了：

> 我去陶根地区买了麻醉机，就研究气管内插管麻醉。我认为这个麻醉比开放点滴还轻巧，没有插管麻醉就没法做胸外科手术。①

哈尔滨医科大学还聘请了第二军医大胸外科专家来给学生们授课，专门讲胸壁结核，夏求明因是胸外科建设的骨干力量，就被派给专家做助教，学习了很多胸外科的知识。麻醉技术的成熟、胸科知识的累积，促使胸外科手术开展水到渠成。

改进胸外手术

胸腔一旦打开，很多以往认为是"禁区"的外科手术便可以实施了。在徐敬业和夏求明的带领下，一些当时国内先进的手术技术迅速开展起来，如肺叶切除手术、食道癌手术、心包积液手术等。然而，手术开展一段时间后，夏求明发现胸科手术的术后并发症较多，手术效果并不令人满意，他开始研究怎样改良这些手术。

研究工作从最基本的缝合开始。当时东北地区肺部疾病的患者多是肺脓肿、支气管扩张等感染性肺病，炎症很严重，这种疾病做完手术，创口不易愈合，容易发生反复感染。夏求明看到肺部创口反复感染不愈合，认

---

① 夏求明访谈，2017年9月13日，哈尔滨。资料存于采集工程数据库。

为是创口缝合的创伤过大造成,他一方面研究怎样缝合能够减少创伤,比如用多大力度拉线、用什么方法打结、针脚间的宽度多大等。另一方面,他发现了当时用的缝合针的创伤太大。早期的外科手术不同于现在,没有专用的、不同型号的缝合针和无创伤线,也没有专门缝合皮肤的三角针和缝合内脏的圆头针,早期缝合线都用于外伤缝合,类似绣花针,穿线的针孔大、线粗,很容易造成创伤过大。

  后来开展胸外科期间,我看到一个问题,就想办法解决一个问题,提高医疗质量。我做了一系列问题的研究。早期的肺切除,以感染性的肺脓肿、支气管扩张、肺结核为主。那时候根本没有无损伤的手术缝合线,做完手术后,容易出现支气管残端愈合不好,所以我们开始研究怎么更好愈合。现在社会发展了,就用夹子或者订书钉一样的吻合器,更利于术后愈合,支气管残端愈合的问题基本上解决了。这是工业发展的产物。①
  当年我们刚开始做肺部手术,什么患者都有,肺脓肿、支气管扩张,这些病都是感染性的,所以支气管组织不健康,炎症是术后愈合不好的一个原因。另一个原因是,那时我们没有无创缝合线,缝合针就像缝衣针一样,缝合后的伤口大。于是我们就开始研究怎样缝合可以更利于伤口愈合。②

当时上海浦东地区开了一家医疗用品商店,为了解决缝合针的问题,夏求明利用假期专程前往浦东"淘货",购买外科手术的器械,研究最新的医疗用设备。同时,他还回到曾实习过的上海仁济医院,了解上海医疗界最新开展的医疗技术。由于当年夏求明在实习期间给仁济医院的医生和老师们留下了深刻的印象,大家都很欢迎这位技术好、爱钻研的年轻医生,有什么最新的医疗进展也很愿意和他分享。

---

① 夏求明访谈,2015 年 10 月 23 日,哈尔滨。资料存于采集工程数据库。
② 夏求明访谈,2017 年 9 月 13 日,哈尔滨。存地同①。

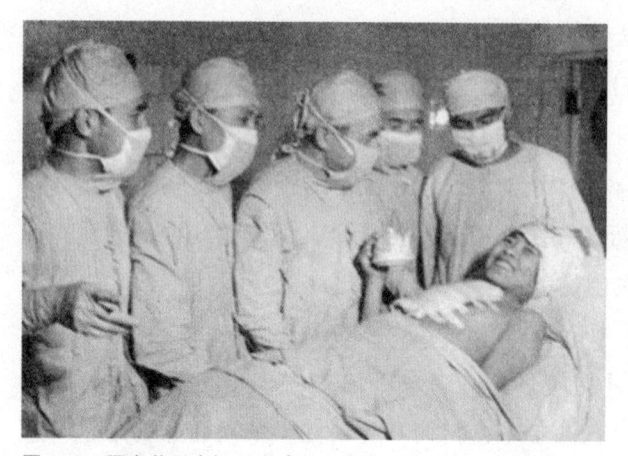

图3-5 医患共同庆祝手术成功（左起：张明文、夏求明、徐敬业、曲仁海、李继学）

那时候，我感觉局部的炎症得控制好。上海浦东开了一家医用缝合针商店，我就到浦东去淘无创缝合线，以后的体外循环设备也是在这里买的。那时候没有高速和隧道，我就坐轮渡往返。

临床遇到问题，夏求明就想方设法解决。50年代初期，医疗条件还十分薄弱，夏求明就开始做早期的临床研究工作。没有先进的设备，就想办法购买，买不到便想办法改进现有设备。为了减少术后感染、改进刀口愈合，夏求明每天都坚持练习和研究缝合技术，每一个病种、每一个手术部位，用什么样的针法缝合、多大力度、缝合多少针，夏求明都研究得十分精准，这个习惯一直跟随了夏求明一生。多年后，夏求明的儿子夏清说起父亲年轻的时候，特别喜欢在家"刺绣"和"缝纫"，在他眼里，父亲的"缝纫"技术连专业的绣娘都比不上。

对基本功的研究和重视，贯穿着夏求明的医学生涯。据后来夏求明的学生回忆，夏老师的手术如同教科书般精准，甚至连一小根剪掉的线头都不会随意丢弃，而是精准地交到护士手上；他对疾病和机体的理解十分准确，总能在临床手术过程中迅速判断最有效的疾病根除方法。这些都得益于他年轻时练就的扎实基本功。

学生谢宝栋十分崇拜夏求明的手术：

夏老师是标准的学院派。他的操作精确简洁，没有任何不该做的动作，看他的手术操作就像看教科书一样。那时国内的教科书还不是很标准，直到后来我在国外看到原版的美国心脏移植书籍，才发现夏老师的操作真的是最标准的做法……我年轻时还不大懂，后来才明白夏老师手术做得多漂亮。①

吻合方法等基础问题得以改良，自然带动很多手术方法的创新。

东北是肺癌的高发地区，冬季干冷加之人们抽烟、高盐等饮食和生活习惯，肺癌患者数量一直居高不下，且以终末期肺癌居多。哈医大一院胸心外科接诊了很多肺癌导致身体严重受损的患者，外科手术之后还要进行化疗，大部分患者病情拖得太久身体虚弱，根本无法耐受化疗药物的副作用。

夏求明和胸外科的同事们经过研究，将化疗药物直接注入肿瘤附近的血管，计量小、副作用小，治疗更加精准。

治癌有几种方法：手术切除、化疗和放疗。我们那时只有化疗。化疗患者反应特别大，呕吐、难受。所以我们想了一个办法：在肿瘤组织附近，从肺动脉里放一个管子进入支气管打药，化疗直接进里面。这样一来，化疗药物的剂量小，患者反应小，能够耐受。②

除了改良肺手术，胸外科最重要的手术还有食道手术。

至今，食道手术仍然是胸外科难度大、时间长的手术之一。20世纪50年代，一台食道手术往往长达十几个小时，可见其难度之大。经过一段时间的积累，夏求明逐渐研究出食道肿瘤和食道烧伤的不同治疗方法。

开始成立胸外科的时候，开展了代食道重建术。那时候一切从零开始。食道长了肿瘤，需要把食道切掉，但是切掉后怎么和胃连接？一种方法是直接把胃拉长，还有一种方法是在中间加一段小肠或者大肠。所以那时候，我就开始研究各种方法的优缺点。

---

① 谢宝栋访谈，2017年8月22日，哈尔滨。资料存于采集工程数据库。
② 夏求明访谈，2017年6月5日，哈尔滨。存地同①。

北方的农村人家里都有烧碱，常有小孩当作糖浆误食，导致整个食道被烧坏，危及生命，至今仍然时有发生。治疗食道大面积烧伤，只能寻求用其他器官替换。夏求明就小肠、大肠、胃等部位代替食道，开展动物实验研究各种器官替代的利弊，例如小肠弯曲不易拉长、胃部过短等。20世纪50年代中期，夏求明完成了黑龙江省首例器官代食道治疗方案。

> 那时候做食道手术是很困难的。我们研究病灶切除以后，怎样把食道接上，有很多的方法，可以用胃、小肠、右半结肠、左半结肠，还可以用横结肠，所以我做了系列的临床研究，最后得出结论：用胃是最简单最实用的方法，其他方法则要根据具体情况来决定。比如误食烧碱烧伤食道，整个食道都烧伤了，就从脖子开始一直到胃都要换，胃不够用，就要用横结肠。小肠是好，但拉不长，曲曲弯弯。这项研究在黑龙江省就是我们领先。①

心脏与循环

近代中国医学并没有心血管外科，有记载的首次心脏外科手术始于1940年10月，由张朝伟医生实施的直接修补右心室刀刺外伤。1944年，中国胸外科奠基人吴英恺教授在重庆中央医院完成了首例动脉导管结扎术，并在1948年成功进行了首例缩窄性心包炎心包剥脱术。1953年3月2日，我国心外科先驱石美鑫教授为一位患有先天性法洛四联的13岁男孩成功实施了中国首例Blalock-Taussing分流术，患者术后顺利恢复，这是当时我国心脏外科能够完成的难度最大的心脏外科手术。1954年2月，兰熙纯在上海第二医科大学完成我国首例二尖瓣闭式扩张术，开创了我国心内直视手术的新纪元。1957年，上海第二医学院仁济医院的梁其琛和王一

---

① 夏求明访谈，2015年10月23日，哈尔滨。资料存于采集工程数据库。

山在非体外循环下实施了肺动脉狭窄切开术。1958年，石美鑫为一位21岁的学生实施了房间隔缺损封闭术，手术持续了7分15秒，这是中国首例房间隔的直接修补术。

50年代末，虽然徐敬业、夏求明等人已经开展了心脏外科手术，但只能完成简单心脏闭式或者心脏外周的修补手术，如心包切除手术、二尖瓣分离术，还不能真正打开心脏完成心内的直视手术。

要进一步打开心脏，首先要解决心脏停跳以后患者全身血液循环问题。心脏是一个跳动的器官，里面充满流动的血液，要进行心脏内的手术、矫治心脏缺陷，首先要解决心脏排空血液和停止跳动这两大难题。现在医学发达，绝大多数心脏内部手术已经十分成熟，但20世纪中叶，心脏外科被视为"不可完成的任务"，关键原因就是没有合适的方法在手术期间维持全身循环。

为此，国内心脏外科医生们尝试了很多种办法，当时在阻断循环的技术上，主要使用了三种方法：低温阻断循环、深低温停循环、体外循环。低温阻断循环是将人体的体温降至32—33℃，然后进行心脏外科手术。深低温阻断将人体体温降到19℃，在人体基本上没有任何代谢的情况下完成手术。1952年9月2日，美国明尼苏达大学医院利用深低温停循环技术，完成了第一例人类的心内直视手术并获成功——通过降低体温，心脏停跳，阻断上下腔静脉，使得血液停止回流入心脏，全身血液循环也停止了，然后打开心脏看清缺陷并修补。

夏求明在哈医大一院开展了一系列低温阻断研究工作。在进行深低温阻断循环的心脏外科手术期间，医疗条件很简陋，他们用大浴缸把麻醉好的患者泡在冰块里，将人体的体温降到19℃左右，使心脏停跳，完成心内直视手术（图3-6）。当时，医生对心脏和循环的认识有限，患者

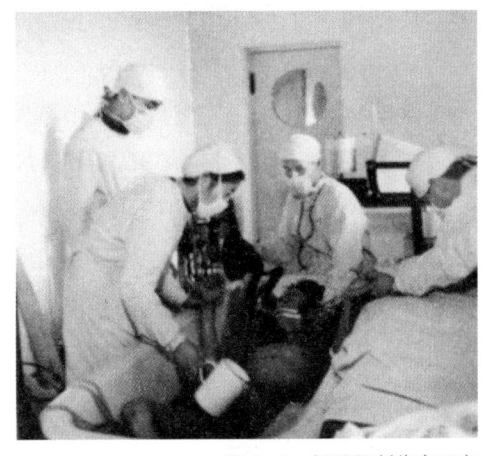

图3-6 低温阻断临床研究

的心脏手术术后效果并不理想，一是器官耐受缺血的时间仅延长少许，手术需要争分夺秒，不能进行过于复杂的操作，二是低温会导致人体脏器损伤。

经过大量的动物实验和临床试验，夏求明意识到不能仅仅用低温来控制循环。国内心脏外科也面临着同样困境，外科医生们便将希望寄托于刚刚在美国问世的心肺转流机，那时候，他们还没有认识到体外循环技术将会伴随心脏外科未来半个多世纪的发展历程，并将心脏外科推向前所未有的高峰。

20世纪初，心脏和血管手术是全世界外科医生面临的难题，他们最大的心愿莫过于打开患者心脏，为心脏做手术，或者完成肺部血管的手术。美国吉本（John Heysham Gibbon）教授在一次肺栓塞手术中得到启示：将患者的血液移出体外，使其与氧混合并将二氧化碳排出，再将富含氧的红色血液回输到患者的动脉，绕过栓塞的血管在体外建立一个旁路来执行部分的心肺功能。

1949年，吉本教授经过近20年的潜心研究，与IBM公司合作设计了全世界第一代心肺分流机，这种心肺机应用到小狗的心肺旁路仅有10%的死亡率，并于1951年开发制作了第一台临床心肺机。1953年，历史上首次借助心肺分流术成功缝合了室间隔缺损。然而，吉本教授后续治疗的四例患者接连死亡，他开始重新审视这项技术并对自己的手术能力产生怀疑，由此暂停了这个项目。此后数年间，许多外科专家在他的基础上研究血液的氧合作用并研制氧合器，李拉海和DeWall的鼓泡式氧合器于1955年5月13日第一次用于一位患有室间隔缺损、继发肺动脉高压的3岁儿童，改进了氧合器，促进心肺机效能的大幅度提升。

1957年，留学美国的苏鸿熙教授辗转回国，带回两台心肺机。1958年6月26日，他成功为一名心脏室间隔缺损的6岁儿童进行了中国首例体外循环心内直视手术，那时，距离美国第一台体外循环下的心内直视手术仅过去了5年。

国内医学界一直受困于低温阻断技术，因此我国第一例体外循环下心内直视手术成功的消息在国内医学界迅速引起轰动。一直十分关注新技术、新设备、急于打开心脏的夏求明瞬时如遇甘霖，多年从事胸心外科的经验使他迅速捕捉到体外循环技术的重大意义。然而，当时国际社会已经开始对我国实施封锁和贸易禁运，面对人才和设备的缺乏，夏求明只能从有限的医学杂志上了解体外循环简讯。

此后，国内开始自主研发体外循环，领军人物包括上海第一医学院中山医院的石美鑫等、上海第二医学院仁济医院的叶椿秀等和上海市胸科医院的顾恺时等。叶椿秀等于1956年7月开始研制指压泵，1957年4月制造成功，又于1958年成功研制横置转碟式氧合器（上海Ⅱ型）。

夏求明每年回上海，必会去医疗器械商店"淘货"，他听闻体外循环机已经上市，立刻购买了这部上海Ⅱ型体外循环机带回哈尔滨（图3-7）。

有了初代体外循环机，夏求明即刻展开体外循环研究。为尽快投入临床，他日以继夜做动物实验，每次实验，他都像看守患者一样日夜守在实验狗身边，详细记录细节。冬季哈尔滨干冷异常，夏求明忍着实验室的严寒每天坚持着枯燥的实验，吃饭、睡觉都和实验狗待在一起。

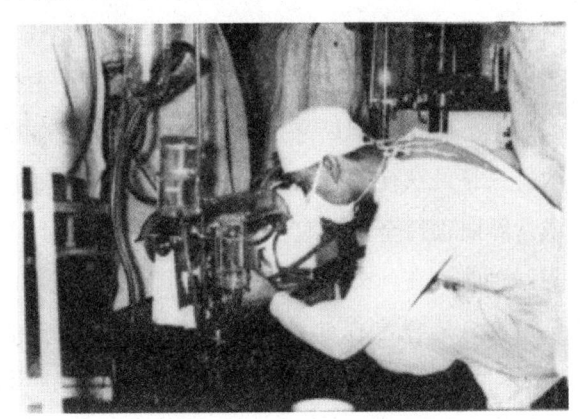

图3-7 1963年，哈尔滨医科大学附属第一医院使用的上海Ⅱ型体外循环机

　　夏求明在研究和开发体外循环那段时间令人动容。那半年，夏求明和我一起成宿地看着狗，第二天有手术还要再上台，下午继续做实验，为的是想办法让体外循环过关，但做了好久还是不行，因为那时候机器不行，经常溶血。他不怕脏不怕累，对狗也不嫌弃，他就在实验室吃护士或者工友给送的饭。①

---

① 曲仁海访谈，2017年4月14日，哈尔滨。资料存于采集工程数据库。

1959年，哈医大一院外科在国内领先使用了体外循环设备进行心脑灌注实验。然而，由于60年代初体外循环机器的血液氧合方法、泵的流速、营养液的配比等还仅仅是早期雏形，夏求明等人开展的体外循环动物实验和尸体实验并不顺利。

体外循环要达到离体器官体外灌注，必须解决三个关键问题：一是血液的抗凝，1916年发现的肝素于1936年正式应用于临床，产生了抗凝剂，解决了血液的抗凝问题。二是需要某种装置代替心脏，驱动血液灌注。1934年美国研制了滚压泵用于输血，血泵广泛应用于人工心肺机，1949年又出现了指压式泵，在弹性管道上有12个指状键，由马达带动呈波浪状运动，多次挤压管道，可以使血液向一个方向流动，曾广泛用于50年代的人工心肺机，但后来由于不能精确确定流量，操作也不方便，逐渐被淘汰。三是设法使静脉血氧合成动脉血，即代替肺进行体外氧合，使血液变成营养血维持全身器官。这项研究历经长时间的探索。1882年，施罗德发明一种血液在体外氧合的方式，即从盛静脉血的容器底部将空气导入，产生气泡，当气泡在血液中上浮的过程中，血液通过血气界面进行气体交换，即为鼓泡式氧合器的原型，当时每分钟可使150ml静脉血氧合，缺点是产生大量泡沫并有溶血，注入动物体内易产生气栓。

没有更好的医疗设备问世，夏求明只能反复实验，寻找最佳的体外循环方法，在体外循环的灌注量、灌注方法、灌注次数等方面寻找突破口。两年间，他主持进行数十次动物实验和临床实验。一开始按照正常的灌注量和灌注次数进行，实验结果均不理想。

在大量的动物实验和临床实验中，夏求明发现了灌注量的问题，就又重新设计了动物实验，改为低温低流量灌注。实验的第一组用全身灌注，并用冰给心脏做了局部低温停跳，阻断循环需20—30分钟；夏求明又发现实验动物有脑缺氧现象，他仔细研究了体外循环的原理和结构，认为与机器滤网过密影响了灌注量有关，又反复更换滤网，解决了实验动物脑缺氧的问题，实验终于取得了令人满意的效果。第二组实验用了分量灌注方法，但实验动物虽然完成了手术，却在后期出现了胃肠道出血、肝淤血。最终，经过一次次失败，夏求明找到最佳的体外循环方案——低温低流量全身灌注方法，既简单安全，又可以在经济贫困时期节省用血量。

此后半个多世纪的行医生涯过程中，夏求明始终保持对体外循环的研究和重视，这项工作成为他在未来心脏外科领域取得的一系列成就的重要开端。夏求明也成为国内为数不多的意识到循环、呼吸、麻醉、心脏保护等技术对心外科重要性的医生之一。

体外循环技术一经突破，夏求明很快就开展心内直视手术。1963年，夏求明率先在黑龙江省成功进行了儿童先天性心脏直视手术，取得了非常好的效果（图3-8）。在哈尔滨医科大学附属第一医院期间，夏求明一共完成了15例体外循环下开胸手术，年仅35岁的夏求明在黑龙江省心脏外科界迈出了领先的一步。

图3-8　1963年，夏求明等探望术后的黑龙江省首例先心病患儿

1963年，为了科学研究和临床工作，积极地投入体外循环的动物实验工作，夏求明亲自动手动脑，披星戴月，日日夜夜，通过不断努力和细致的观察，终于顺利地应用于临床，对我院开展体外循环做出了一定的贡献，对科学工作认真严肃，有科学工作者的风度，也有相当的科学研究能力。（夏求明干部档案）

"不能让他死啊"

对医学事业的一腔热忱，促使夏求明在医学研究中精益求精，对患者的一片真心，成为夏求明永不放弃的韧性的源泉。父亲夏仲方、恩师徐敬

业和很多指导过夏求明的医学专家们，培养了他精湛的技术能力，更以身为范，展示了生命至上和永不放弃的医者仁心，塑造了夏求明宝贵的医学品德。

上海仁济医院实习期间，夏求明对患者的细致和耐心受到老师青睐，进入哈尔滨医科大学后，夏求明投入全部精力为患者服务。为了救人，他进行了在当时看来十分大胆的医学尝试。

刚毕业进入胸外科不久，夏求明还是住院医生就操作了一件让同事惊讶不已的抢救：妇产科有一位术中病危患者，需要外科医生立即会诊抢救，正在值班的夏求明迅速赶到手术室，看到患者脸呈紫黑色，心脏已经停跳，当时所有手术中的医生都束手无策，夏求明见患者已经濒临死亡，干脆豁出去，大喊一声："拿刀来！"操起手术刀从腋下位置开刀，打开患者胸腔，直接把手伸进患者胸腔徒手进行心脏按摩，按压了一段时间后，患者心脏竟然神奇地恢复了跳动！

> 陈沛恩（夏求明圣约翰大学医学院的同学）学习非常好，我对他印象最深。药学课上老师提了个问题：患者心脏停了怎么办？这问题谁也答不出来，大家也没有听过。过了一段时间，陈沛恩说："心脏マッサージ"（心脏按摩）。当时给我留下非常深刻的印象。那时候在第一医院，我是住院医生，妇产科做一个妇科的手术，患者心脏停跳，脸发紫。我忽然想到大学时这个问题，也不知哪来的勇气，手就伸到患者胸腔里进行心脏按摩。①

当时，这是黑龙江医疗界有记载的第一次"心脏按摩"抢救，震惊了在场的所有人，大家不禁对这位"洋医学院"培养出来的高才生另眼相看。

夏求明从未对患者说过过激的话语、表现过不耐烦的态度，即使被患者们围得水泄不通，他仍然条理清楚、耐心细致地讲解。每次做完手术，

---

① 夏求明访谈，2016年8月10日，哈尔滨。资料存于采集工程数据库。

他也一定守在患者身边，观察病情，直到患者度过危险期。有时候护士们忙不过来，他还亲自给患者量血压、接尿。老同事曲仁海曾是外科教研室总支书记，他的一项工作就是调解纠纷，在他的印象中，夏求明从未有过医疗纠纷，夏求明治疗的患者无论成功还是失败，患者和家属都感激他。

  夏求明这个人从没有纠纷，也不可能有。人心都是肉长的，他对人都这么好。而且我印象中他的患者也很少死亡，体外循环下患者死亡主要是由于机器不过关，那时候体外循环太艰难了，夏求明调去哈医大二院以后医大一院体外循环走了不少弯路，我们到北京学习，研究苏联的心内手术，都不行。①

夏求明对患者尽心尽力，不仅由于他医生的身份，更源于根植在夏求明内心深处的对患者的尊重。

夏求明始终秉持着一个信念：医生不是生来就会的，也不单是从学校学会的，医疗的经验是从患者身上学到的。他一生都奉患者为"第二老师"，尊重患者，对患者心怀感激。

每位尽职尽责的医生都会对失败的病例印象深刻，夏求明也不例外，想起令医生束手无策的患者，他满心遗憾。

  在第一医院，我们已经开始做二尖瓣的手指分离术。60年代，于维汉教授介绍一位年轻的二尖瓣狭窄的患者，一般手指进入心脏的位置要造口，她心脏那个口特别小，手指没地方进去，手术做不下去。这时候，助手大夫建议从反方向进去，我们就从下面放进器械，把狭窄的瓣膜分开。结果患者心功能受不了，手术失败了。什么原因呢？二尖瓣就像降落伞，下面有很多腱牵着它，不让它反折，我从下面进去把某个腱损坏了。后来家属抱着我哭，我也跟着流眼泪……

  还有一例手术，患者是位60多岁的老艺人，得了食道癌。我给他

---

① 曲仁海访谈，哈尔滨，2017年4月17日。资料存于采集工程数据库。

第三章　支援东北

做手术以后他一直没醒来，那时候我们只能维持他的生命，没有呼吸机、心电、插管等抢救和监护设备。他的家属说：希望大夫维持，等他儿子回来。我一直守了24小时，等到患者的儿子来见他最后一面。

那时候医患之间的感情和现在真的不太一样——医生尽一切努力为患者治病，患者也完全信任医生，甚至把生命交托给医生，无论是否治愈。两者不是金钱的买卖，不是人与人的交换。

我们医学真正的本领从哪里来？是从患者身上得到的。表面上是医生给患者治病做手术，实际上，是患者奉献自己的身体甚至生命，让医生掌握经验和知识。我们的技术是从患者身上得来的，我们的经验是患者给我们的，有了患者才有我们。[①]

夏求明能从失败中寻找教训，让失败的经历成为宝贵的经验。夏求明医学生涯的起步并非一帆风顺，然而，对失败的深切反省、善于总结经验的坚强韧性，促使夏求明迅速提高临床水平，他对疾病的认知也越来越深刻。

记得很清楚，有一个患者有主动脉窦瘤。患者主动脉破损后，主动脉直接破到右心室，变成了左右心室血液交通。患者做完手术以后一周才醒过来。为什么一周不醒？后来我们终于明白了，由于体外循环机器性能不佳，当时的体外循环机是转碟式的，一片一片，像软盘一样，它会产生微泡，处理不干净会造成脑缺氧。

所以在临床上，失败是成功之母，失败以后要想办法纠正失败，才能更好地为别的患者服务。[②]

坚韧不拔和永不放弃的精神在年轻的夏求明身上体现得淋漓尽致，他对疾病不草率，对疑难病症永远保持求知欲，对患者的生命慎重珍视。

他的一项"壮举"在当时传为美谈。1965年，哈医大一院内科四病

---

① 夏求明访谈，2015年10月23日，哈尔滨。资料存于采集工程数据库。

② 同①。

房接诊了一个名叫李有的患者,是黑龙江省呼兰县莲花公社兴业大队的农民,年仅23岁患严重心包炎,当地医院治疗两个月不见好转,转入哈医大一院。内科医生确诊他患有多发性浆膜炎(心包炎、胸膜炎),而且需要使用抗结核药物,但患者在当地医院已经使用了数月链霉素,不能再继续用药了。心内科医生给李有注射了控制心衰的药物,又抽出了胸腔积液,但仍然不见好转。经过会诊,李有被转入胸外科,接诊他的医生正是夏求明。

患者严重心力衰竭,经不起开胸大手术;但不手术,他很难活过春节。夏求明先用强心剂、利尿剂、抗生素控制住病情,然后立刻请内科、麻醉科和外科党支部书记等专家会诊商议对策,当时的外科党支部书记曲仁海做决定:患者病情已经十分危急,冒风险也要做手术!

有了组织支持,夏求明放手一搏,1965年1月27日,他和老搭档李永唐、曲仁海、石玉琪等人,为李有实施了缩窄性心包炎手术。曲仁海做麻醉,夏求明打开患者胸腔,见心脏被一层很厚的心包膜包裹着,几乎看不到心脏跳动。夏求明小心翼翼地剥离左侧肥厚的心包膜,当剥离到心尖时,患者的心脏忽然跳动无力,忽然软下来。心电医生报告"心电图出现心室性的阵发性心动过速!心室纤颤!"监视血压医生报告"血压测不出来!"夏求明见状,毫不犹豫地再次使用了术中心脏按摩,他一边按心脏,一边指示给患者注射强心剂、升压剂,给头部降温,但仍无法让心脏跳回来。

时间一分一秒地流逝,按压持续了近一个小时,仍然抢救无效,按照当时的文献记载,患者心脏停跳超过30分钟抢救无效便可宣布死亡,但夏求明不甘心,他仍在激烈地转动脑筋,搜索着抢救的方法。这时身旁的曲仁海提出一个建议:试试把药直接打进心脏里?夏求明立刻觉得可以一试,便将毛旋花子素K直接注射进心脏,他一边继续按压心脏,一边使用除颤器刺激心脏,又过了十几分钟,三次除颤后仍不见心脏跳动。就在大家即将绝望时,夏求明忽然感觉手中的心脏"硬"了一下,再次确认,看到了心脏收缩,他不禁脱口而出:"啊?!——过来了!"

这场心脏按摩,足足持续了80分钟。

患者李有术后恢复很好,很快出院了。术后第九个月,他重新回到农场参加劳动。多年以后,抢救李有的医生们又专程前往呼兰县看望他,受到李有一家的热情款待。

夏求明的坚持、医生们的通力合作创造了生命和医学的奇迹,这场前所未有的抢救在当时引起了不小的轰动。1965年6月16日,《黑龙江日报》在头版头条做了特别报道,记者采访主刀医生夏求明,问他为什么能坚持长达80分钟的心脏按压,夏求明只简单地说了一句:"我不能让他死啊。"

对患者生命的执着是夏求明一生从医的目标,不为赚钱,不为挑战医学巅峰,不为功成名就,而是最朴素的医者之心——救死扶伤。

半个世纪后,年逾七十的夏求明站在手术台上,面对心脏骤停的患者,仍然选择这样的坚持。如此一次次拼尽全力,只为救回患者的生命,也给跟随夏求明的年轻医生们上了一堂堂珍贵的教学课。

> 我记得刚来科室的时候,有一个心脏骤停的患者,我们进行胸部按压,打各种药,心脏就是不复苏。后来夏老师说"立即开胸",等不及进手术室,他在监控中心就把胸打开了,手进去进行胸内心脏按摩。通常心脏按摩10分钟还不复跳,我们就宣布死亡。然而夏老师却接着按摩,持续了一小时,患者终于活过来了。当时我印象特别深刻,因为我们的不放弃,这个生命就回来了。对患者的家庭、对患者本人,都是功德无量的事情,对我们来说,也增加了很多宝贵的知识,对后辈医生的信心和医疗行为的规范,都有一个示范作用。所以说夏老师对我们年轻医生的影响很深刻。[①]

---

① 谢宝栋访谈,2017年8月22日,哈尔滨。资料存于采集工程数据库。

第四章
廿载耕耘

初到哈医大二院

1952年，哈尔滨筹建中国人民解放军军事工程学院（简称哈军工），首任校长是大将陈赓。学校选址在文庙街一带，东起红旗大街，西至文庙。为支持国家国防教育事业，哈尔滨医科大学进行了整体搬迁，在哈三中、电报大楼等地借址办公，将南郊沙曼屯作为新校址。1953年，哈医大新校址建设开工，布局以今天的保健路为中心，北部为办公教学区域，南部为医院区，总占地面积110万平方米。其中，南部医院区建设成立哈尔滨医科大学附属第二医院。

1954年，在原哈尔滨医科大学内科学院的基础上，集中省内专家和志愿支边的医生学者，哈尔滨医科大学附属第二医院（简称哈医大二院）正式成立。刚落成的哈医大二院仅有一栋宿舍楼和一栋三层小楼作为哈尔滨医科大学病理楼（今哈医大二院教学楼）。最开始学校计划哈医大二院重点发展外科，为了方便外科做病理，就把病理楼建在南部附属医院的规划区内。1954年10月，哈医大二院正式开始营业，病理楼就改作医院，一楼是行政办公区，二楼是外科病房，三楼是内科病房，共100多张床位，教研室只有外科各论教研室和内科教研室。由于大学和医院所在的沙曼屯地处哈尔滨南部郊区，周围几里地都是荒地，鲜有居民，医院门诊部只好设立在哈尔滨市内道外区，门诊收治的患者再用马车运到郊区医院（图4-1）。

图4-1 20世纪50年代，哈医大二院在道外区的门诊部

第一代哈医大二院人一边在一片荒地上辛勤基建、修路建楼，一边在全国范围招募优秀医学人才。1955年，哈医大二院建成了三层的主楼（现第一住院部），始具规模，床位数扩展到500张，"文化大革命"前发展到800多张床位。医院建筑风格与哈尔滨医科大学保持一致，采用当时国内流行的苏式建筑墙体与中式大屋顶融合的风格，黄墙红瓦墨绿飞檐，古朴庄严。

图4-2 20世纪60年代，哈医大二院主楼（现第一住院部）

哈医大二院建院伊始仅有内科和外科两大分科，原哈医大内科学院人员被分配到哈医大二院，外科由刘载生负责，下级医生从全国招募，另一部分由刚刚毕业的学生进行补充。1956年，留学美国的胸外科医生赵士杰冲破国际封锁，辗转回到祖国，被卫生部派遣到哈医大二院，任外科主

任,刘载生任骨科主任。赵士杰回国前,自费购买了一台指压式体外循环机带回国内。

初来乍到的赵士杰教授,虽然对刚组建的哈医大二院有一定心理准备,但还是被艰苦的环境震惊了:医院卫生条件不过关,手术室紧邻厕所,医生操作不规范,几乎没有像样的实验室,医院周边是大片农田,手下医生只有几名刚毕业的学生……赵士杰只好先着手改进外科无菌条件,提高外科医生水平,逐渐规范手术无菌消毒制度,改变当时很多医生的不良习惯。从手术室卫生这些看似"小事"的细节开始,赵士杰全面督察改进医院整体卫生面貌,小到医生护士个人卫生,大到划分隔离区、手术设备清洁、患者备皮等。

据第一批学生陈子道回忆,赵士杰极为严格,用四个字形容就是"惊心动魄"。赵士杰每天8时整开始查房,他会细致考问负责医生患者的血压、白细胞值、治疗措施,甚至让医生亲自操作引流管等,事无巨细。答不出来,赵士杰也从不直接告知答案,只列出书目,"你们自己找书"。第二天,赵老师必会重考。

赵士杰对胸外科的建设非常重视,20世纪50年代末期,他在国内较早地开展了体外循环下心内直视手术,但因选择了严重先天心脏畸形的患者,手术并未成功。

1959年,赵士杰精心研究设计狗头移植手术动物实验,建立体外循环后,吻合气管、血管、神经,课题组在一只健康的狗身上又移植了另一只狗头。被移植的小狗苏醒后,食欲、吞咽动作及听觉上均完全正常,移植后存活5天零4个小时,与当年苏联狗头移植实验结果相差无几。新中国医学界完成如此高难度的医学实验,立刻引起当时世界医学界轰动,这也成为哈医大二院在器官移植领域最早的探索。

赵士杰也认为体外循环技术是心脏直视手术的关键,他在体外循环方面做了很多研究,也发现了当时体外循环流量不足的问题。但与哈医大一院的徐敬业、夏求明等人的技术结论不同,赵士杰认为体外循环如果只供应上半身循环而不做全身循环,就能解决全身流量不足的问题。

赵士杰教授在全国胸外科大会上发表了他的观点和临床实验,掀起了全国研究半身体外循环的潮流，同时也引起哈医大一院徐敬业、夏求明的重视。然而，夏求明却并不同意半身体外循环的观点，他认为人体上半身与下半身之间存在侧枝吻合，在阻断降主动脉和下腔静脉时，一定有相当多的血液流入下半身。

为了证实这个观点，夏求明用同位素碘 131 和磷 32 作为跟踪剂，采用伊文士兰灌注法，利用 X 射线跟踪血流，同时测量上、下半身的动脉压和静脉压。通过精密设计的两次动物实验和四次尸体实验，X 射线显像清晰地显示：在上半身灌注时，下半身也有充分显影，上半身流量到达下半身的时间仅需 1—2 分钟，动物实验仅需 15 秒。

年仅 39 岁的夏求明推翻了当时流行全国的"半身体外循环"理论，指出了半身体外循环的缺陷，显示出夏求明对人体生理循环和心脏机能掌握的扎实理论基础，以及对体外循环技术的精准认识。

1965 年，在赵士杰的努力下，哈医大二院确立胸心外科建设规划，胸心外科被黑龙江省政府列为重点建设学科。此时，哈尔滨医科大学决定集中优秀技术力量，发展一批重点学科：二院赵士杰教授带领发展胸心外科，一院胸外科骨干力量调入二院；一院戴钦舜①牵头建设神经外科，二院神经外科医生归入一院。由此，夏求明、禹志政、麻醉医生李永唐等哈医大一院胸外科骨干医生统一调入哈医大二院。

离开奋斗多年的哈医大一院，离开严谨随和、多才多艺的徐敬业主任，离开团结友爱的同事们，让夏求明十分不舍。当时的哈医大二院正在草创阶段，人员少、设施简陋，赵士杰教授又以严厉著称，夏求明当时内心其实比较抗拒这个调转决定，但他还是尊重组织决定，无条件服从了安排。

当时的夏求明万没料到，这一纸调令竟然让他躲过那场"浩劫"。

1966 年 1 月，夏求明正式调入哈医大二院，主任赵士杰，另有医生陈

---

① 戴钦舜，1928 年生于辽宁省海城市，1948 年就读于沈阳中国医科大学，1950 年转入哈尔滨医科大学，1952 年毕业。神经外科博士生导师，哈医大一院神经外科创始人，哈尔滨医科大学神经外科研究所所长，曾任中华神经外科专业委员会常务委员、黑龙江省神经外科学会主任委员、世界华人神经外科协会副主席、王忠诚基金会理事、中国抗癌协会神经肿瘤专业委员会荣誉委员等。

子道、陈昭民、郑方、王杰等人。后来陈昭民转入普通外科，郑方转学麻醉学，其余几人刚刚毕业不久，人员严重不足，夏求明等人无疑是对哈医大二院胸心外科实力的重要补充。当时夏求明的医疗水平已经在哈医大系统小有名气，赵士杰对他也比较器重，常带他参加学术交流活动。1966年5月，赵士杰与夏求明一同出差，刚到驻地，赵士杰便接到医院紧急电报催他速回，二人便立刻返回哈尔滨。

然而，赵士杰没想到等待他的是长达十几年的学术禁锢。

"文化大革命"中苦撑危局

1966年5月26日，哈尔滨医科大学成立"文化大革命"办公室，哈医大二院贴出第一张大字报，"文化大革命"开始了。哈医大教学工作几乎全部停顿，学生们陆续离校，进入漫长的学术停顿期。

多年后，很多老教师回忆"文化大革命"时期，仍记忆深刻。曲仁海回忆说：

> 当年，我是"走资派"，我看到哪家出牌子，就主动到哪家去挨斗。批斗会上喊着"打倒走资派曲仁海"，开完会还是老师长老师短的；患者需要抢救，我正在扫地、推车子，他们还是来找我："赶紧来！赶紧来……"
>
> 那时候管事的叫联络员，一些小护士就当联络员，联络员就是领导啦，领着大家斗。那时候我被满街斗大街，带着高帽，小孩拿石头子打我，我心里想：这小孩真有觉悟，看着坏人就干！开始我挺紧张，后来就不紧张了，只把它当作"游戏"。回头看"文革"，的确对人影响很大。[①]

[①] 曲仁海访谈，2017年4月14日，哈尔滨。资料存于采集工程数据库。

哈尔滨医科大学校本部破坏更严重。8月，学校成立了"红色造反团"，红卫兵砸毁了主楼门前李时珍塑像，教学、科研和临床医疗工作几乎全部停止。9月，哈尔滨医科大学在木兰县东兴公社建立了东兴分校，1969年，又在木兰县东兴镇15里外的五屯建立了"五七"干校，一大批教师、教授下放农村劳动改造，学校里除了几个留守的老师几乎成为一座空楼。

> 我当年到学校报道的时候，院子里面没有一个人，草长的比我都高，没有柏油路，也没有人管。我一进门，乌鸦从树上飞过去，走在小路上，感觉挺吓人。每个教研室留两个人留守，因为学校不招生，学生也没有，我来的第二年（1972年）才招第一期。老师们也都在下放，那时候学校都没有人了。①

临床医疗方面，黑龙江省刚刚起步的心内直视手术也因死亡率较高全部中止。哈医大二院紧邻哈尔滨医科大学校本部，斗争更"严肃认真"，"文化大革命"刚开始，胸心外科主任赵士杰就成为"革命小将"们主要批斗对象，后来又被隔离审查，从此离开临床工作。年轻医生、护士们分成"天派"和"地派"，闹革命、搞批斗，临床工作几乎全部停止。

夏求明除了参加各种学习、自我检查和批斗会，并未受到直接冲击。按夏求明的学术经历和家庭背景，在那场席卷全国的政治运动中未受冲击，着实令人意外，归结原因：一是胸心外科主要批斗对象是主任赵士杰，很多知名专家教授都受到批斗，夏求明当时仅是普通讲师医生；二是夏求明刚到哈医大二院，很多人对他的历史背景不了解；三是夏求明为人低调、彬彬有礼、和蔼亲切、乐于助人，因此人缘较好；四是作为科室骨干力量，夏求明比较受尊重，他后来承担了科室几乎全部手术任务，医院不能没有医生，患者不能没人医治，因此他能够一直安守临床一线，未被卷入政治斗争。

同事曲仁海后来感慨："医生啊，你不用领导他，他也会好好工作。那时候虽然没有领导，但是医生们都按部就班，还是一样的认真负责，因为

---

① 李志平访谈，2017年8月29日，哈尔滨。资料存于采集工程数据库。

这是医生的本职。斗争归斗争，医生对患者还是关心的。"

不论身处何境，夏求明最关心的还是患者的疾病和救死扶伤的本职工作。"文化大革命"十年，黑龙江省心内直视手术完全停止，省内其他各医院胸部外科手术也几乎停顿，只有夏求明仍然坚守在胸部外科临床一线，这段时间，他几乎承担了黑龙江省全部胸外科手术。

1969 年，林彪以"加强战备，防止敌人突然袭击"为由，号召全军进入紧急战备状态，要求中苏边境地区加强战备值班，建设战备医院。部队抽调医疗人员加入地方医院，加强学习，帮助建设战备医院。夏求明手下陆续来了 15 位部队进修军医，恰好解决了下级医生短缺的难题。数年间，夏求明带领这十几位进修医生，白天做手术，晚间挖地道。"文化大革命"期间，在全省胸部外科几乎停滞的情况下，夏求明带领的胸外科仍坚持工作，哈医大二院胸心外科从之前的每周 2、3 台手术，迅速增长为每周十余台，夏求明忙得昏天黑地，几乎吃住都在医院里。大量胸外科临床病例和手术让夏求明"因祸得福"，他的胸部外科思维理念和手术技术迅速提高，更使他锻炼出临危而上的勇气和调度大外科的管理能力。

夏求明虽然躲过了政治劫难，他的慈父、上海市中医界翘楚夏仲方却没那么幸运。自从儿子夏求明离家支援边疆，夏仲方也积极为新中国医学事业做贡献，他带头结束私人诊所，受聘上海华东医院中医科主任、一级教授。50 年代，全国掀起了"西学中"热潮，中医药的研究逐渐增多，夏仲方欣喜之余发现了问题，他尤其反对"废医存药"的研究方法，认为仅研究药方、追求药效并不是研究中医，只是总结经验，应关注中医理论和中医对疾病的认识方法，才能掌握中医的根本。在兼任上海中医学院《内经》教研组组长期间，夏仲方积极培养中医人才，参与各地中医学员培训。1957 年，夏仲方在上海中医学会大礼堂举行"中医治疗结核病的基本方薯蓣丸的分析"讲座，提出了结核病治疗的整体方法，积极配合上海市开展的防痨宣传工作。

历经民国时期中医被排斥、取缔、废止，到新中国的中医再振兴，夏仲方始终对中医系统持有坚定的信念。他没有固步自封，在华东医院期间开始学习西医，重视临床诊疗和科学检验，积极与西医合作，探求中西医结合的道路。1959年，上海市华东医院开展西医拜中医活动，夏仲方先生在上海率先开展了带教活动，成为中医带西医的第一人，培养了一批学术接班人。60年代，他又大胆探索中药剂型改革之路，在当时全国抗生素紧缺时期，他研制了清热解毒药方，与药厂合作制成中药复方注射液"抗601"，可以治疗上呼吸道感染、发热等疾病，属全国首创。

夏仲方凭借医疗工作的突出成就，先后被推选为上海市第一届政协委员、上海市第一至第三届人民代表、上海市先进工作者。

然而，"文化大革命"刚开始时，学术地位显赫的夏仲方倍受打击，年事较高的他患上了严重的冠心病。夏求明心急如焚，多次返回上海给父亲找心血管领域的知名医生治病。可父亲病情刚好一些，又要躺在平板车上由老伴拉着去挨斗。家里的小楼被红卫兵征用，双亲被挪到一间阴冷小屋。1968年，夏仲方终因心脏病突发不幸离世。

父亲的离世，成为夏求明一生最大的遗憾，每当想起父亲，夏求明常常自责未尽孝道。自己远在他乡，信息闭塞，陪伴父母的时间少之又少，没能照顾好父亲最后的时光。而父亲对患者的仁慈、对医学理论的求真精神、科学严谨的态度和对子女严格教导，都镌刻在夏求明人生品格之中，伴随夏家子女一生。

为了弥补遗憾，远走避祸，父亲去世后，夏求明立刻将母亲张尧超接到哈尔滨照料。就这样，在长达近十年的动乱年代，夏求明默默耕耘，独立支撑着全省的胸部外科，也支撑着上有老人下有儿女的家。

动乱结束后，党和人民还给夏仲方先生公正的评价，为纪念他生前为医疗事业做出的贡献，1980年，夏仲方的骨灰被移葬上海市革命烈士陵园。

科学春天　百废待兴

世事风云倏忽舒卷，医生的天职始终是救死扶伤，在疾病与生命召唤下，医生们大多自觉放下纷争，重披白衣返回医院。哈医大二院医疗混乱局面结束较早。1972年,副院长隋永起执行院长工作,王志成等人重新回到工作岗位任教务委员会主任,一批医疗临床一线医生充实领导层,着手重整医疗秩序。"文化大革命"风浪尚未平息,混乱局面前所未见,"文化大革命"后期的第一代管理者们感到分外艰难。

> 当时医疗处于什么状态呢?一些专家教授被打倒,成了"反动学术权威"。一些高年资医生不受重用,管理科室的是年轻医生和护士,不仅如此,还有一些后勤工人拿起听诊器给患者治病,当起了医生,有的人署名盖章,写诊断书开药。管理混乱、医疗混乱、社会混乱。那时候诊断书很有用,有医院诊断书就可以休息。现在还有平均住院日的规定,那时候住院多久都没关系,特别混乱。[①]

隋永起院长、王志成主任等院领导想方设法扭转混乱局面。但怎么改却犯难,几位院领导都经历过批斗,混乱局面已持续数年,要扭转形势,无疑要冒再被批斗的风险。王志成想出一个办法,首先收回处方权,把医疗权力还给医生,规范诊疗秩序。哈医大二院创黑龙江省先河,规定只有正规医学院校毕业的医生才能拥有处方权,中专以下学历人员不得在哈医大二院行医。处方权以处方为标志,医院首先为医生们设计新名章,印章以红杠为中线,上半部分刻"哈医大二院",下半部分是医生姓名,普通医生名章中间是一道杠,高级医生两道杠。其次更改诊断书设计,改制成可以复写的上下两页,本编号、页编号,发放名章的同时发放诊断书,诊断书一本100张,用完后再领取。

处方权收回后,医院又重新整章建制,详细规定了各项医疗规章制度,明确科主任负责制,重新启用一大批专家和主任,医疗工作逐步回到正轨。虽然医院名义上还是革命委员会领导,但实际上却在黑龙江省较早地恢复了医疗秩序,并取得一些成就。"文化大革命"后期,哈医大二院最大的医学创举是完成了黑龙江省首例肾移植手术。

---

① 王志成访谈,2017年5月11日,哈尔滨。资料存于采集工程数据库。

哈医大二院甫建立之初，赵士杰任大外科主任，下级学科尚未细分。1959年，泌尿外科从大外科中独立出来，形成特色专科，赵士杰、何应龙、陈昭民相继担任泌尿外科主任，又补充一些轮科固定下来的医生。1955年，高治忠从山东医学院毕业后分配到哈医大二院，进入大外科工作，后来分管泌尿外科小组。1968年，由于外科主任赵士杰被停止工作，外科处于停顿状态，泌尿外科病房正式独立，高治忠任责任医师、教研室副主任。1972年，高治忠带领泌尿外科医生开始进行肾移植动物实验。1974年，"文化大革命"紧张形势开始松动，泌尿外科成功进行了黑龙江省首例自体肾移植手术，拉开哈医大二院器官移植临床应用序幕。

1976年10月，哈尔滨医科大学召开全体委员会议，传达粉碎"四人帮"的消息，1978年，我国著名克山病研究专家于维汉教授担任哈尔滨医科大学校长，开始全面整顿校务，整肃教务，恢复教学秩序。

1976年，哈医大二院副院长隋永起正式担任院长，大刀阔斧重整医疗秩序。把医疗业务工作重新提上议事日程，依靠仍在坚守临床工作的医生们抓医疗质量。

"文化大革命"结束时，夏求明已年近50岁，十年默默耕耘和学术蛰伏后，他只是一名普通讲师、主治医生。但夏求明心中从不以年龄为自己设限，也没有身份、职称、金钱的目标，他只是想做一名好医生，能给患者治好病便是他一生最大的从医目标。

为重振医疗队伍，哈尔滨医科大学首先恢复搁置数年的职称、职务评定。哈医大二院外科主任赵士杰平反后提升为教授，夏求明获批副教授。"文化大革命"结束后，赵士杰连任全国政协委员、哈尔滨市侨联副主席、黑龙江省侨联主席等职务，便很少再参加临床工作，胸心外科的临床工作和日常科室管理交由夏求明负责。

一旦形势允许，夏求明便迫不及待重新开展心内直视手术。然而，时隔十年，当他再次得到国外心血管领域的讯息，内心十分震惊——他清醒地意识到，我国心血管外科已经与发达国家拉开至少30年的差距！

"首先要让心脏外科的同事们知道差距，让所有人知道努力的方向！"夏求明认为重建胸心外科首要工作是知己知彼。他紧迫地收集信息，1978

年撰写文章《心血管外科的进展》，详细介绍先天性心脏病（特别是法洛四联症）的外科治疗、瓣膜疾病的外科治疗、冠状动脉缺血性心脏病的外科治疗以及心脏移植。这篇文章奠定了哈医大二院胸心外科未来20年的发展方向。值得一提的是，这篇文章中他明确提出心脏移植技术是多学科协作产物，与麻醉学、诊断学、内科学等相关学科全面提高密不可分，并且大胆预言"一旦组织排斥问题被突破，心脏外科又将进入一个崭新的时代"。仅数年后，抗排斥药物环孢素 A 应用于临床，促使世界心脏移植乃至器官移植技术进入黄金发展时期。

恢复心血管外科手术，夏求明还是从恢复体外循环开始。"文化大革命"前哈医大二院仅有赵士杰50年代带回的指压式体外循环机，流量不够，操作不便，机器基本无法使用。夏求明在哈医大一院期间研究的上海Ⅱ型体外循环机早已被淘汰，并且自从夏求明调走，哈医大一院长期无法开展体外循环，心脏外科已十分落后。夏求明多方打听，得知解放军第二一一医院还有一部"文化大革命"前购买的体外循环机从来没使用过，一直荒废存在库房。夏求明欣喜万分，立即请院长隋永起出面，借出了那部体外循环机。

体外循环机一到位，下一步重建队伍，必须要培养优秀体外循环技术人员。十年前夏求明研究体外循环时，都是外科医生开展研究和临床实验，但重新起步，外科医生十分紧缺，夏求明身边仅有陈厚坤和刚回哈尔滨的陈子道两名医生，各带一个医疗小组，本身的临床工作就忙得不可开交，无法分身再研究体外循环。

夏求明只好把体外循环的任务交给护士长向桂玉。向桂玉是手术室护士，后任胸心外科护士长，她有手术室经验又熟悉胸心外科，便带领几位护士学习体外循环。万事开头难，为了培养这支队伍，夏求明从最基本的英文教起，首先教她们读英文医学文献，再逐步讲授体外循环原理和机器功能。

70年代末，物资简陋、资料奇缺，这批护士从最基础的知识一点点啃读，白天工作、晚上学习，跟医生做实验，一步一步细致记录。功夫不负有心人，经过刻苦的学习和钻研，向桂玉带领的体外循环团队很快能独立操作体外循环机，而且逐渐在体外循环和心脏保护"灌注"技术方面占据国内领先水平。曾经亲见过第一代体外循环团队操作的王志成教授回忆："向桂玉等人的操作非常流畅，手术一开始就见她非常轻松、快速地完成了灌注。"

培养好体外循环人员队伍，心内直视手术便相继开展起来，夏求明带领团队接连攻克先心病、瓣膜病，甚至难度最大的法洛四联症等高难度心血管外科手术（图4-3）。

80年代，夏求明又从上海订购了最新一代体外循环机Sarns5000型。时隔20年，夏求明再见到新一代体外循环机时，竟然无从下手。20年间国际体外循环技术迅速发展，新型体外循环机器设计精良复杂，各种型号配件和管道多达百余件。夏求明清楚这部机器的重要意义，下决心将所有配件一次性全部购回。此后数年，这部装备齐全的体外循环机为哈医大二院胸心外科立下赫赫战功，完成一系列重要的心脏外科手术乃至早期心脏移植手术临床实验，它后来助力夏求明建成了当时国内顶尖的心脏外科技术团队。

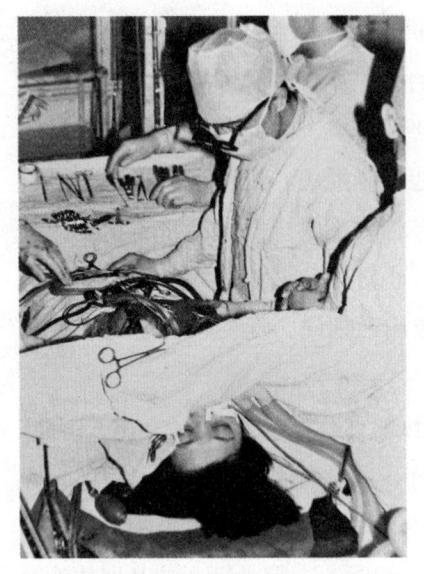

图4-3 20世纪70年代末到80年代初，夏求明带领团队重启心内直视手术

> 80年代初，我们重新恢复体外循环的时候，借二一一医院的体外循环机。这个体外循环机是全新的，没有这部机器我们还真做不了。
>
> 以后我们开展了一些手术，国外开放了，我去进口体外循环机。那时候买哪部机器，所有零件都编成号，要哪个零件哪个型号都得现订。当时我也不知道这些配件是怎么搭配装配，根本不知道怎么用。我管不了那么多，所有都买回来，满满一个大架子。后来才明白，这是国外已经淘汰的垂平式体外循环机。那时候我们的知识面和现在完全不一样。①

---

① 夏求明访谈，2016年8月10日，哈尔滨。资料存于采集工程数据库。

重建队伍　更新知识

体外循环机应用临床后，夏求明同时开展了多项胸心外科手术项目，每项研究他都要求体外循环参与制定手术方案，及时总结临床数据。

1983年，夏求明作为访问学者赴美国堪萨斯城杜鲁门医学院进修，这是夏求明第一次走出国门，他十分珍视这次出国访学机会，准备了一系列拟开展的心脏外科项目和急需的设备仪器目录。在美国的4个月时间，夏求明首先考察杜鲁门医学院的体外循环技术。他在给护士长向桂玉信中写道：

> 我在这里对体外循环做了一番观察，也找了一些资料，除了我们买的那本书和别人送给你的那本书以外，没有更新的成书出版。总的来看，我们以前走的路是正确的，没有向深低温发展，少走了不少弯路。心脏手术后的效果与体外循环密切相关。对于我们现在的问题一定要努力设法提高，要敢于认识自己的不足，只要不断改进，你们就能永往直前，对于小曲、小唐，既要严格要求，又要大胆培养。不管败血症的发生原因在哪里，除了加强无菌术以外，我建议你们开始术中滴注抗菌素。有些反复应用次数太多的东西，坚决更新，能够争取高压消毒的一律高压消毒。出来参观以后，对Formalin蒸汽消毒法，尤其是我们的土办法，确实感到担心，在没有更好的办法以前，是否对密闭的程度，消毒的时间上能加以提高。对他们（医生）在解剖动、静脉时无菌操作不够严格，可能就得等我回去以后再说。另外，用酒精浸泡消毒的那些零件也应注意加以改进。[①]

在美国，夏求明来回穿梭于杜鲁门医学院和附近城市的儿童医院。当

---

① 夏求明给向桂玉的信，1984年2月20日。资料存于采集工程数据库。

地医院心外科医生很少，哪家医院有心外科手术，几位心外医生便互相配台手术，彼此轮流做主刀和助手，术中其他辅助人员均来自本家医院。按规定，访问学者不可以在美国当地持刀行医，但医院有时会来急诊，人员临时调配不开，夏求明便会主动提出帮忙做助手配台。看到夏求明纤长的手指行云流水般穿梭于细小的血管之间，稳稳地勾住线和挂钩后纹丝不动，静如座钟动如激流，无须指示，恰到好处地配合主刀医生的每一步操作，美国医生不禁十分惊奇，由衷地欣赏这位中国心外科医生"美丽"而标准的手术姿态，对夏求明十分友好。杜鲁门医学院心脏外科负责人 Ham 倾囊相授，与夏求明结成一生的好友，十余年间始终保持往来。

除了体外循环技术，夏求明还观摩学习了冠状动脉搭桥、儿童先心病手术治疗等当时高水平心脏外科技术。他认为，心脏外科手术技术本身对中国医生来说已经不是难题，更大的问题是对心脏疾病的认识和众多辅助检查和检测技术，如冠状动脉造影、心肌活检、心脏监护等。

回国后，根据多年体外循环研究经验和国外学习心得，结合临床病例，夏求明对体外循环进行更深一步探索，逐步攻克体外循环引发的一系列并发症。

体外循环机因兼具心脏泵血和肺脏气体交换的双重功能，早期被称为"心肺机"。在体外循环的心脏功能即血液流动（流量与压力等）方面，体外循环不可避免的灌注压是人体对于低血状态重新调整后的结果，整个术中人体处于控制性休克状态，简而言之，很多毛细血管末端血流量不足，长时间体外循环而没有代谢补偿，容易引起机体组织各种不良反应。体外循环造成的神经内分泌反应会使得毛细血管产生周围血管高阻，灌注不良，引起脑组织损害、肾功能衰竭和严重酸中毒，在肝素抗凝状态下，更容易发生颅内出血。经过大量研究，夏求明总结了一套血液稀释改善微循环的灌注方法，能够在保持机体最佳状态下维持 1—2 小时心脏直视手术。

在体外循环肺脏功能暨血液氧合方面，体外循环机要代替人体的肺，对血液进行氧合，体外循环氧合器最早是转叠式氧合器氧合能力较差，而后来鼓泡式氧合器又张力过高或者过饱和，直到近年膜式氧合器逐渐克服了这些弊端。夏求明经过反复临床实验，得到了体外循环中维持足够灌流量和理想的血液氧气、二氧化碳分压值。

此外，在体外循环凝血机制障碍、水和电解质改变、酸碱平衡等方面，夏求明和团队均积累了丰富的应对经验。在良好的体外循环支持下，他带领哈医大二院胸心外科迅速步入黑龙江省乃至全国一流行列。

80 年代初，国内领先的多家心脏外科医院纷纷开展心脏瓣膜病研究，夏求明带领团队进行了一系列心脏瓣膜病研究，带动心脏外科医生重建心脏疾病知识系统。

人体的心脏分为左心房、左心室和右心房、右心室四个心腔，两个心房分别和两个心室相连，两个心室和两个大动脉相连。心脏瓣膜就生长在心房和心室之间、心室和大动脉之间，瓣膜在心脏不停止的血液循环中扮演着重要角色，起到单向阀门的作用，形象地讲，瓣膜就是心脏与各血管、器官的"门"。保证血流单方向运动，在维持心脏正常功能中起重要作用。人体的四个瓣膜分别称为二尖瓣、三尖瓣、主动脉瓣和肺动脉瓣。

心脏瓣膜病就是指二尖瓣、三尖瓣、主动脉瓣和肺动脉瓣这些瓣膜因风湿病、黏液变性、退行性改变、先天性畸形、缺血性坏死、感染或创伤等各种原因出现病变，影响血流的正常流动，从而造成心脏功能异常，最终导致心力衰竭的单瓣膜或多瓣膜病变。

因心脏瓣膜大多长在心脏内部，过去人们虽然认识到了心脏瓣膜疾病，但却无法打开心脏做进一步治疗。最初心血管外科只能开展闭式瓣膜病手术，用手指分离狭窄的二尖瓣和肺动脉瓣，这两类瓣膜生长在心脏边缘，可以不采用打开心脏的手术方法。但心脏瓣膜疾病类型复杂，患者病情也不相同，很多二尖瓣狭窄、肺动脉瓣狭窄患者用手指分离并不彻底，有些疾病甚至无法分离，这类手术对术者经验要求较高。因此，夏求明认为最佳的手术方案仍然是直视分离手术。

体外循环技术改进后，心内直视手术或切开术得以顺利开展，医生们迅速了解和熟悉了瓣膜病的各类病理改变，逐渐形成了治疗各种瓣膜关闭不全、瓣膜成型、瓣膜重建的方法。夏求明带领胸心外科团队，陆续开展瓣膜裂缺缝补术、瓣膜穿孔缝合术、孤立钙化灶的切除术、瓣叶扩大术、瓣膜下结构重建术、瓣环缝缩术等。

这时期夏求明团队关于瓣膜病的主要研究方向以瓣膜置换术为主。1979—1981年，夏求明、陈子道、陈厚坤等开展大量生物瓣膜的研制和临床应用工作。早期瓣膜置换术主要应用于年轻的风湿性二尖瓣瓣膜病患者，这类患者病情严重，不及时救治短期死亡率高，而修补和成形术又不足以解除严重病变，最佳方案就是瓣膜置换。

国际上瓣膜置换研究最早始于1952年，Lam用新鲜同种主动脉瓣移植到降主动脉的实验成功，后应用于临床，但由于同种瓣膜的尺寸不一，且来源受限制，应用效果并不理想。60年代，人造瓣膜和生物瓣膜技术同时取得快速发展，瓣膜置换术进入高峰时期。

为追赶与国际的差距，70年代末期，国内某些医院也相继启动瓣膜置换研究。早期技术资料尚不充分，夏求明只能先从生物瓣膜技术入手，研究瓣膜置换术。1978年，夏求明等人开始研制软支架猪主动脉瓣置换二尖瓣的动物实验，一年间进行动物实验20多次，发表了实验研究论文《软支架猪主动脉瓣作二尖瓣移植》，促进胸心外科的医生对心脏循环机能和瓣膜疾病的认识迅速提高。

在瓣膜的研究方面，研究小组试制了多种型号和规格的瓣膜，不断测试免疫、细菌和物理性能等，最终确定最佳质量、最适合尺寸的软支架瓣膜。手术技术方面，研究小组不断测试吻合方法和缝合问题，为处理好外露线头防止血栓凝聚，研究小组还创造了硅油酸涂抹缝线的方法。

这一系列研究实验中，对夏求明未来心脏外科尖端研究起到重要作用的新知识系统莫过于"心肌保护"。为了保护好停止跳动的心脏，国际上心血管专家开展了无数研究工作，夏求明也不例外，他从70年代末期重启心脏外科开始，就着重对心肌保护做大量重要研究，持续近十年之久。在实验阶段，夏求明认识到心脏外科手术中心肌保护的重要性，带领研究小组探讨了不同方式的低温阻断方法和灌注液成分对心脏的保护程度，为未来临床新技术开展奠定了基础，更成为后来哈医大二院心脏外科发展的"杀手锏"。

早期心脏外科医生，没有多少学习资料，更新知识系统只能靠临床实践。为使全科医生尽快掌握心脏外科最新进展，夏求明一方面翻译和编写临床实用手册，另一方面，他高度重视死亡病例研讨。

夏求明反复教育下级医生："医生们不是生来就会的，医生的知识是从患者身上学来的，要感谢患者把生命交给你，让你学会知识"。所以，在哈医大二院心外科，死亡病例讨论会堪称全院闻名，很多其他学科的医生也来旁听。会上不推诿责任、不遮掩事实，谁疏忽谁就坦诚自我批评，没有疏忽责任，就讨论患者死因、手术中出现的问题、不明的疾病原理、可以改进的方案等。田家玮曾经旁听过心外科的死亡病例讨论，她当年还是刚入职的小医生，如今已经成长为全国著名的超声诊断学专家。她回忆起当年旁听的讨论会，仍然充满激情："能学到的东西太多了！那真是科学的讨论！"

很多老教授对夏求明举办的死亡病例讨论印象极深。80年代初，胸心外科的老主任赵士杰偶尔还会来参加死亡病例讨论，有次讨论一名食道癌术后胃部发生吻合口瘘的病例，那时食道和胃部手术的吻合口瘘是一种术后高发现象，关于胃部吻合口为什么会产生瘘口，赵士杰与夏求明就产生了观点分歧。赵士杰认为吻合口瘘是由于缝合技术不好，而夏求明则认为吻合口瘘高发是因为缝合位置的血液循环不佳，导致吻合口不愈合。两人的学术争论甚至引来时任哈尔滨医科大学校长于维汉参与讨论。按照十几年后的学术进展来看，两位教授的观点都有合理性，但夏求明的观点则更直接切中要害，便于临床改良。多年后，胃部手术吻合器发明并应用于临床，使用M型吻合器顺利地解决了吻合口血液循环不畅的问题，极大降低了胃部手术吻合口瘘的发生率。

如果满足于胸心外科本身的诊断治疗和手术技术，那么夏求明仅是一位优秀的外科医生，但对相关学科的关注、心脏疾病原理和基础医学的重视，才使夏求明成为杰出的心脏外科医学科学家。

1984年，意大利慈善机构与哈医大二院签署区域急救中心合作建设协议，医院专门划拨第一住院部二楼的若干病房，按国际标准建设设施一流的急救中心。同时，夏求明作为首席专家率领专家到成都考察急救中心建设。然而，考察的结果却令专家失望，急诊急救中心除了需要齐备的抢救、急救设备，更依赖流畅、快捷的转诊流程，以及完善的区域救护车和

第四章 廿载耕耘

通信设施，而当时哈尔滨市还没有普及家用电话，很多街道都未命名，整体城市基础设施建设完全无法达到急诊急救要求。因此，80年代中期哈医大二院急诊急救中心的建设项目被暂时搁置。

夏求明却觉得急诊急救中心就此搁置太浪费医疗资源，在美国做访问学者期间他对国外心脏外科监护病房印象深刻，新建的哈医大二院急诊急救中心位置紧邻心脏外科，于是他向院领导建议，将搁置的急诊急救中心改建为心外科术后监护病房，其设备设施恰可用作监护病房的基础配备。此项举措极具远见，这套高精尖配置的监护病房在后来心脏移植手术等一系列重大手术项目中起到了关键作用。后来，夏求明分派心外科医生孙晨光专职负责心外重症监护病房建设，10年后，发展成为国内一流的心脏外科重症监护病房。20年后，心脏外科重症监护病房直接带动了哈医大二院重症医学科的发展建设，独立成为重症医学科B区。2014年，哈医大二院重症医学科成为国家卫生部临床重点专科建设项目，步入国家一流学科行列。

1980年，夏求明被正式任命哈医大二院胸心外科副主任，评为正教授，黑龙江省胸心外科学重点学科带头人。夏求明将胸心外科分为胸外科组与心外科组，在国内较早地将胸、心外科分离，更细致地专科化方向发展。1983年，胸心外科正式分科，成立心外科与胸外科，首任主任、副主任为赵士杰和夏求明。1985年，夏求明将胸外科主任一职交给杨春文。虽然胸外科独立出来，但医生和人员配备仍为原胸心外科成员，仅根据每位医生特长各有侧重。

胸外科、心外科较早分离，也为后来的专科化发展奠定了坚实的基础，后来胸外科在肺癌、食道癌、胸腔镜治疗等领域都取得了良好的成绩，年手术例数过千例。2000年，在夏求明的带领下，开展了心肺联合移植研究工作，胸外科发展成为东三省排名前五位的优秀专科。

另一个与心外科更紧密的学科，就是心内科。夏求明带领的心外科非常重视与心内科合作。1984年回国后，夏求明已带领心外科团队接连开展了儿童先心病手术、瓣膜置换术、法洛四联症等高难度手术项目，只有冠状动脉搭桥和心脏移植未能进行，而这两项手术必须有心内科的鼎力支持。

80年代，为尽快开展冠状动脉搭桥技术，必须要掌握清晰的血管显影技术，夏求明与心内科王璞主任合作开展冠状动脉造影动物实验。早在60年代，心内科在做主动脉造影时就可见冠状动脉显影，那时称为一般性冠状动脉造影。直到1982年，在心外科迫切开展冠状动脉搭桥手术的形势下，心内科开始冠状动脉造影术研究，并于1983年应用于临床实施了黑龙江省第一例冠状动脉搭桥手术。然而，在对30余例冠状动脉造影病例的观察中，当时的显像技术只有30%的情况能看到冠状动脉远端情况，而且仅一两个位置比较清楚，其他的容易相互重叠，说明当时的早期造影技术观察角度有限，很难满足临床治疗需要。因此，心外科的冠状动脉搭桥手术直到90年代才完善开展起来。

虽然冠状动脉搭桥手术暂时停顿，但心内科冠状动脉检查技术却打开了一扇大门。后来在血管造影的检测技术支持下，心内科开展的心肌活检检测技术在黑龙江省遥遥领先，并在心脏移植手术中立下汗马功劳，成为心脏移植患者术后监测免疫排斥反应的重要工具。

心脏"密码"逐一破解

心脏并不是一个独立的器官，它是人体循环中枢，整个人体的养分代谢、电解质平衡等都由它来调节，心脏出现任何一点偏差，都会带来全身机能紊乱。

国际心血管外科飞速进展的时期，国内刚起步的心血管外科学却遭遇十年"文化大革命"全面停顿。再次重启心脏外科，可借鉴的经验几乎为零，现在很多心外科医生所了解的药理、病理知识、诊断和治疗指南，以及先进的辅助检查和监测设备，在七八十年代完全都没有，所有知识、经验，以及当代医生熟知的医学标准，在当时还是一个个未解的"密码"，只能由医生们根据临床现象一点一滴摸索积累。整个80年代，夏求明都在逐一破解这些心脏"密码"。

其中，最重要的心脏"密码"，莫过于"心肌保护"。

开展体外循环支持下心内直视手术后，医学界逐渐认识到心脏停跳并非源于低温停跳，而是缺血性停跳，但缺血性停跳的整个过程和缺血后的心脏，对心肌都有非常大的、不可逆的损伤。为保护停跳的心脏，外科医生们在阻断心脏血流之前、阻断期间和开放血流之后，所做的一系列措施，均可称为"心肌保护"。

早期心脏外科手术并没有"心肌保护"的概念，1955年心肺转流（体外循环）出现以后，国际医学界开始注意到心脏停跳是因为缺血这一客观事实，为了达到心脏迅速停跳的目的，人们开始研究化学性心脏停跳，开启了心脏保护的开端。然而直到20世纪60年代末，国际心脏外科学界才确定某些手术术后出现心肌坏死和心肌损伤，是源于不良的心肌保护手段。夏求明是我国最早一批研究心肌保护的胸心外科医生之一，他的心肌保护研究和临床应用几乎与国际心脏外科学者同步。

"心肌保护"从预停跳和停跳开始，夏求明发现等待降温后的心脏自然停跳会对心肌造成严重损伤，因此最好的方法是使用停跳液进行化学停跳。1979年，他使用冷盐水为主要成分的冷停跳液作为心肌保护方法，但使用效果并不理想；1980年，他与国际同步使用了冷血钾重复灌注法进行心肌保护，同时严格界定了钾离子配比。

当时，夏求明已经意识到，心肌的代谢必须充分地供给氧和营养物质，长时间缺血必然会引起心肌产生严重不可逆损害。国外学者认为缺血和纤颤会使心肌的高能磷酸盐减少，使心脏复跳困难，而低温和高钾可以防止高能磷酸盐减少，帮助心脏复跳更容易。因此，夏求明根据实验现象和国外研究资料，认识到术中心脏复苏的难易程度，可帮助临床医生衡量心肌缺血性损害的程度，并根据此现象进行后续的心脏检测和保护的一系列治疗，也可以此现象评估术中心肌保护效果。

在心脏已经停跳、开始进行直视手术阶段，心肌保护的方法是应用灌注器对心脏的冠状动脉进行灌注，达到保护心肌的目的。

有学者认为，缺血停跳时间越短越好，采用中低温和冷盐水进行心脏表面降温，阻断循环时间不能超过 50 分钟。但夏求明经过实验证明，心脏虽然经过低温保护，却并不能使实验动物的心脏自动复跳，复跳越难，术后心源性低排综合征越容易发生。夏求明一方面细致研究了心脏缺血时间和温度的关系，另一方面又尽量寻找其他心肌保护方法。然而，当时国际上对心肌保护液（又称"停跳液"）的研究很多，有价值的参考资料却很少，也有学者质疑经主动脉灌注冠状动脉不正确，但夏求明认为灌注的方法不是主要问题，根本问题还在于当时冷盐水为主的心肌保护液的成分不好。

为了解决心肌保护液的成分问题，夏求明创新性地提出使用适度稀释的氧合温血加入晶体溶液进行术中心肌保护。他与哈尔滨医科大学副校长、著名病理生理学家王孝铭[①]教授合作，研究心肌保护液的成分配比，对晶体溶液、氧合晶体溶液和氧合血晶体溶液三种心肌保护液进行效果对比分析。结果表明，夏求明提出的氧合血晶体进行灌注时对心肌缺血和再灌注损伤具有明显的保护作用，作用机制可能是氧合血晶体成分有较大稀释，避免了高浓度血在低温状态下的流变性质改变；另外，含有少量红细胞和血液成分的保护液对微循环具有明显保护作用。

心肌保护液的成分得到改进后，夏求明还研究了心肌保护装置。20 世纪七八十年代，心脏外科界普遍使用的降温方法是用瓶子或者塑料袋包装好保护液，放在冰箱里或者冰水中预冷后加入停跳剂，用手、压迫带挤压，或者高位悬吊、注气加压等方法，往心脏注入保护液，方法都很"土"，效果不稳定，容易进气泡。

为了让心肌保护的效果更稳定易行，1980 年，夏求明受到体外循环氧合器的原理启发，用小号氧合器作为心肌保护液的冷却装置，并从体外循环血中分流出血液，实现了冷血钾保护心肌的目的。1982 年，夏求明又与

---

① 王孝铭（1924-2011），辽宁省新宾县生人，中国病理生理学会的奠基人之一。先后在兴山中国医科大学、中国医科大学和哈尔滨医科大学学习，毕业后留哈尔滨医科大学任教，1951 年赴莫斯科第一医学院进修学习，曾获得太平洋地区国际医学科学院院士、剑桥世界名人录顾问委员会委员等荣誉称号，担任哈尔滨医科大学病理生理教研室主任、基础医学部主任、副校长等职务，曾任中国病理生理学会常务理事、国际心脏研究会中国分会常务理事、黑龙江省生理学会理事长、黑龙江省生理科学会病理生理专业委员会主任委员。

吉林水利机械厂合作，他设计、工厂制作了冷灌注装置I型（后称"心肌保护灌注装置"），用金属螺纹管作为冷却部分，用两个泵作为动力，一个泵驱动冰水循环，一个泵驱动心肌保护液，虽然效果很好，但动力泵多不利于临床（图4-4，图4-5）。随后几年间，夏求明先后改良了三个型号的灌注装置，器型越来越小巧，性能越来越稳定，价格越来越经济实惠，后来推广到广州、沈阳等全国15个心脏外科医院使用。1982—1989年，临床使用了1400次以上，均取得非常好的临床效果。

图4-4　20世纪80年代初期心肌保护灌注装置设计图

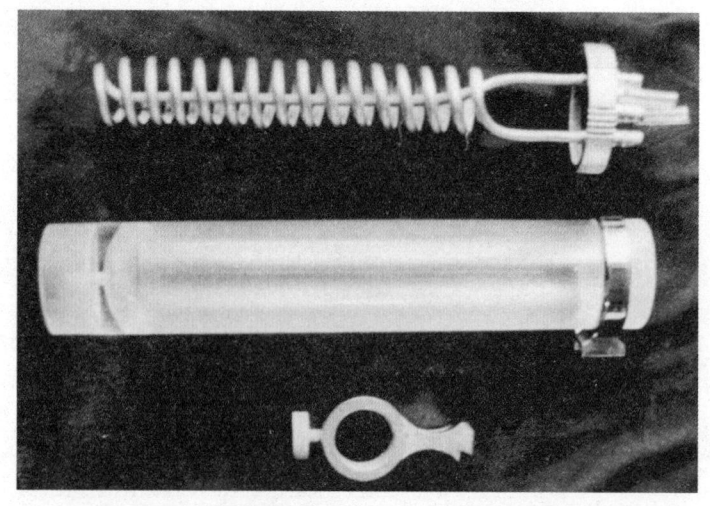

图4-5　20世纪80年代改进后的心肌保护灌注装置

夏求明对心脏保护所做的研究几乎贯穿了 20 世纪 80 年代，取得了许多重要的科技成果。1983 年，夏求明研制的"心肌保护的临床研究——一种能保持恒定低温重复灌注冷血钾的装置"项目获得黑龙江省人民政府优秀科技成果奖三等奖；1989 年，"Ⅲ型心肌保护冷却器的改进、生产和推广应用"获 1988 年度黑龙江省新技术应用奖一等奖；2004 年，夏求明的最新心肌保护灌注装置获得国家专利。

对心肌保护的重视，持续了夏求明全部心脏外科的职业生涯，研究涉及血液动力学、病理生理学、机械工程学、影像学等多学科知识，夏求明带领团队均全面学习研究，涉猎面之广、研究之深、科学转化实用性之高，堪称基础医学与临床医学、生物工程学与临床医学等结合的典范。夏求明反复强调，心脏外科不仅仅是手术技巧本身，而是对全身整体的认识、对循环的认识、对心脏功能的认识，心脏外科是一门涉及众多学科的综合性学科，仅仅满足做一名"手术匠"绝对不是一名合格的心外科医生，更不能称为医学科学工作者。

心脏复跳与心肌损伤的联系、心脏缺血时间与温度的匹配、心脏停跳液的成分、心肌保护的灌注方法……这一系列对心脏机能和循环的根本、准确的认识，以及扎实的心脏外科知识系统，使夏求明在心脏外科领域的研究具有极高的临床实用性，也使夏求明团队的心脏外科手术取得了很好的临床治愈效果。80 年代初期，夏求明带领的哈医大二院心外科团队几乎囊括了黑龙江省全部体外循环心内直视手术，四年间的手术例数多达 1000 多台，术后患者死亡率仅为 6.37%。1984 年哈医大二院心外科的 1000 多例病案统计记录显示，慢性缩窄性心包炎术后死亡率，从过去的 5%—10% 降低为 4.75%；动脉导管未闭术后死亡率为 0.5%—1%，合并肺动脉高压的病例一般死亡率为 5%，但夏求明小组术后死亡率为 3.08%；风湿性瓣膜病、闭式二尖瓣分离术死亡率为 0.57%，心功能不全的死亡率为 15%；肺动脉狭窄死亡率 1.53%；房间隔缺损术后死亡率 4.34%；室间隔缺损术后死亡率为 4.76%，法洛四联症术后死亡率降低到 5%。

第五章
十年一剑　心脏移植

挫 败 重 重

器官移植技术对人类一直有着巨大吸引力，通过器官置换治疗脏器终末期病变或使人类变得更为强壮，从幻想到变成现实，经历了漫长岁月。如今，器官移植成为器官终末期衰竭最重要的临床治疗手段，成为20世纪最令人瞩目的医学成就。这些成就的获得归功于无数医学先辈的不懈努力，据统计，与器官移植有关的研究有15次、共25人获得诺贝尔生理学或医学奖，是获得诺贝尔生理学或医学奖最多的研究领域，由此可见器官移植在科学领域，尤其是在医学科学领域所处的地位。

我国有心脏移植的最早记载始于战国时期的《列子·汤问》：

鲁公扈赵齐婴二人有疾，同请扁鹊求治。扁鹊治之。既同愈。谓公扈齐婴曰："汝曩之所疾，自外而干府藏者，固药石之所已。今有偕生之疾，与体偕长，今为汝攻之，何如？"二人曰："愿先闻其验。"

> 扁鹊谓公扈曰:"汝志强而气弱,故足于谋而寡于断。齐婴志弱而气强,故少于虑而伤于专。若换汝之心,则均于善矣。"扁鹊遂饮二人毒酒,迷死三日,剖胸探心,易而置之,投以神药,既悟如初。

大意为:鲁国公扈和赵国齐婴两人有病,一同找扁鹊求医。扁鹊说:"你们以前所害的病,是从外面侵入腑藏的,用药草和针砭就能治好;现在你们有与生俱来的病,和身体一同增长。公扈的心志刚强但气魄柔弱,所以计谋太多而缺乏果断;齐婴心志柔弱但气魄刚强,所以计谋太少而十分专横。如果把你们的心交换一下,那就都好了。"扁鹊让两人喝了毒酒,昏迷三天,剖开胸腔,取出心脏,交换以后,两人恢复如初。

虽然用现在的眼光看,当年的记载只是古代人民想象的故事,但从一方面展示了我们祖先对这项医疗技术所寄予的期望。这种期望直到18世纪,终于成为现实。

18—19世纪,一些不需要血管重建的组织移植如牙齿、皮肤、角膜移植的动物实验开始出现。1906年,法国医生首次用猪和山羊的肾脏给人做临床异种肾移植,此后先后有很多医学家尝试将动物肾脏或补片移植给患者,企图救治重度尿毒症患者,但均以失败告终。1902年,法国医生亚历克西·卡雷尔创建了现代血管缝合技术,这项血管缝合的基本技术一直沿用到今天,极大推动了外科医学的进步。1902—1910年,卡雷尔与格斯里先后开展了一系列实验性动物移植手术,移植的组织包括血管、肾脏、脾脏、卵巢、睾丸、甲状腺、肾上腺、小肠、心脏等,其团队甚至将狗的整个头移植到另一只狗的颈部,其中1905年卡雷尔与格斯里的异位心脏移植动物实验是人类正式从事心脏移植的开端。大量的动物实验使医学家们注意到炎症反应引起的移植器官破坏,免疫排斥反应开始进入医学界视野。因为血管吻合技术和器官移植的杰出贡献,卡雷尔获得了1912年诺贝尔生理学或医学奖。

1901—1903年,奥地利科学家卡尔·兰德斯坦纳发现了人体A、B、AB和O型血型分类,为器官移植供体受体选择奠定了最基本条件。卡尔也因此获得1930年诺贝尔生理学或医学奖。

20世纪初的移植手术中，医学科学家们逐渐意识到移植手术的免疫问题。1923年，美国医生卡尔·威廉森详细描述了自体肾移植和同种肾移植在疗效方面的显著差别，首次使用了"排斥反应"（rejection）一词。20世纪初的一系列器官移植动物实验和临床实验，皆因对免疫排斥反应的认识不足，以及器官保存手段和手术技术本身不成熟，而均未获得长期存活。

第二次世界大战期间，大面积烧伤成为严重医疗问题。英国医学家梅达瓦在进行皮肤移植治疗期间，发现了移植物激活免疫机制，随后经过一系列实验证实了免疫排斥反应的机制是供体抗原激活受体免疫系统而产生的活性反应，他详细地描述了免疫排斥反应，阐释了免疫排斥反应的基本机制，提出了移植免疫学概念，并认为皮质类激素对预防排斥反应有效。此后，澳大利亚的伯内特提出抗体形成的新理论，指出在特定时期内所接触的抗原均标记为自体抗原而被耐受，任何其他没有自体标记的抗原，都会认为是异体抗原而激活免疫反应，成为著名的"自限性识别理论"。此后，梅达瓦与伯内特合作证实了理论的正确性，最终发现获得性免疫耐受现象，并因此分享了1960年诺贝尔生理学或医学奖。1954年12月23日，在准备了整整两年后，美国波士顿的一家医院为一对同卵孪生兄弟做了肾移植手术，这是人类医学史上首例成功的临床肾移植手术。

纵观20世纪，医学界最大的成就几乎都集中于器官移植。60年代，器官移植工作取得了井喷式发展，重要因素得益于免疫抑制剂的研制与应用。60年代，美国的伊莱恩和希钦斯研制出抑制细胞增殖的药物6-巯基嘌呤（6-MP），获得1988年诺贝尔生理学或医学奖。英国的卡尔恩将6-MP用于肾移植动物实验取得良好效果，器官移植工作开始进入免疫抑制剂时代。随后，伊莱恩和希钦斯改进了免疫抑制药物硫锉嘌呤（Aza）。1961年，默里和梅里尔使用Aza进行临床非亲属肾移植手术，发现该药物可以逆转排斥反应；1962年，两人使用该药物实施的尸体肾移植获得成功，开启了器官移植的新纪元。Aza成为随后20年全世界器官移植的主要免疫抑制剂。1963年，古德温在肾移植患者中应用大剂量可的松，延长移植肾脏存活时间，并发现皮质激素与Aza联合应用效果更佳，该方案在随后很长时间里作为免疫抑制药物的常规方法。1967年，斯塔兹临床提出应用 Aza 和激素加用抗淋巴细胞多克隆抗体制剂的联合用药方案。

除了新型的免疫抑制剂和用药方案不断更新，医学界对造成免疫排斥反应的遗传学因素也进行了深入研究。1980 年，诺贝尔生理学或医学奖三位得主分别发现了人的主要组织相容性复合物（MHC），在此基础上，1964 年，日本的寺崎应用微量淋巴细胞毒方法奠定了 HLA 分型方法的基础，为器官移植的供体与受体的选择匹配提供了方法，奠定了器官移植手术的配型基础。

与此同时，为了保证异地切取器官的安全性，需要器官能够尽可能在一定时间保持活力，器官保护液和器官保存方法也经过不断改良，相继问世了 Collins 液、Euro-Collins 液及 SacksII 液等。1988 年，贝尔泽在美国威斯康星大学研制出新型的器官保存液，命名为 UW 液，可以保存肝脏 30 小时以上、肾脏 72 小时以上，器官保护液研制成功推动了器官移植向更广的区域化迈进。

自此，经过半个多世纪的医学科学家们的探索，器官移植的重要难关相继攻破，器官移植也进入了全盛时期。

在肾移植手术取得不断成功之时，美国斯坦福大学的萨姆维借助肾移植的成功经验开始了心脏移植研究工作。1960 年，他和劳尔率先提出原位心脏移植手术方法。1967 年 12 月 3 日，克里斯蒂安·巴纳德医生在南非开普敦的格鲁特·索尔医院完成世界首例心脏移植手术。接受手术的是一名 53 岁终末期缺血性心脏病患者，提供移植心脏的是一名死于交通事故的 24 岁青年女性，心脏移植给了一位 53 岁的波兰男性移民。虽然移植后 12 天，患者罹患肺炎，于 21 日死于肺部感染，但他开创了人类心脏移植手术的先河，在此后的数十年中他又先后实施了 70 多例心脏移植手术，为世界许多国家进行同类手术积累了宝贵的经验。1968 年，美国哈佛大学医学院提出全脑包括脑干不可逆的神经学判断脑死亡概念。1984 年，美国国家器官移植条例获得批准，建立了受体和供体配型和器官分配原则的法规。1968 年，美国萨姆维完成一例心脏移植手术，患者术后存活了十多天，此后，在国际上掀起了心脏移植手术的第一个高潮。但由于免疫排斥反应问题没有解决，70 年代，心脏移植手术在国际医学临床上逐渐消失。

第五章　十年一剑　心脏移植

与国外相比，我国器官移植工作起步晚了十年，但并未落后太多，20世纪50年代末，我国一些医院相继开展了器官移植动物实验。哈尔滨医科大学附属第二医院是国内最早进行器官移植动物实验的单位之一。1959年，赵士杰带领团队研究设计了动物实验——狗头移植手术，建立体外循环后，吻合气管、血管、神经，在一只健康的狗身上又移植了另一只狗头，被移植的小狗苏醒后，食欲、吞咽动作及听觉均完全正常。狗头移植实验创造了存活5天零4个小时的纪录，与苏联首例狗头移植实验结果相差无几，震惊全国。随后，哈医大二院先后开展了肾脏移植、肝脏移植动物实验，均取得了良好的效果。

1960年，吴阶平等率先进行了我国第一例尸体肾移植，因免疫抑制剂缺乏，移植肾脏仅存活了3周。1964年，陆道培开展了我国首例同基因骨髓移植手术并取得成功。在随后"文化大革命"十年期间，我国器官移植工作几乎完全陷入停顿。

"文化大革命"后期，我国医学界重启脏器移植，始于肾移植手术。脏器移植又重新进入医学科学视野，我国医学科学家开始奋起直追落后的数十年。70年代初期，北京、上海、武汉等医院相继开展了临床肾移植工作。1972年，地处黑龙江的哈医大二院也并未落后，泌尿外科课题组查阅了大量的文献资料，并进行肾移植系列的动物实验研究，对移植肾的切取、保存、移植、手术并发症及其处理进行实践和总结，为临床开展肾移植打下基础。1974年，哈医大二院高治忠主持的临床自体肾移植治疗肾血管性高血压获得成功；1978年2月21日，高治忠为一名22岁的慢性肾炎终末期肾病尿毒症男性患者实施了黑龙江省首例同种异体肾移植。

虽然器官移植在世界医学界发展迅速，但心脏移植研究在医学史上却经历了许多挫败。

血管外科与移植外科之父卡雷尔于1902年创建了沿用至今的血管吻合术，1905年，他与格斯里首次发表应用血管吻合术进行的狗异位心脏移植动物实验结果：异位心脏移植颈动脉远端与供心肺静脉吻合，虽然冠状动脉得到灌注，但未能提供循环辅助，移植后的心脏收缩了近2小时，后因血栓形成而失败。1933年，美国梅奥医学中心采用抗凝和冠脉灌注技术，使异位移植供心的存活时间延长到8天,同时意识到了排斥反应的存在。第二次世界大战时期,苏联医学家立志于解决大量伤员的战争伤,因枪伤等伤害集中于上半肢的心脏和大血管损伤,1946年,苏联专家德米霍夫将两只狗的主动脉的上下腔静脉和肺动脉做端侧吻合,将供心的肺静脉汇合后与受心左心房吻合,在无体外循环的情况下,完成了高难度的肺静脉吻合,首次在无体外循环和低温条件下完成了狗并列异位胸腔的心脏移植,一例实验狗存活32天。与早期的科学家一样,德米霍夫也认为实验的失败在于手术技术不足。夏求明认为,在艰苦的战争时期,德米霍夫进行了大量的科学实验研究,实验动物的存活,首次让医学科学界得出了心脏移植可行性的科学结论,对心脏移植技术在未来医学界的发展起到了至关重要的作用。

1953年,尼普顿首次将低温法用于心脏移植,并成功地完成3例狗的心肺联合移植,术后最长时间为6小时。1958年,高柏等将体外循环应用于原位同种心脏移植。1959年,卡斯和布洛克创建了保留受体左、右心房和房间隔的供、受心吻合法,为以后的心脏移植标准法奠定了基础。1960年,斯坦福大学的劳尔和萨姆维研究了类似现代的标准法术式,用局部低温灌注移植心脏,通过吻合左右心房、主动脉和肺动脉将心脏移植的手术方式标准化,至此,心脏移植手术术式基本确定。此后,斯坦福大学医学中心在萨姆维的领导下,对心脏外科各项技术开始逐一改进,如心肺体外循环、心脏瓣膜置换、心脏局部低温及灌注等技术为心脏移植奠定了基础,迄今仍然是全球心脏移植的最主要中心。

受到斯坦福大学一系列心脏移植临床手术的影响,20世纪60年代末到70年代初期,世界17个国家60多个心脏中心相继开展心脏移植手术百余例,但均因许多认识不足,术后死亡率居高不下,各中心逐渐停止了该项技术。

由于心脏移植手术的接连失败和心脏在人体的独一无二的特殊地位,心脏移植手术在国际医学界引起了强烈的社会争议。1968年,日本医生和田寿郎(Wada)实施了首例亚洲地区的心脏移植手术,术后83天患者死亡,主刀医生和田寿郎以杀人罪被告上法庭,从此日本医学界的心脏移植手术被迫全面停止。因此，除了心脏移植多方面技术原因，宗教、社会因素和法律的限制也延迟了心脏移植技术的进展。

世界医学界在沉寂中等待着一个关键性的突破，以解决心脏移植的技术壁垒。1978年，沉寂被一种强效、副作用小的预防免疫排斥反应药物的问世打破——环孢素A。1981年，斯坦福大学将环孢素A应用于临床器官移植，有效控制了移植后急性排斥反应，明显提高了患者的远期存活率，使心脏移植术后存活率大幅提升。据统计，1967—1974年心脏移植术后一年存活率仅42%，1974—1980年一年存活率提高到62%，1982年开始应用环孢素以后，一年存活率上升到80%，1985年达到85%，心脏移植手术才迎来世界范围内的第二次高潮。

70年代中期，斯坦福大学的研究人员为心脏移植手术做出了很多重要性的研究，包括：①设计并研制一种简单易行的手术方法；②研究供心冠状血流被阻断以后，低温保存防止心肌的缺血性损害；③探索术后监测排异反应有效的方法；④探讨移植后去神经心脏的功能问题；⑤选择有效的抗排异反应药物和研究出了最佳的组合方案。①

夏求明对心脏移植手术发展的观点和见解，成为我国医学界对待心脏移植历史的重要观点，他在1992年的笔记中写道："心脏移植手术能够形成第二个高潮的主要原因有：①80年代后环孢素的问世；②肾移植丰富经验的借鉴；③脑死亡的概念逐渐被社会所接受；④在法律的保证和现代化交通工具的密切配合下使供心可以从远地获取。"

我国临床心脏移植技术始于"文化大革命"结束后。1978年4月21日，张世泽等在上海第二医科大学附属瑞金医院完成中国首例心脏移植，也是亚洲第一例原位心脏移植手术，患者仅存活了109天。由于心脏移植技术难度大，对医院各方面综合实力都要求比较高，70年代的手术失败后，我国心脏移植手术也与国际医学界一样，陷入了长时间停顿状态，但国内相

---

① 夏求明：《现代心脏移植》。北京：人民卫生出版社，1998年。

关领域的研究却一直在进行。此时,斯坦福大学心脏移植术后患者长期存活的讯息引发国内医学界广泛关注。80年代,我国心脏外科界先后派出多组团队赴美学习心脏移植技术,但回国后在动物实验阶段就相继失败。

医学史的提示

相继攻克心外科一系列重要的手术技术后,夏求明把目光瞄准了心脏移植这项国际顶尖的心外科手术。80年代初期,夏求明往返北京、上海等城市,参加各类医学研讨会,学习国际和国内先进手术经验。当时国内的信息闭塞,可借鉴的资料少之又少。80年代初,湖南湘雅医院一位医生将国外学习的笔记交给夏求明,希望夏求明在能有所突破。

(我)从80年代就开始找材料,跑遍黑龙江省内都没有。那时候国外材料也很少,全世界临床做得好的机构也要80年代以后才公布资料。特别是当时出了环孢素,省内根本找不到。后来我到上海市图书馆,他们刚进了一台电脑可以下载资料,我就定了两个题目下载,一是心脏移植,一是冠心病。后来参加国际会议,从书展上买到了书,对心脏移植的概念才比较清楚,但发现国外很多条件我们还做不到。[①]

不仅一切都要从零开始,国内先例也都是连续的失败经验。当时的技术条件下,很多先心病和心脏病患者得不到有效的筛查和救治,拖成了终末期心脏病,黑龙江地区的患者数量非常大。夏求明意识到心脏移植手术是根除终末期心脏病的最有效手段,患者的诉求、挑战医学巅峰的愿望、以高难度手术带动心外科整体水平进步的意图,都促使着夏求明必须推进心脏移植研究。

---

① 夏求明访谈,2015年11月10日,哈尔滨。资料存于采集工程数据库。

然而，第一只螃蟹不容易吃。究竟什么原因导致国内那么多医院失败？哪些难题是国内医学界还没解决的？我们和美国心脏外科的差距究竟在哪里？多年以后，夏求明的学生、北京安贞医院心脏移植专家张海波教授谈到夏求明的"突破"，仍然十分崇敬：

> 70—90年代，国内医院临床几乎全部是空白。早期手术后存活率太低，急性期排斥反应解决不了，术后既要用免疫排斥药物把免疫力压低，降低排斥反应，又要避免感染发生。感染和排斥是一把双刃剑——降低免疫，排斥率太低，感染风险就高。国际上，环孢素刚出现，药物用量、如何监测、副作用等资料十分缺乏。80年代，国际交流很少，也没有互联网，查找资料很困难，只能自己摸索条件。这时候，动物实验就很关键。夏老师80年代做了很多动物实验，从哪切、从哪个心房吻合、切的时候会有什么问题、窦房结会不会损伤、左心房吻合还是肺静脉吻合、哪种术式手术时间会短、哪种术式出血、哪种术式心律失常并发症少……都是通过动物实验来摸索。原则上，心脏手术时间越短、创伤越小，成功率才会越高，术后存活几率才会更大。夏老师做了很多动物实验，这些在国内都是最早开展的、具有开拓性的工作，包括环孢素药物应用、并发症预防、浓度监测……这些都很关键。①

心脏移植是一个漫长的技术发展过程。夏求明先从研究心脏移植的发展历史开始，从前人的曲折经历中找思路。1985年，经过仅有资料的研究，结合多年心脏外科手术经验，夏求明敏锐地发现，心脏移植的手术方法并不复杂，难点是与供体心脏条件、循环支持、抗排斥反应等一系列技术有关。心脏移植的成功需要的不仅是手术技巧，它与心脏外科一样，是关乎全身循环系统的工程，这与国际心脏移植手术曾经遇到的难题和壁垒不谋而合。

---

① 张海波访谈，2015年11月1日，北京。资料存于采集工程数据库。

回顾器官移植的发展历史,我们发现它不仅仅是手术技巧的问题。

100多年的发展历史表明,器官移植是一个系统工程,而不是一个简单的手术。

器官移植最早的成功是肾移植。实际上,早期的器官移植以心脏为主,因为心脏移植的一再失败,研究方向才转向双器官的肾脏——因为即使肾脏移植失败,受体还能活下来;心脏是单器官,一旦失败,受体无法存活。随着肾脏移植逐渐成熟,器官移植的研究方向才又转回心脏移植。

20世纪80年代,环孢素出现了,临床效果明显改善。环孢素没有出现之前,我们用激素,但它的抗排异反应不那么理想。

特别是早期做动物试验,做完就失败,那时人们就以为是技巧的问题。手术以后血管堵了,是一种生物现象,生物的反应,后来把它命名为排斥。认识到排斥反应,再从生物学、药学去研究,解决这个排异反应。所以综合起来,器官移植绝不单纯只是手术的技巧。①

在充分研究世界心脏移植发展历史,特别是斯坦福大学的研究历程以后,夏求明认为国外专家经历的曲折和挫败,恰恰就是我国心脏移植遭遇的瓶颈。国际心脏移植存活率大幅度提高,是免疫排斥、器官保护、心肌活检等相关技术研究均取得突破性进展后的结果。心脏移植在手术术式早已确定,却仍然不断失败,根源在于没能做好全过程的心脏保护。因此,夏求明决定将心脏移植中的心肌保护作为重点研究方向,着重研究心脏移植手术术式、心脏移植过程中的麻醉和体外循环、供体心脏保护、心脏移植术后的免疫排斥及应对。

---

① 夏求明访谈,2017年5月23日,哈尔滨。资料存于采集工程数据库。

大胆设想　小心求证

1987年,哈医大二院心内科主任王璞开展了心肌活检组织检查技术,为心脏外科手术术后患者心内监控提供可能。同一年,已经61岁的夏求明接任哈医大二院心外科主任,心脏移植手术的临床实验正式提上日程。他正式接任科主任后的第一件举措便是向哈医大二院和黑龙江省卫生厅提交申请,开展心脏移植动物实验和临床实验。哈医大二院十分支持,很快就通过了申请,但在黑龙江省卫生厅却遇到了阻碍,卫生厅以条件不足为由否定了心脏移植的研究申请。

> 卫生厅不批准也有道理。当时省内的医学水平怎么能做心脏移植呢?那时没有ICU,谁也没见过心脏移植,我们就是这个条件。①
>
> 80年代的时候,国外心脏移植也没开展多少,发表的文章不多。后来我出国参加一个心血管学术会议,才找到两本专著,回来后把这两本书复印发给大家学习。真正从头学起,我才知道心脏移植不是单纯的手术那么简单,也了解了整个器官移植和心脏移植的历史。我们了解国外的进展,但是不能完全重复,我必须根据我们现有的、可能的条件,制定自己的实验研究方案。②

经验是夏求明突破困难的法宝。他逐步分解这项系统性工程,将心脏移植研究分为4个小组——外科组由陈子道、陈侯坤负责收集和查找心脏移植手术术式的资料,麻醉组由多年合作的麻醉科副主任高素心③教授负责,体外循环组由向桂玉负责,供心组由祁家驹负责。此外,夏求明与泌

---

① 夏求明访谈,2017年5月9日,哈尔滨。资料存于采集工程数据库。
② 夏求明访谈,2015年10月23日,哈尔滨。存地同①。
③ 高素心,1956年毕业于北京大学医学院外科系,同年分配到哈医大二院麻醉科从事临床麻醉工作,后任麻醉科副主任,博士生导师,黑龙江省著名麻醉学专家,是90年代哈医大二院全部心脏移植手术的麻醉医生。

尿外科、普外科、心内科合作，充分了解脏器移植免疫排斥反应和心脏手术术前患者的治疗经验。

就这样，在对心脏移植的资料收集和研究历经数年后，夏求明的知识储备已足够充分。1990年，他再次申请心脏移植动物实验获得了批准，夏求明带领心外科医生陈子道、姚志发、陈厚坤、祁家驹等人以当时心外科最高规格的手术配置开展动物实验。动物实验共分两组进行，一组负责心脏移植模拟实验，一组负责切取供体心脏、研究心脏保护。他们用狗作为实验动物，几年间完成了数不清的动物实验。最开始，他们每次使用3只狗，分别用作移植犬、供心犬和献血犬，移植犬和供心犬的体征要求匹配，主要熟悉心脏移植的方法和步骤。

前期动物实验完全按照国外资料的步骤进行，但正如夏求明预料，国内医疗条件很难达到国外标准，甚至连实验用来降温的冰块都没有。研究小组想了很多办法，80年代东北人家里大多有地窖，储存白菜、土豆等蔬菜过冬，地窖冬暖夏凉，四季温差不大，医生们就到附近的菜窖去挖冰，可挖出来的冰里面都是土，根本不能用。研究小组的陈厚坤想出一个主意，他白天拎两桶清水放进地窖，晚上结冰，第二天就挑着冰水桶到实验室上班，给移植狗的心脏降温。实验手术完成后，项目组的医生轮流看狗，吃饭和睡觉都在实验室里。

在这样艰苦的条件下，夏求明带领团队进行了无数次动物实验，实验效果终于达到心脏成功复跳的基本目标。然而，夏求明很快就发现了一系列问题，如阻断时间过长、实验中吻合口出血、心脏也有不同程度损伤。

多次的动物实验令夏求明更加坚定自己的思路，证实了他的猜想：一方面，心脏移植手术过程中，供体的心脏虽然完好健康，却要经历离开原体环境、停跳缺血的过程，对心脏造成极大损伤；另一方面，健康的心脏无法适应受体长期重病的身体，导致新的心脏无法正常工作。这些都是致使国内心脏移植手术接连失败的重要原因。

"我们不能照搬国外的经验，患者的病情不同、国情不同、条件不同，必须要设计适合我们自己的心脏移植手术方案！"夏求明的目标非常明确——尽最大可能保护供体心脏，调整好受体的心脏环境。这两大难题被夏求明归结为一个大课题——心脏保护。

心 脏 保 护

心脏保护首先要保护的是供体的心脏。供体心脏脱离身体后，需经过停跳、灌注保护和再复跳的过程，而当时心脏停跳液还不尽如人意，心脏一旦发生损伤便不可逆。时任哈医大二院副院长贾士义提供了一个很关键的思路——供体心脏不仅是一个健康的心脏，而且心脏越没有缺血越好。因此他想了一个办法，供体确认死亡后，给供心维持循环，减少热缺血。① 根据这个思路，夏求明带领团队设计了供体心脏保护的独特方法。

夏求明总结出一套特殊的供心切取方法：①切取供心要快速，这就要求切取供体心脏的术者必须熟悉手术方案，在操作程序化中见效果，团队训练有素、配合默契。②冷灌注时心腔减压与灌注同等重要，在前两次动物实验中，根据资料仅切开下腔静脉及右肺上静脉，结果心室膨胀严重、心脏不能松弛，这显然不利于心肌保护，说明仅切开下腔静脉、右肺上静脉，不能达到充分减压和引流的作用。为此，夏求明将其改为一次切断下腔静脉，同时一次切断肺静脉，心脏过度膨胀的现象得到解决。③保证高效率吸引，不但术野清楚，而且心包腔内无过多温血有利于局部降温。④改用温血停搏法保护心肌，心腔和心包内不需冷盐水降温，简化操作。这是夏求明反复实验后设计的方法，在他完成温血停搏法保护移植心脏时，国际上也出现了类似的保护方案，可见他的研究成果十分具有前瞻性。

整个 80 年代，夏求明带领哈医大二院心外科不断研究各种心肌保护方法，这些研究成果终于在心脏移植手术派上用场。特别是持续温血逆行灌注法，当时国际通行的心脏保护方法是供心切除后用高钾的冷停跳液灌

---

① 夏求明访谈，2017 年 5 月 9 日，哈尔滨。资料存于采集工程数据库。

注,使心脏停跳,降低供心缺血缺氧情况以达到保护供心目的,然而这种方法对心脏保护效果较差。夏求明就创造了新的供心保护方法,国际通用的方法是给心脏一次性灌注足够量灌注液,再把心脏放在冰里保存,夏求明发明的持续温血逆行灌注是整个移送过程持续给心脏灌注,就像不停给心脏供血一样,灌注液也加入温血,常温保存。另外,他改变了以往从主动脉根部打药,顺着冠状动脉到冠状静脉进入心腔,而转用逆行灌注,从静脉窦灌注再从动脉出。这些办法在20世纪末简陋的医疗条件下,充分改善了供心保护状态,极大提高了心脏移植的术后存活时间。

针对心脏移植手术中心肌保护的问题,他们在实验的基础上,将以往用4℃低温停搏液直接灌注常温供心,使供心首次停止搏动,改为用15℃停搏液进行首次心肌灌注,待心脏停搏后再全量灌注4℃停搏液,以此攻克了传统方法可导致心脏痉挛和冠脉挛缩这一难题;在进行心脏移植吻合时,他们采用持续温血停搏法,缩短了供心完全性缺血的时间,起到了保护心肌的作用;通过研究,他们还提出了心肌保护液中的钾含量,以20—25毫克/升最为适宜的这一标准。[1]

夏求明重视的另一项工作是体外循环。体外循环是心内直视手术的重要保证,体外循环技术的好坏,对患者术中各器官的保护与整体机能维护至关重要。心脏移植手术过程中,受体心脏摘除后,体外循环代替心脏来维持全身的循环供应,但心脏移植的患者在手术前长期用药,与正常人的循环有很大区别,体外循环必须考虑到各种不利因素。此外,供体心脏因长时间缺血,所以恢复血流时的时间也要精确测算。

体外循环是心脏外科手术的重要保障,心脏外科之所以能发展到心脏移植,离不开体外循环技术的进步。夏求明与负责体外循环的护士长向桂玉反复研讨了体外循环的全过程。设计术中的体外循环,首先要考虑患者的身体情况,长期心功能低下,肺脏、肝脏、肾功能储备都比较差,选用

---

[1] 我国心脏移植技术日臻成熟——哈医大心脏移植课题研究获国家科技进步奖二等奖.《中国医药报》,2003年3月18日。

膜肺尽量降低氧流量，减轻对血液成分的破坏，有利于保护各脏器。其次要计算手术时间。第一例心脏移植计划采用国际通行的标准法，心脏左、右心房，主动脉和肺动脉共四个吻合口，计划吻合时间不超过一小时。移植后的心脏功能与心肌缺血的时间长短密切相关，心肌缺血的总时间并不是从切断受体心脏主动脉开始，而应该从切断供体心脏主动脉开始计算，到移植完成后主动脉开放血流为止，时间不超过160分钟最为理想，其中还包括心脏路途转运的时间。160分钟便成为心脏移植的生死时速，每节省一分钟，术后的成功率就多一分。因为供体心脏往往是在远地，再运送到受体医院，留给手术的时间更为有限。

体外循环就必须在正式流转时间以前提前做好准备，心脏移植患者大多是高危患者，病情随时变化，特别在麻醉和插管过程中更容易发生意外，很可能随时需要建立体外循环，要做好随时开机的准备。

此外，体外循环期间预充液的组合也要相应调整，患者周身状态不佳，营养不良，呈现贫血、低蛋白血症、组织间液多、血液浓稠，而有效的循环却减少，肝脏、肾脏功能不佳，长期应用强心剂、利尿剂，还伴有电解质紊乱。以往使用的放血和高稀释法均不宜。为了保证微循环有效灌注，血液只能适当稀释，血球容积不低于20%，还要适当添加血浆、白蛋白等胶体溶液，维持渗透压，防止水分外溢和组织间液量增加。

夏求明对体外循环和手术时间做了精密的设计：

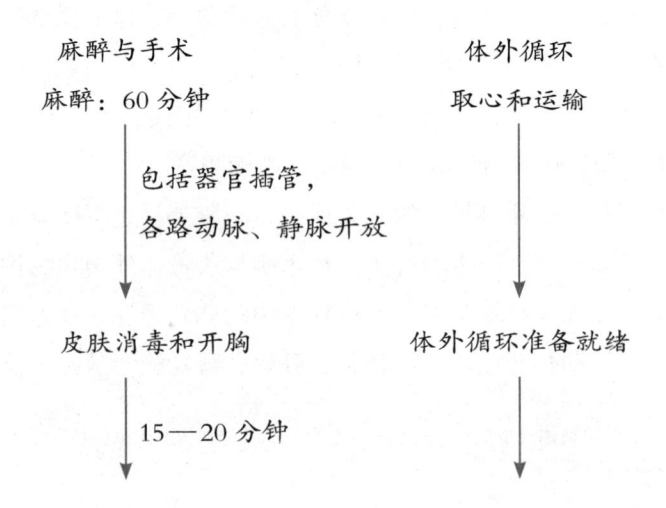

麻醉与手术　　　　　体外循环

麻醉：60分钟　　　　取心和运输

↓包括器官插管，各路动脉、静脉开放

皮肤消毒和开胸　　　体外循环准备就绪

↓15—20分钟

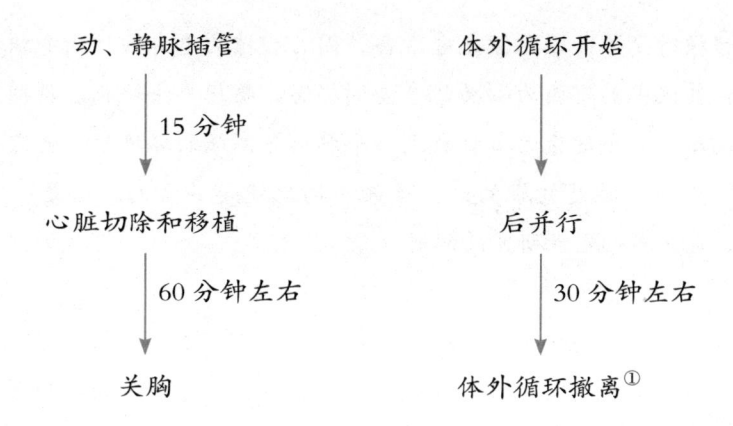

```
动、静脉插管              体外循环开始
    ↓ 15 分钟                ↓
心脏切除和移植              后并行
    ↓ 60 分钟左右            ↓ 30 分钟左右
   关胸                  体外循环撤离①
```

心脏保护研究的重中之重是治疗受体的肺动脉高压,夏求明最紧张的也是这个问题。长期从事心外科手术和心脏外科疾病研究,使夏求明对肺动脉高压非常警惕,任何心脏移植患者术后的预后效果都与肺动脉高压有关。多年以后,学术界这样描述肺动脉高压:肺动脉高压作为终末期心衰的严重并发症,被视为心脏移植的高危因素,号称心脏疾病中的"癌症",可明显增加围手术期死亡率,是心脏移植的一大难题。心脏移植的受体由于长期的左心衰竭可产生肺动脉高压,导致肺小血管阻力增加。因而适应正常肺阻力的供心难以承受突然增高的肺阻力,从而导致右心衰竭。另外仍然保留了一定弹力的、长期适应右心低心排血的肺小动脉,突然接受供体心较高的排血量而发生痉挛,可进一步增加肺阻力,加重右心衰竭。因此,术前准确的判断肺动脉压力及肺小动脉阻力是预防右心衰竭的关键,与心脏移植患者术后并发症的发病率和死亡率密切相关,有效控制肺动脉压和维持良好的右心功能是心脏移植能否成功的关键。这也成为后来我国心脏移植学术界公认的难题。

夏求明曾详细解释患者本身身体状况对术后长期存活的重要性:

> 要想术后长期存活,要抓住两个问题:一是必须把供心保存得越健康越好。如果把不健康的心脏移植过去,就很难维持患者生命。二

---

① 夏求明:《现代心脏移植》。北京:人民卫生出版社,1998 年。

是移植时受体必须要做充分准备。因为移植的患者往往周身状况都不好，其他脏器都因为心功能差受到损害，要想办法矫正。特别是肺动脉高压，一个健康的心脏放到一个肺动脉高压的环境里，肯定承受不了。因为心脏是健康的，但是面对的环境是异常的。这是一个大问题，也是我们重点研究的问题。①

为此，夏求明与哈医大基础医学院、哈医大二院心内科合作，共同研究解决心脏移植患者肺动脉高压问题。一方面，心内科术前调整患者的身体状态，尽量降低肺动脉高压。90年代初期，医学远不如今天发达，肺动脉压力不能准确测定。当时使用的方法以对症为主，包括每日吸氧，术前应用地塞米松、抗生素、透明脂酸酶溶液雾化吸入，深吸气、腹式呼吸，尽可能改善肺功能，这些略显落伍的方法在当时的确起到了良好的作用。

另一方面，夏求明考虑到全新的心脏是一个健康的心脏，原身体环境是病态的环境，就要给新心脏适应的时间，要求心外科在术中体外循环和移植心脏后并行一段时间，再结束体外循环撤离。结束体外循环以后还要注意防止超急性排斥反应，一般在移植吻合后48小时内发生，因此体外循环撤离时，还要静脉注射激素预防超急性排斥反应。精密选择供体心脏，尽可能选择体形和体重更高大的供体心脏，用更大的心脏承载患者较高的肺动脉高压。

此外，夏求明反复研究了手术过程中的吻合方法、缝合密度、缝合力度等问题，手术技巧本身不断改进，他改用外翻式吻合主动脉和肺动脉，避免了手术后吻合口内翻而发生腔内狭窄，减少了术后血栓的发生。在术后体外循环的时间上再次调整，在手术流程上精确测算确保流程最佳……在一系列改进后，1990年，夏求明与心脏移植手术团队又再次进行了第三次、第四次动物实验，着重训练心脏移植手术技巧本身，试用温血停搏法保护心肌。实验取得了令人满意的效果，手术时间大大缩短，术后实验狗的心脏竟然可以自动复跳，存活时间也相应延长。

---

① 夏求明访谈，2017年5月23日，哈尔滨。资料存于采集工程数据库。

动物实验的成功让夏求明和他的团队倍感振奋，夏求明确认自己的思路正确，所以加快了对供心切取的研究，申请进行尸体实验。根据实验记录，实验小组不断缩短供心热缺血时间，不断改进取心流程，实验心脏检菌率转阴，供心完整。三次尸体取心实验都以实战要求培训取心技术全过程，让取心组达到技术熟练、操作正规、速度快，供心完整，心肌保护好，确保无菌操作，低温冷藏。

在此期间，夏求明组织了脏器移植各领域专家为团队人员做了数场专题讲座，包括：夏求明的《心脏移植的进展》，心内科主任王璞的《心脏移植的受体选择与排斥反应诊断》，泌尿外科主任、黑龙江省首例肾移植手术主刀医生高治中的《组织排斥反应的对策》，免疫学专家、风湿免疫科主任张凤山的《人体的排斥反应与免疫》，心外科陈子道的《原位心脏移植手术方法介绍》，心血管病专家、中国工程院院士于维汉的《脑死亡的进展》等一系列高水平讲座，拓展整个团队的知识广度。

后来，夏求明又进行两次动物实验作为临床应用的实战演习和全面技术验收。当一百多项技术难题被逐步攻克，夏求明觉得心脏移植手术已经具备了充足条件，可以正式进入临床。然而，意想不到的意外却出现了——没有患者愿意做这项手术，心脏移植手术遭遇了社会观念壁垒。

敢为天下先

绝大多数心脏移植患者是经内科系统治疗无效、外科手术方法不能纠正的终末期心脏病或极复杂先天畸形的患者，如扩张性心肌病、肥厚性心肌病、晚期克山病。这类患者住院时间长，常见严重充血性心力衰竭、心律失常，常年住在心内科维持。所以，选择心脏移植患者的任务就落在了心内科。

夏求明对心脏移植患者提出严格要求，需要终末期心力衰竭、伴或不伴有恶性心律失常、采取完善的内科保守治疗或常规外科手术均无法治愈、预期寿命不超过半年的患者。他认为这类患者才有移植心脏的必要性。此外，患者的肺脏、肝肾、脑等脏器无不可逆性损伤，年龄要求60岁以内，自愿并积极配合移植手术治疗。

在病种的选择方面，临床对终末期心脏病均可通过心脏移植治疗，以心肌病最为多见，几乎占全部移植病例的90%，其中包括缺血性心肌病和扩张型心肌病等。第一大类是心力衰竭型冠心病（又称缺血性心脏病），约占心脏移植病例的40%，多由严重多支冠状动脉病变或广泛性心肌梗死引起，患者不能施行血管再通手术，有的伴有严重心律失常，尽管采用药物治疗及常规导管或外科手术治疗，病情仍未缓解，有很高猝死可能性，可作为心脏移植手术的"候选人"。第二大类是心肌病，包括不明原因心肌病、扩张型心肌病、慢性克山病及限制型心肌病，其中扩张型心肌病占心脏移植患者的50%。这类患者实施心脏移植后预后大多良好，因此成为第一例心脏移植手术的首选。

80年代末到90年代初，哈医大二院心内科主任王璞教授和医生关振中开始在心内科寻找适合心脏移植手术的患者，一年内，他们几乎跑遍了黑龙江省和周边地区，但过程并不顺利，他们给患者做了大量思想工作、反复讲解手术可行性和疗效，都不能打消患者的怀疑，很多人宁愿死也不做"换心"手术。

夏求明一直认为，敢为天下先的"第一个吃螃蟹的人"并不是自己，而是那位叫杨玉民的农民。

图 5-1 首位"换心人"杨玉民

杨玉民，男，1958年出生于黑龙江省哈尔滨市东风镇，20世纪80年代初他凭借自己的聪明，自行设计了躺池、流动吊钩等一些生猪屠宰设施，开了一间杀猪作坊，由一天屠宰10多头猪很快达到100头以上，收入颇丰，一年内就盖起了令邻居们羡慕的一百多平方米的砖瓦房。屠宰是体力活,杨玉民33岁以前很少生病,体重最高的时候达到92千克。1991年,他得了一场重感冒,之后一直感觉身体不好。1991年秋天,连续五六天,杨玉民觉得阵阵寒战,但他不以为意,照常杀猪卖肉,最后在爱人的劝说下才赶往附近医院检查。长时间高烧导致心肌炎,注射了一针消炎针,把热降下来以后,他就出院了,但心肌炎没有得到彻底医治,一年内反复发作。一家人商量来到省城哈尔滨求医。哈医大二院心内科确诊他患上了扩张性心肌病,并伴有心力衰竭,病变非常严重。此后一年间,杨玉民先后住院5次,胸闷气短,浮肿乏力,整日坐卧不安,最多1天能睡上2个小时的"长觉",家里卖掉了猪肉铺子和几乎全部家当,但仍然没有治好他严重的心肌病。后期,他的心功能评级Ⅳ级,左心室舒张期末直径大于7厘米,室壁运动弥漫性减弱。当时,杨玉民的病变心脏比正常心脏要大3倍,胸腔几乎没有搏动的空间,他每喘一口气都是折磨。

　　1992年初,关振中确定了四位病情比较严重的扩张性心肌病患者,都适合做心脏移植手术,也通过了术前配型,其中包括杨玉民。听说要"换心",四位患者都不接受——怎么能把陌生人的心放到自己身体里呢!在此之前,他们从未听说过心脏移植手术,国内第一例患者又很快死掉,当时,很多患者还没认识到扩张性心肌病的高死亡风险,没人愿意拿生命来冒险。心脏病有个特点,患者发病时如同濒临死亡的疼痛感,但医生抢救过来以后,就和正常人一样,所以患者们还抱一丝希望,认为自己能"挺过来",医生也能救他们。患者家属更是坚决不同意做移植,甚至一些家属激烈地认为"这是在拿他们做实验"。

　　关振中一边耐心地逐一做思想工作,一边尽心尽力调整四个患者的身体状态。夏求明和助手陈子道看过这几位患者,对其中一位年轻患者的身体状况比较满意,但他却坚决拒绝手术。在病房里苦苦挣扎的杨玉民把一切看在眼里,为了治病,他已经倾家荡产,未来的生活堪忧。住院期间,他猝死过两次,虽然每次都被抢救回来,但他深深体会过死亡的感觉,认为自己已经不能再拖下去了。他和家人商量,表示想做心脏移植手术,但家人都强烈反对,极力阻止他"自杀式"的行为。后来杨玉民回忆:"在手术前，我的身体状况是最差的一个，已经猝死过两次了，我知道自己等不到奇迹出现，只能把希望寄托给医生。"

"要么死，要么活着像个人！"杨玉民不顾家人反对，表示愿意冒险尝试心脏移植。他对妻子说："你年轻，我病的已经离不开医院了，一年来家里的积蓄都让我花尽了，亲戚们能借的也都借遍了。我好了，想出院干回老本行，哪怕换心以后只能活一年半载，也比这不死不活的强，就算死，换心历史上也能留下我的名字，九泉之下也心甘了。"①

直到数十年后，夏求明仍然对杨玉民的决定十分钦佩，对这位特殊的患者，他充满了感激之情。夏求明认为，没有杨玉民的决定，就没有哈医大二院的心脏移植，甚至中国心脏移植可能还要晚很多年，是医生与患者之间充分信任与合作，才有医学巅峰的成就：

> 那时候团队配合得非常好，我们与内科约定，他们选择受体，我们做手术，受体在心外科 ICU 住一个月，出 ICU 以后送回心内科。当时我们选择适应症有一点共识，要患者活不过半年或一年才适合移植，这才是救死扶伤。杨玉民住院好几年，变卖家产，实在活不下去了。他也知道这项手术以前没人做过，但他还是非常有决心，他认为，要么就像正常人一样好好活着，要么就当给科学做贡献。这非常有意义！②

> 所以我心里对杨玉民非常感谢。没有他哪有我们心脏移植呢？医生是怎么成长的？无论成功还是失败，都是从患者身上学来的。③

心脏移植手术在当时堪称世界心脏外科巅峰，国内各大医院都在摩拳擦掌、跃跃欲试，哈尔滨医科大学、哈医大二院都将心脏移植视为重大攻关项目。校领导和院领导对夏求明团队给予鼎力支持。1991年除夕上午，时任哈尔滨医科大学校长金铮召集哈医大二院院长陶天遵，副院长贾

---

① 换心人走过11个春秋．《海峡导报》，2003年5月6日。
② 夏求明访谈，2015年11月10日，哈尔滨。资料存于采集工程数据库。
③ 夏求明访谈，2017年5月9日，哈尔滨。存地同②。

士义、徐秀玉,以及心外科主任夏求明、心内科主任王璞等心脏移植课题组专家,专门召开座谈会,听取夏求明心脏移植研究进展和实验报告。会上,金铮校长提出:1992年上半年内完成首例心脏移植,供体心脏来源由学校出面解决。

领导以信任相待,患者以性命相托,夏求明不敢有丝毫懈怠。1992年1月,他接连进行了两次动物实验、两次尸体实验,陈子道、陈厚坤等医生全脱产进行最后的动物实验和尸体实验,完全以实战标准要求团队。每一个切取缝合动作都严格规定。

心脏移植手术的麻醉任务交给了黑龙江省著名麻醉学专家高素心教授,她毕业于北京大学医学院,英文基础极佳,治学严谨,兼具外科学与麻醉学双重学术背景,临床工作心细如发,一直都是夏求明重要心脏外科手术的麻醉搭档。在制定心脏移植手术麻醉方案时,高素心带领团队反复研究心脏移植过程中各种麻醉难题。心脏移植受体都属于严重心功不全的患者,伴有血容量异常、低钾血症、肾上腺素能系统活化、心肌儿茶酚胺受体减少、心室活动功能改变、循环迟滞、呼吸功能不全、肺血管阻力增加、营养不良等,必须针对问题逐项制定应对方案。

供体麻醉方面,高素心教授的笔记中这样记载:麻醉医师参与供体的麻醉处理,任务与其他器官摘取者相同。但要强调的注意点是:①无菌操作,尽量避免气道污染;②维持供体循环稳定应以应用血管活性药物为主,避免输液过多引起神经源性肺水肿,从而影响质量。[1]

高素心确定了麻醉方案,以往体外循环下心内直视手术常规以苯二氮䓬类(安定或咪唑安定或氟硝基安定)—麻醉性镇痛药(吗啡或哌替啶)—M胆碱受体阻滞药(东莨菪碱)联合使用,使患者进入手术室时情绪稳定,而循环与呼吸均能保持术前水平。但心脏移植患者要对镇静镇痛药的药量严格监控,严格掌握取舍和用量,防止相对过量造成心搏出量进一步低落,要慎之又慎,如果受体循环不稳定,则要在患者进入手术室后,根据血压、心电示波、脉搏氧饱和度,通过静脉,小剂量、分次注射。麻醉

---

① 夏求明:《现代心脏移植》。北京:人民卫生出版社,1998年。

组各项有创检查及静脉穿刺必须严格遵守无菌操作，保持无菌状态，任何术中感染都有可能前功尽弃。如麻醉用的喉镜、气管插管等器械做高标准的灭菌处理，还要预备好气管导管、吸痰管等一次性灭菌用品，麻醉回路内安装滤菌装置。

与此同时，开始实施免疫抑制方案，心脏排斥反应方面，这是一项复杂的免疫学现象，它主要涉及细胞介导的细胞毒性反应（属于Ⅳ型变态反应）和抗体介导的超敏反应（属于Ⅲ型变态反应）。两者都是针对移植物中的组织相容性抗原产生的反应过程，在移植排异反应中有多种变态反应参与，形态学机制复杂。心脏移植术后，迟早都会发生排异反应，表现在心肌组织的病理学形态学变化，只是轻重不同。根据排异反应发生的不同时间，分为超急性排斥反应、急性排斥反应、慢性排斥反应三类，超急性排斥反应一般发生在移植后的24小时内，是受体对移植物的一种迅速而激烈的排斥现象，可引起局部组织的炎症性改变、血管内皮细胞的损害、血栓形成等移植物发生严重不可逆性损伤，一般比较少见。急性排斥反应比较多见，可发生在移植手术的数日之内，也可在数周、数月、数年后，后来夏求明所完成的心脏移植术后患者均有不同时间的急性排斥反应，急性排斥反应常以细胞免疫为主，也可以体液免疫为主，有时两者同时参与作用。而慢性排斥反应是临床上难以控制的病变，多是反复发作的急性排异反应的结果，发生在移植后数月或数年以后，主要病变特征是动脉内膜纤维化。

心内科对受体的管理也加快进行，杨玉民当时的身体状况并不好，是备选患者中最差的一个，他先后五次住院、多次猝死，肝功能、肾功能、肺功能都不好，已经被医生判定只有半年的寿命。按照心脏移植手术的要求来调整，对心内科医生来说难上加难。此外，术后患者的监测和恢复也由心内科管理，所以心内科的任务非常重要。

心内科主任王璞教授是黑龙江省首屈一指的心肌活检专家，关振中是心肌病诊疗专家，两人分别负责杨玉民的术前治疗和术后心肌指标检测。把患者的心功能调整到最佳状态是心脏移植手术成功的前提，夏求明对此一直有极高的要求，在多年以后，一些心脏移植患者的前期身体状况不好，夏求明都极力反对进行手术，他认为每个人只有一颗心脏，把它献给另外一个人，这是最宝贵的奉献，也应以最珍贵的姿态来迎接，不能浪费。可见他对术前患者身体状况的重视。

心内科首先要改善杨玉民长期营养不良的状态。慢性心功能不全的患者，其充血性心力衰竭的分解代谢物导致肺部长时间淤血，肺阻塞性病变引起呼吸能量消耗，以及胃肠道黏膜充血或肝功能障碍引起消化与吸收功能不良，患者处于相当程度的消瘦和营养不良。因此心内科小组确定，提高营养不良的主要方法是改善心功能，加强营养，进食高蛋白低脂肪易消化的食物。稍微好转以后，少量输入新鲜血浆及人体白蛋白，必要时把血浆蛋白提高到6克以上，提高胶体渗透压，促进间质水肿吸收，加强利尿剂作用，同时注意补充钾和多种维生素，特别是维生素K。

其次，心脏移植患者应适当用洋地黄制剂治疗慢性心力衰竭，改进心脏机械性效率并增加心排出量，这是有效强效的强心药物。但是，洋地黄的剂量一旦掌握不好，有很大毒素作用，只能在急症情况使用，所以平时都使用中效地高辛纠正心功不全。还有其他血管扩张类药物，都要严格监控。术前一到两周内，根据心电图和血清检查，不断调整洋地黄和地高辛的浓度，心率维持在80—100次/分。

心脏移植患者由于心脏病危重，心脏代谢机制使肾上腺素活性增加，伴有全身血流在体内重新分配，使肾血流量减少，钠与水潴留，使血管内、外容量增加，而严重心力衰竭时，肾素—血管紧张素—醛固酮系统被激活，抗利尿素分泌增加，导致肾对钠和水的再吸收，并引起体内总钾含量降低。因此，合理选择和应用利尿剂，改变患者体内过多的水、盐潴留，减少钾排出量对患者身体术前调整非常重要。

然而，心内科医生在临床中发现，长期使用利尿剂，虽然血钾浓度正常，但细胞内钾含量降低，这是引起心律失常的一项主要原因，由于低钾会导致心律紊乱、多发性室性早搏、室性心动过速，还可能发生室颤，所以补钾预防心律失常是危重心脏患者术前一项重要准备。心内科经过药量不断调整，采用了保钾利尿剂安体舒通，使尿钾排量明显减少。术前的补钾非常重要，补钾量高达3—5克，细胞的恢复也比较慢，一般要4—6

天才能达到平衡，像杨玉民这样严重的患者 10 天以上才能纠正细胞的缺钾状态，因此术前还要应用 GIK 溶液和硫酸镁，促进钾离子向细胞内转移以预防术后低钾症。

　　最后的准备就是隔离病房。90 年代初期，重症监护病房 ICU 刚开始创立，还没有移植后患者专用隔离病房。夏求明找遍医院，在心外科病房走廊尽头划分出一个区域，添置设备。房间一切设施包括地面、墙壁均用消毒剂擦拭，用高锰酸钾和福尔马林严格进行空气消毒，门窗封闭 24 小时，此后，每日进行 2 次空气净化，净化前、后都要做细菌培养，逐渐使细菌培养达到标准，就这样一个最简易的 ICU 隔离病房建成了。病房建好后，夏求明要求任何无关人员不得进入或滞留，隔离病房内工作人员必须洗手消毒，穿隔离服、更换鞋、戴口罩和帽子，术后即将使用的呼吸机、微量输液泵、监护仪均安装调试妥当。就在这样因陋就简的环境里，年逾 60 岁的夏求明带领一批年轻人，即将挑战当时世界上最高难度的手术。

　　1992 年 3 月，夏求明与各部门负责人召开了专门会议，制订了动用一百余名工作人员的详尽手术计划书：

首例原位心脏移植实施计划

　　原位心脏移植在西方技术先进的国家已有数千例成功的经验，我国尚属空白，本院早在 1985 年即策划临床实施，因很多具体困难未能实现。近年来，我院心外科密切关注着国内外这方面新动向，在有关理论和动物实验方面都积累了一些经验，根据目前我院心外科的临床技术水平和各科室的支持能力，尽管还存在许多困难，但只要下定决心，周密计划，合理协调，动员全院一切力量，认真踏实地干，这项工作一定会有成果的。

　　一、领导小组：陶天遵、夏求明、王璞、高治中

　　现场协调员：徐秀玉、陈厚坤、关振中

　　现场总协调：贾士义、徐秀玉

　　顾问：赵士杰、于维汉、陈昭民、郑方

二、具体分工：

（一）受体组：王璞、李明仪、关振中

负责受体选择，术前准备、术后排斥反应诊治，参与术后治疗和远期随访。

（二）手术组：夏求明、陈子道、陈厚坤、姚志发、田伟忱

负责心脏移植的实施和术后观察治疗。

手术组护士：王丽华、李顺德、田晓丽、张丽波

负责敷料、器械准备和术中台上台下配合。

（三）麻醉组：高素心、岳礼生、石震琪

负责麻醉前准备、术中麻醉、监护并参与术后监护治疗。

（四）体外循环组：向桂玉、唐玉荣、宁晓华、黎京芳

负责术中体外循环的正常运行和心肌保护监测。

（五）供心组：祁家驹、刘天兴、蒋树林

负责供心的截取、保证供心合格。

（六）术后监护治疗组

由手术医生、监护人员直接负责，内科、麻醉科和有关科室给予即使必要的支持。

（七）护理组：李淑荣、陆桂芳

由心外科护士长负责安排监护室护士的护理工作，隔离特护三八班。

（八）动物实验组：陈子道、姚志发、祁家驹、刘天兴

（九）后勤支持组：刁玉萍、王云和、宋玉滨、苏贵欣、王由富、贾玉玲

负责水、电、血的及时供应和手术饭及住院费结算等。

三、实施前准备：

（一）心内科选择受体。

（二）医务科联系供体，保证做到确切、稳妥、及时、保密、万无一失。

（三）举行相关学术讲座。

（四）供心摘取演习：供心组每次随肾移植组去指定地点实际操作、取回标本，总结取心经验。

（五）动物实验：以原位心脏移植动物实验基础上再做2次动物实验，作为首例实战前的练兵。

（六）病房准备工作：①设专护病房；②设备：监测仪、呼吸机、动静脉高压测压仪、输液泵、球囊反搏器、心肌活检器材；③抗排斥药物。

四、实施时间：1992年上半年。[①]

一切准备就绪，这场震惊全国的心脏移植手术即将在祖国边陲黑龙江拉开序幕。

难忘的"4.26"清晨

1992年4月26日凌晨3时，还是哈医大二院心外科普通住院医生的蒋树林早早起床了。四月的东北，凌晨的窗外一片漆黑，空气里还透着冰凉。他摸索着穿好衣服从宿舍走到单位，把药品柜子里的停跳液按照比例调配好，放在窗外降温。不久心外科主任夏求明，教授祁家驹、陈子道等人陆续来到科室，他们最后查点一下设备，蒋树林测了一下保护液的温度，刚好降到4℃。夏求明又问了前一天吸引器的情况，听说已经送到取心地，夏求明才松一口气。原来心脏移植手术摘取供体心脏的时候需要使用吸引器清理胸腔血液，但医院通常手术用吸取器都是手术室专用，不适合携带。为保障心脏移植手术顺利进行，医院特意从国外进口了便携式吸取器，但4月25日下午才刚运到哈尔滨，蒋树林等人验收无误向夏求明汇报："吸取器已经到位"，夏求明却说："我理解的到位，是无论发生什么

[①] 夏求明手稿。1992年3月，未刊稿。资料存于采集工程数据库。

突发状况，都确定能顺利使用。"蒋树林恍然大悟：从医院到供体所在地，路面不平，车辆状况不确定，万一路上颠簸损伤机器呢？他连夜驱车，把吸取器送到取心地再次测试，确定吸引器可以使用。

凌晨4时，夏求明和负责取心的祁家驹、蒋树林等人以及哈医大二院肾移植团队出发前往供体所在地，同车的还有麻醉专家、哈医大二院副院长贾士义，另配备两条备用车队随行。清晨6时，哈医大二院手术室内，二十多名业务水平最高的护士齐聚手术室，反复核对手术物品，器械消毒了两次，严阵以待。麻醉组又反复确定了麻醉方案、药品、麻醉器械，总务科的电工班和车队一大早就来到医院待命，看守供电设备保障手术室电力供应。哈医大二院临床免疫实验中心、药剂科、供应室、器械科、营养室、保卫科、动物实验室、后勤和行政办公人员全部早早来到医院，各司其职，严阵以待。

距手术室不远的会议室里座无虚席，时任黑龙江省卫生厅厅长刁文生，哈尔滨医科大学党委书记程锡铎、副校长张志诚，哈医大二院院长陶天遵及院领导班子，都在焦急地等待。副院长兼医务科科长徐秀玉守在手术室门口，指挥现场的专项绿色通道和一切人员调动。

清早，供体心脏按照计划切取完毕，夏求明亲自确认了供心成功摘取并且可用，便坐上事先准备好的车直奔医院。供心小组开始进行供心保护操作。

提前赶回医院的夏求明立即做好准备，洗手、消毒、穿上手术服，戴上他常用的手术眼镜，就像平常每一台心脏手术前一样有条不紊。麻醉医生高素心温和、轻松地与杨玉民聊天，接到供心组汇报的车辆位置，夏求明对高素心点头示意，她一边和杨玉民聊着天，一边开始进行麻醉。

"心脏到了。"供心组医生捧着冷温箱进入手术室，夏求明做出指令："开胸"。夏求明熟练地拿起刀，从胸骨正中切开暴露胸腔，倒T形切开心包悬吊与胸壁切口上方，做成心包摇篮，充分暴露心脏。升主动脉插管、上腔静脉插管、下腔静脉插管，"开始建立体外循环。"全身转流开始。慢慢地，患者体温降到28℃。

"开始切除受体心脏。"夏求明用主动脉钳掐住升主动脉，收紧上、下腔静脉阻断带，沿着右心房室沟处切开右房壁，将心脏转向右侧暴露左房，沿左房室沟切开左房壁，沿左、右房交接处上方切开房间隔，沿肺动脉瓣环处稍上方横断肺动脉，再于主动脉瓣环稍上方横断主动脉，然后再将顶部房壁切断，受体心脏干净利落的切除完毕（图5-2）。手术中，清晰可见患者的心脏扩大，心肌坏死，心壁变薄。"这样的心脏很难再存活一年。"夏求明说。

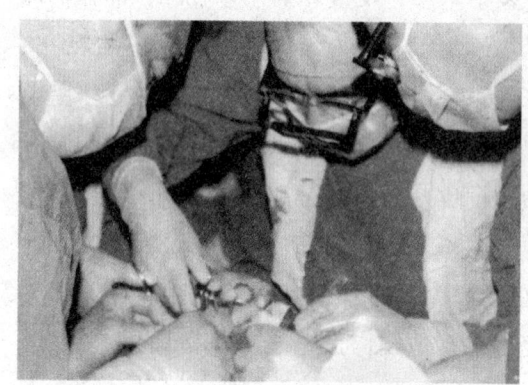

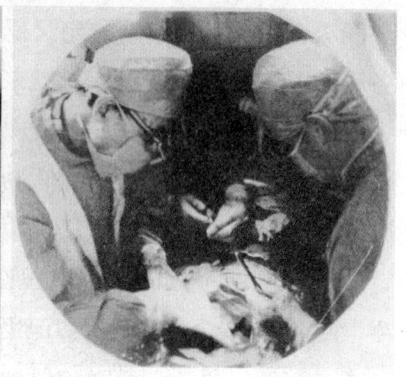

图5-2 心脏移植手术现场

"开始吻合。"首先是左心房吻合、右心房吻合、主动脉吻合及肺动脉吻合这四大主要腔管的吻合。按照术前反复研究和练习的手术技巧，夏求明将供体心脏按正常位置放入患者心包内，并向左、后方旋转，充分暴露后方左壁的外切缘，吻合从受体心脏左房切口的左肺上腔静脉开始，与供体心脏左心耳根部切缘相对应，连续缝合。心脏移植吻合夏求明练习了近百遍，熟练到近乎完美的地步，缝合的针间距约2毫米，不能太密也不能太宽，第一助手负责将缝线拉紧，但又不能过度用力，以防把左房壁上的缝线针孔拉出小裂口，一旦撕出裂口，供体心脏在恢复循环时可能发生出血，止血极为困难。

左心房吻合后，夏求明把供体心脏向右前方旋转，接近人体正常位置，开始进行右心房吻合，吻合从供体心脏下腔静脉的切边，与受体心脏右心房下方、近下腔静脉处相对应，换大一号的缝合线开始吻合。房间隔被缝合两次，一次与供体左心房吻合，一次与供体右心房吻合。缝合的针间距为1.5—2.0毫米，比较密集的缝合是为了防止吻合后切缘发生血液渗漏。此时，由于供体心脏的心肌保护采用冠状静脉窦逆行灌注心脏保护液，右心房切口中保留了冠状静脉窦逆行灌注的插管，缝合右心房壁时最后保留有一个小切口，缝合右心房切口的缝线也就不结扎，等后续拔出逆行灌注管后才缝合这个小切口。

随后进行的是主动脉吻合，在手术前，夏求明就和团队计划好无论受体还是供体心脏，都保留较长的主动脉，便于根据患者身形进行调整。因此，吻合主动脉时，首先是剪裁成理想的长度。其次，受体主动脉和供体主动脉的粗细肯定会不一样，夏求明术前就设计好了针对不同情况的缝合方法，如果供体主动脉比受体主动脉细，吻合时对粗的主动脉每针之间距离稍大于细的主动脉，以抵消粗细不一致的差距。如果粗细的差距过大，就沿着供体主动脉切口的前方，剪开一个小口扩大口径。吻合缝合针间距仍是1.5—2.0毫米。缝合到主动脉后壁时，缝针从主动脉腔内穿出主动脉壁至主动脉腔外，然后在主动脉腔外以连续缝合法继续进行缝合。主动脉左侧壁的吻合可以在动脉壁外侧进行。

夏求明在此处独创性使用了外翻缝合法，先在供体主动脉和受体主动脉后壁中央部用4-0聚丙烯线作对端缝合，缝线在主动脉壁外侧结扎，再用另一根4-0聚丙烯线在此二根动脉的正前方中央部做对端缝合，仍在主动脉外侧结扎缝线。当助手将前方缝线向左侧牵拉、将后方缝线向右侧牵引时，就完成了主动脉右侧壁吻合，相反完成左侧壁吻合。

最后进行了肺动脉吻合，与主动脉吻合相似，也是将受体和供体心脏修建成合适的长度，操作方法与主动脉吻合相同。

在经过90分钟、缝合了1000多针以后，四大管腔吻合完美收官。夏求明在左心室心尖、右心室前壁、主动脉及肺动脉插针排出心腔内的气体，开放上、下腔静脉的阻断带，轻轻按压心脏，使部分空气自心腔内排尽。与此同时，夏求明让麻醉师高素心用控制呼吸方式做几次大呼吸以利于气体排出心腔，再开放升主动脉，恢复氧合血流入供体心脏的冠脉循环。此时再按压心脏，充分排出残留在心腔内及动脉内的空气，同时也达到对心脏作轻微规律性刺激的作用，有助于恢复心跳。

随着夏求明"开放主动脉"的指令，升主动脉阻断钳开放，血液缓缓流入移植的心脏内，体外循环也开始升高患者的全身温度……奇迹出现了！移植的心脏未经除颤，自动恢复了跳动！夏求明和手术室内的医生护士们兴奋起来："跳了！跳了！它跳了！"

手术尚未结束，为防止心脏扩张，夏求明要求体外循环在低负荷状态下进行并行循环，观察复跳后心功能状态和计算心肌总缺血时间，夏求明确定并行时间再进行30分钟。并行期间根据血浓度测定和流转中的尿量，看是否需要人工肾超滤，随时纠正血液过度稀释。

各小组开始汇报患者体征指标：动脉压满意！恢复窦性心律！心率保持在每分钟100次！尿量大于每千克体重1毫升！看来刚刚移植的心脏已经能够承担新的身体循环功能，吻合口也没有漏血现象，体外循环正式撤离，闭合胸部切口！

手术仅用一小时三十分钟便顺利结束。

等候在手术室外的副院长贾士义、徐秀玉激动不已，院长陶天遵不禁热泪盈眶，在场见证了这一历史性时刻的各级领导情不自禁地报以热烈掌声，在这种艰苦的条件下，哈医大二院顶住国内尚无心脏移植长期存活先例的压力，近乎完美地完成了这场空前的规模手术，紧张、严谨和手术成功带来的冲击，令所有参与其中的人毕生难忘。原哈医大二院院长陶天遵在20年后的回忆录中描述：移植以后的供体心脏自动恢复了跳动，跳动很有力，并且恢复了窦性心律。那一瞬间，我虽然表面平静，但内心却是波澜起伏：欢呼，喜极而泣……[①]

手术后，国家卫生部科技司肖司长，黑龙江省委书记孙维本，省长邵奇惠、副省长戴谟安、陈云林，省委副书记马国良，省教委主任张桂芳、副主任董浩，省卫生厅厅长刁文生、副厅长冯喜英，省医学会会长王崇以及省科委和哈尔滨医科大学的党政领导都向医务人员表示了祝贺。"那段时间，全院职工群情振奋，沉浸在心脏移植成功的喜悦与欢乐中，1992年4月26日也被永远定格在医院发展建设的历史史册和全院教职工的

[①] 陶天遵：回顾我院暨我省首例心脏移植。2014年，内部资料。

心中。"[1]

术后第三天,哈医大二院举行了新闻发布会,向社会通报了心脏移植成功的消息(图5-3)。

图5-3　1992年4月29日,心脏移植术后的新闻发布会

长 期 存 活

夏求明坚持认为,心脏移植手术成功与否不能用完成手术完成来衡量,而是患者能否健康地存活较长时间。就在夏求明完成黑龙江省首例同种原位心脏移植手术的前一个月,1992年3月20日,北京安贞医院为患者李红梅开展了该院首例心脏移植手术,但术后患者情况不佳,一直卧床出不了院,并于术后一年死亡。与之相比较,1992年哈医大二院的第一例心脏移植患者杨玉民却状态颇佳,做完手术当天,杨玉民很快就恢复了意识,当天就拔除了气管插管,各项指标趋于平稳,并很快开始进食流食。

心脏移植术后监护对患者健康存活至关重要。原位心脏移植患者的术后处理与心内直视手术类似,不同之处是要最大限度减少感染,控制免疫排斥,术后要应用免疫抑制剂,会使得患者的免疫能力下降,抵抗力下

---

[1] 陶天遵：回顾我院暨我省首例心脏移植。2014年,内部资料。

降，容易发生细菌感染。夏求明要求护理人员对患者的所有操作严格遵守无菌标准，护理人员进出房间时必须洗手消毒，戴口罩穿隔离服。每天还要采集多份样品送化验室，监控可能出现的早期感染，患者气管内抽出的痰，或者血、尿、咽喉试纸都要送去做细菌培养，尿和咽喉试纸还要做病毒学研究，严格监控血常规。为保障无细菌滋生，夏求明要求尽早除掉所有动脉和静脉套管，减少通过套管引起的血感染风险，静脉注射管等要经常做皮肤清洁，消毒敷料每隔8小时更换一次。由于心脏移植术后患者免疫力非常脆弱，轻微感染就可能导致严重后果，夏求明为杨玉民应用了预防性抗生素第三代先锋霉素，在当时是效用强大、毒性最低的药物。

此外，心脏移植患者的循环功能有些特点，其一是移植的供体心脏没有自主神经支配，因此心率和一些药物反应与普通心脏外科手术不同。其二是供体心脏在移植前经受了完全性缺血损害，移植后又有可能因不同程度的肺血管阻力升高，右心室负荷增加，而出现右心力衰竭。对此，夏求明与心内科同仁制定了循环功能的监测方案和应对措施，除了一系列监测手段以外，还有维持循环功能的药物，例如术后一周以内需要给予一些正性肌力药物，通过用药期间的心功能改变，观察是否出现免疫排斥反应等。

术后杨玉民很快就拔除了气管插管，除了各项指标平稳的原因，还出于夏求明希望尽快恢复患者心肺功能的考虑，也为了减少肺部感染的风险。他认为气管插管阻止了正常的咳嗽反射，同时吸痰管间断放入是易感染因素，夏求明认为气管插管术后48小时仍然不拔除就极大增加了肺部感染的可能性。因此，在杨玉民术后清醒后，夏求明仔细检查了身体无出血，患者血动力稳定，体温正常，氧饱和正常，很快就为杨玉民拔除了气管插管。

心脏移植术后生死攸关的关键是排斥反应。20世纪80年代，哈医大二院心内科王璞教授在全省率先开展了心肌活检技术，为心脏移植术后排斥反应监测提供了有力武器。心肌活检全称心内膜心肌活检，采用活检钳直接进入心脏摘取活体心脏组织，进行组织形态学、组织化学、酶学、免疫学、病毒学以及电子显微镜超微结构观察等研究，这项技术也是诊断心肌病的常规检查。心肌内膜活检是目前诊断心脏移植排斥反应唯一可靠并可连续观察的方法，应该说，心脏移植能够获得长期存活，一方面归功于环孢素A的临床应用，另一方面与心肌活检早期准确、及时发现急性心脏排斥反应，进而指导免疫抑制剂治疗有关。心肌活检目前仍然是监测急性心脏排斥反应的"金指标"。

术后第四天杨玉民就能在床上坐起（图5-4）。术后第五天出现浮肿，胸腔心包和腹腔积液，用了大量的利尿剂并补充白蛋白，症状很快消退。术后第七天，杨玉民已经可以下床活动了。术后第八天，就要接受第一次心肌活检，结果并未发现出现排斥反应。此后一周的第二次心肌活检，显示出现轻度排斥反应，很快控制下去。

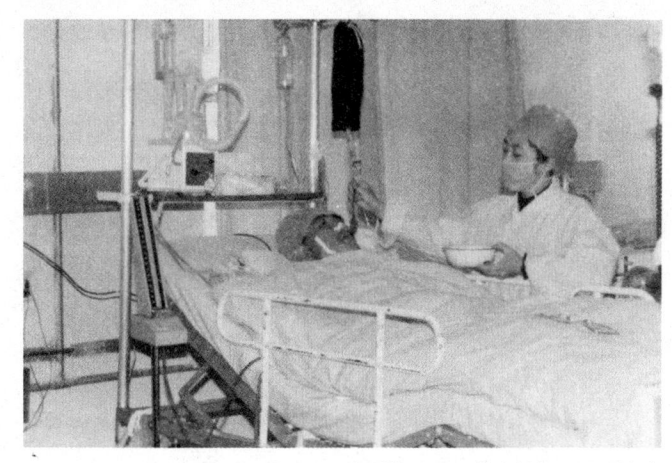

图5-4　术后第四天，护士给杨玉民喂流食

至此，杨玉民术后平稳渡过了出血关、心功能恢复关、感染关、超急排斥反应和急性排斥反应关，病情逐渐稳定，体力慢慢恢复，饮食开始正常，早餐最多一次可以吃下四两面包和二两大米粥，他高兴地对医务人员说："我现在一顿饭吃的量是我手术前一整天的量。"杨玉民的身体和情绪都在迅速恢复，他可以自由自在地来回走动，躺在床上也不像手术前那么胸闷难受，感觉身体逐渐轻松起来，也开始和医务人员说笑。为了缓解他在病房里的单调生活，医院特意给他配了一台电视机和收音机。他也常常和来探病的妻子畅想未来，渴望尽快走出隔离病房，早一天重新开始做生意，宴请给了他第二次生命的医生们。

1992年7月5日，杨玉民术后41天，指标和各项恢复情况都非常好，哈医大二院在哈尔滨医科大学演讲厅举行了隆重的"心脏移植阶段总结表彰大会"。表彰大会由副院长贾士义主持，哈医大二院院长陶天遵做了首例心脏移植阶段总结报告，党委书记张凤云总结发言。会上颁发了省政府奖励资金 10 万元：心外科夏求明 15000 元，心内科王璞奖 10000 元，心外科手术组 24000 元，心内科受体准备组 10000 元，泌尿外科协作组 6000 元，术后护理监测组奖

图 5-5 术后 100 天，杨玉民离开隔离病房到普通病房，身体迅速恢复，食量大增

励 10000 元，麻醉组 7000 元，体外循环组 3000 元，手术器械组 5000 元，医技科室及后勤单位 10000 元。①

  表彰奖励大会上，时任黑龙江省副省长戴漠安代表省委、省政府及邵奇惠省长宣读了贺信并做重要讲话，贺信全文如下。

哈尔滨医科大学附属第二医院全体同志：

  我省首例原位心脏移植手术在你们的辛苦努力下，获得了成功。这标志着我省医疗技术登上了一个新的台阶，也是高科技领域中的一件大事。我代表省委、省政府并以我个人的名义，向你们表示热烈的祝贺，向所有为此付出心血和劳动的同志们表示深深的敬意！

  心脏移植在国外虽然已经有成功的经验，但在我国尚属攻关课题。你们在资金和设备不足的情况下，勇于克服困难，团结协作，通力攻关，以出色的成绩填写了居国内领先地位的答卷，令人可敬。这说明哈医大二院的领导和全体同志不畏艰辛，敢打硬仗，是一个大有希望的集体，无愧于全国卫生系统先进集体的光荣称号，事实证明"只有把全身心投进去，专心致志，精益求精，不畏艰苦，百折不回，

---

① 夏求明手稿，未刊稿。资料存于采集工程数据库。

才有可能攀登科学高峰。"

黑龙江要振兴，需要全省人民振奋精神，解放思想，力争上游。在这一点上，你们做了一个好榜样。衷心希望你们继续努力，再攀登高峰，为全省卫生事业的发展，为人类的健康做出更大的贡献！

邵奇惠

一九九二年五月二十九日

时任哈尔滨医科大学校长金铮一直是心脏移植手术的鼎力支持者，他在表彰大会上激动不已：

> 附属二院心脏移植的成功，标志着心脏外科的重大突破，也是我们学校科学研究的重大成果，是科技人员大协作的典范，也是凝聚我们全校科技人员向高新技术攻关的新起点。因此，这是学校附属二院的新阶段、新水平、新高度……二院的领导班子做了很多工作，他们在组织心脏移植工作中花费了心血，精心地组织、细心指导、周密安排，他们的工作是卓有成效的，他们的政绩是突出的。我们二院心内、心外以及其他科室的同志们克服了种种困难，终于把这一重要的项目攻克了，这项工作已经在全国，甚至全世界引起了反响和轰动。我们心脏移植的工作是成功了，但是我们只能看作是一个起点。大量的工作，更新、更尖的工作还在后面。我们不能满足，所以我希望同志们要准备迎接新的挑战！我也希望我们附属二院的工作能够在心脏移植的推动下，能够加快改革步伐，把二院整体的工作搞上去。通过这样的一个大会，我也希望我们全校的工作有一个新的进步和有更大的突破，也希望我们能够在大协作和共同攻关为尖端技术高科技做出更多的成绩。

夏求明在盛大的掌声中走上了讲台，代表心脏移植课题组发言。他的讲话如同他的为人一样平和自然、宠辱不惊，充满对课题组同仁的感激，他再一次重申了医生"救死扶伤"的宗旨，展现了始终如一的职业品格和科学工作的奋斗精神：

当时，只觉得这是我该做的工作，没有想别的。我衷心地向胸外科的同志以及关心我们的全体同志们表示感谢，也向二院、学校有关领导和科室给我们工作的支持表示谢意，特别要感谢有关领导对我们工作的支持。我今天获得的结果，绝不是单纯的一把刀的问题，我们有整体的高科技配合这项工作是整体劳动，显出了哈尔滨医科大学的质量，显出了我们走在什么样的水平上。所以，我再一次地向各位领导、兄弟科室，向老一辈，向跟我一起工作的同志们表示感谢。也许同志们要问：为什么要做心脏移植？我们开展心脏移植不是为移植而移植，广大的患者需要治疗，他们需要延长寿命，他们要有更好的生活质量，这是我们的责任。我们的条件很困难，但我们想如何在困难的条件下更上一层楼，如何满足患者的需要，事实证明，只要有领导帮助我们，支持我们，条件稍微改变一下，我们还是可以做一些工作的。

肝移植、肾移植等积累了大量经验，他们的经验都做了我们的后盾，也是我们成功的主要因素，再加上我们外科有集体劳动的素质，在这次工作中涉及到很多同志，有许多感人的事情。我代表心胸外科谢谢大家，谢谢各位对我的关心，我只希望我们的工作作为一个星星之火，把我们哈尔滨医科大学整个科研工作，点燃起来。

第六章
再创"心"纪录

心与心的交换

第一例心脏移植的成功并未让夏求明满足和停住脚步,他的目标是在我国建设可与国外顶尖医院比肩的心脏外科,推动心脏移植手术成为医院的常规手术,并以此带动心脏外科领域各项科学研究工作的全面进步。在成功实施第一例心脏移植手术后一年里,他带领心外科团队持续开展动物实验,改进第一次心脏移植手术中遇到的问题。

虽然第一例心脏移植手术取得成功,但在信息闭塞的 20 世纪 90 年代,老百姓对"换心"仍然知之甚少,能接受心脏移植的患者更少。眼见许多本能够通过心脏移植手术治愈的患者,却在剧烈的心脏病痛中死亡,医生们非常痛心,他们加快进行患者的思想工作。

这时,又一位患恶性心律失常的患者走入医生的视野,他是哈尔滨尚志县帽儿山地区的一名中学老师——于文峰。数十年后,每当于文峰想起自己这番经历生死后的"重生",每一幕都历历在目,病中濒死的剧痛感和清醒后第一口满满的呼吸，如同发生在昨天一般。

1993年9月10日，31岁的于文峰参加教师节表彰大会。大会结束后他就开始咳嗽，一开始以为只是感冒，但后来始终不见好，咳嗽也更厉害，白天上课他只能无力地趴在讲台上，晚上连批作业也力不从心。他这才意识到状况严重，到当地医院检查后确诊为扩张性心肌病，病情非常严重，当地医院建议于文峰迅速到省城大医院就诊。

从黑龙江省医院回家以后，于文峰的状态越来越差，常常胸闷、气喘，连100米都走不动。后来，当地一位姓李的医生说于文峰的症状很像克山病，随时有生命危险，建议他到哈尔滨医科大学克山病研究所碰碰运气。哈医大克山病研究所始建于1964年，是由中共中央北方地方病领导小组在哈医大创建的克山病研究室基础上发展壮大而来，首任研究室主任、所长是中国工程院院士、著名克山病研究专家于维汉。

我和我爱人来到哈医大地方病研究所，做彩超的医生问我："你怎么来的？"我说："走着来的。"原来他们认为我肯定是用担架抬进来的。做完彩超我就被送进重症监护室。住院一周以后医生就劝我回家了。中间有个插曲：陈子道老师来到我床前一次，因为当时的医生觉得我适合做心脏移植，就联系了二院。陈老师来了以后问我："小伙子，你是要换心脏吗？"我吓坏了，我说我不换。后来医生跟他说："我们还没有和他沟通，家属还不同意。"

在医院住了几天以后，医生同样也建议我出院回家慢慢调养，言外之意就是等死了。

但我很幸运。有一位医科大学的老师，他是二次心梗发作，被送到重症监护室，就在我的邻床。他一直盯着我床头的一个心脏监护仪，看到我的心电图后说："小伙子，你不能出院，你病得很严重，你出院就会死在家里。"他建议我去找医大一院黄教授和傅世英[①]老师，还以亲属的名义给我写了个纸条。于是我就去了医大一院。两位老师都出差，他又推荐我去医大二院找王璞[②]老师。我们去（哈医大二院的）门诊挂了丁玉书，丁老师听诊以后我就去做彩超，中午回来以后，丁老师在门上贴了张纸条："于文峰，明天早上八点来心内科住院"。

就这样反反复复一个半月的时间，快到12月了，我在心内科住了十多天。那时候有个患者在病房里一下子就死过去，我吓坏了，晕了过去，是关振中老师给我抢救回来，又给我换了病房。当天晚上，我想大便时突然又晕过去了，又抢救过来了。心内科医生建议我，药物解决不了我的病情了，要想治疗唯一的办法就是心脏移植。[③]

在哈医大二院心内科，于文峰被确诊为扩张性心肌病，双侧心室扩大，伴有心室收缩功能减退，严重的急性心力衰竭。他的病情发展得非常快，仅三个月就已经发展到了恶性心律失常，随时可能猝死，医生已经束手无策。关振中等心内科和心外科的医生竭力劝说于文峰进行心脏移植手术，但于文峰坚决不同意。心脏移植？他听都没听过。在他看来，心脏移植手术无异于"自杀"，刚刚31岁，还很年轻，家里的孩子还那么小，怎么可能去当医生的"试验品"？

由于无药可医，只能在病房里"等死"的感觉一直困扰着于文峰，他

---

① 傅世英（1919- ），吉林省德惠县人，1943年毕业于辽宁盛京大学，毕业后留校任内科医生。1948年参加辽沈战役的战勤医疗队，从此参加了革命队伍。1952年，傅世英到哈尔滨医科大学任内科副教授、教授、医疗系副主任，是黑龙江省引进心电图学的第一人，后任哈尔滨医科大学附属第一医院副院长和心血管研究所所长等职务。2002年，中国心电学会、中华医学会授予其"中国心电学特殊贡献奖"。1977年，任黑龙江省人大常委，后任黑龙江省第五、六届政协副主席，民盟黑龙江省委副主任委员。著作有《心血管病学进展》《临床血液学》等。

② 王璞，毕业于苏联莫斯科第二医院院士研究生，曾任哈医大二院心内科教授、研究生导师、内科教研室主任、中华内科学会委员、国家科技部评委专家等职，国家有突出贡献科学家津贴获得者，在全国首先开拓血气分析对肺心病的研究、经皮穿刺心内膜心肌活体组织检查对心肌病的研究、人工心脏起搏器的安置、选择性冠脉造影、急性心肌梗死抢救治疗、射频消融治疗心律失常、同种原位心脏移植术等。

③ 于文峰访谈，2016年3月30日，哈尔滨。资料存于采集工程数据库。

活着的每一分钟都在煎熬。至今他都不愿意再回想起生病的那段时间：

> 手术前的那段日子度日如年，特别艰难。倒不是说生活艰难，就是没有活下去的勇气。每天卧床不起，在床上把我的身体抬起30度角，我就喘得不行，汗就下来了。我爱人为了我，不能上班，每天陪在病床边。
>
> 我身上的针，24小时离不开，始终滴着药液。医生跟我讲："于文峰啊，别看我现在跟你唠嗑呢，可能我转过身从房间出去，再推门进来的时候，咱俩就拜拜了。"当时，我的"第一生命"随时可能走到尽头。
>
> 那时候，工作、家庭、生活，我什么都不敢想，对我来说都是奢望，特别绝望。
>
> 我对爱人说：咱们的夫妻缘分难道就这么浅、这么短暂吗？那时候我准备写遗书，她气得当时抢过去就撕掉了。
>
> 我不愿意回忆那时候，真的特别艰难，一切无从谈起。我活着，就是拖累家庭，拖累社会，活着就是一个废人。①

真正让文峰转变想法的人是杨玉民，同病相怜总会更有说服力。当时杨玉民术后已经一年多，恢复得很好，在医生的帮助下，杨玉民搬家到哈尔滨定居，住在医院附近做小卖店的生意，方便随时观察病情。术后一年，杨玉民和妻子又生了一个女儿，"换心人"术后喜得千金，成为街头巷尾的趣谈。

心外科医生带杨玉民来看于文峰，这是于文峰第一次见到杨玉民，当时的他没有想到，两人后来结下了多年的友谊。于文峰当时已经接近昏迷，眼睛看不清东西，说话都非常吃力，是杨玉民给他带来了活下去的希望。

---

① 于文峰访谈，2017年5月21日，尚志县帽儿山。资料存于采集工程数据库。

当时杨玉民真是膀大腰圆，我躺在床上，杨玉民在我床前，当年他带着旱獭帽，特别高大。

　　我问："这是做过心脏移植的人吗？"医生说："是。"我一看，太好了。那时候我有气无力，已经无法和杨玉民沟通，只能看他一眼，但这一眼让我立刻对心脏移植的想法发生了巨大的转变。我多么希望自己的身体素质也能恢复到这种状态，当时心里就同意了心脏移植手术。

　　随着病情加重，我感到呼吸困难，胸口像被隔断了一样。在我痛苦难忍的时候，我甚至求医生快点给我做手术。①

于文峰十分幸运，很快就等到了合适的供体，手术日期计划在1994年2月春节前。此时，于文峰的身体极差，夏求明和心内科医生预计他的手术成功率不足50%，反复调整了手术预案，哈医大二院各部门为这台手术配备了经验丰富的医生和护士，连升降电梯都反复检修。因为于文峰当时的状态就像"玻璃人"，一点震动可能都会"碎掉"。

　　当时我的体质差到什么程度？在推我进手术室的过程中，我像一个纸人一样，从床上移到手术室车上就有可能使我没命；给我打麻药，我可能会没了；电梯一起动，我可能会没了；走廊要是颠簸严重，我都可能没了。医生们把这些方方面面会"要命"的可能性都考虑到了。最后好不容易把我护送到手术室，能不能做手术，还有麻醉那关，不知道能不能过。②

　　手术前一晚，于文峰的哥哥和妻子陪他度过一整夜，他们不敢妄想手术结果，或许这一夜就是生离死别。于文峰始终处于半昏迷状态，眼皮抬不起来，看东西模模糊糊，周围的一切都是蒙尘了几十年般的昏暗，连亲人的身影都是灰蒙蒙一片。

---

① 于文峰访谈，2016年3月30日，哈尔滨。资料存于采集工程数据库。
② 同①。

1994年2月8日，农历春节前一天，清晨6时，于文峰在心内科抢救团队的"护送"下，被送进哈医大二院手术室。按照周密的安排和计划，夏求明团队仍然使用标准法进行移植手术，有条不紊。唯一的小插曲便是一向虚弱的于文峰在进入手术室后忽然紧张起来，心率和血压都超过了正常范围，瞬间令手术室里的医护人员都紧张起来。倒是麻醉医生高素心经验老到，她一边和于文峰聊天，一边让助手随时监控血压和心率，她问于文峰：今天什么时候起床的？和家里人通电话没有？都聊什么了？……说着说着，各项指标逐渐恢复正常，她慢慢给于文峰扣上麻醉口罩，很快便让于文峰"安静"下来。从于文峰进入手术室到手术结束回到病房，历时五个半小时，经过反复训练和改进，夏求明在术中吻合时间也从第一例的90分钟，下降到仅用时60分钟。手术过程非常顺利，考虑到于文峰术前病情较危重，体外循环时间又延长了20分钟。

　　按照惯例，术后当天夏求明带领相关科室专家为于文峰进行第一次术后会诊，检查完各项指标，夏求明问高素心，于文峰什么时候会醒，高素心看了看表说：六点半。等到下午六点半，夏求明叫于文峰："于文峰，动动手！"他动了动手指，又让他动动脚，他又活动脚趾，夏求明和会诊的医生们这才放心下来。

　　于文峰真正完全清醒是在术后第三天，大年初一的早晨，他睁开双眼，一片明亮的景象映入眼帘，他兴奋地瞪大了双眼！护士们看他醒了，过来打招呼，于文峰第一句便是问他们："怎么还不给我做手术？"在场的医护人员全笑了，护士长说："你好好看看这是在手术室吗？已经做完手术了，这是在监护室。"这时于文峰才意识到：自己胸前裹着纱布，室内用的是灯管，而不是无影灯，才相信手术已经做完了。

　　　　我低头一看，我的前胸有纱布。当时我激动得哭了，我活过来了！谁跟我说话我都不回答，我想：我好不容易活过来了，我一定不说话，保护我的心脏，一颗特别的心脏。我感到呼吸特别舒畅，再也没有手术前那种上不来气的感觉，特别特别好。心功一好，各方面的营养就上来了，人也很清醒。两三天以后我就坐起来了，护士拍打我后背，我就说轻点轻点，不要把我的心脏拍下来。术后第七天我就下床了。住院以来，我都皮包骨了，肌肉完全没力量。但是手术后一天天好起来，很快我就转入普通病房。①

于文峰的恢复速度快得出人意料，让夏求明非常惊讶。术后第七天，于文峰就可以下地行走。术后第十天，于文峰做了第一次心肌活检，此前，哈医大二院心内科新进口了一批美国产的心肌活检设备，特地为于文峰的第一次心肌活检做准备。心肌活检手术当天，王璞教授小心翼翼地将介入导丝通过动脉探进于文峰的心脏，活检的钳子却始终都没有打开。夏求明追问："没做预案吗？出现问题的补救方案是什么？"预案做了很多，却恰恰没想到这个"进口货"竟然还有质量问题。

于文峰术后饭量很快恢复正常，而且食量惊人，睡眠也有了很大改善。术前他整天处于迷迷糊糊的状态，术后的睡眠非常规律，而且入眠很快，这些都说明他的身体状态在向正常的方向好转。医生们建议他做适当的康复治疗，适度锻炼身体。

3月1日，于文峰又做了心肌活检检查，显示出现了急性排斥反应症状。于文峰一开始还没有什么感觉，后来发觉自己心脏附近隐约有刺痛，同时食欲开始下降，全身乏力，懒得动弹，一周后症状有所加重。此后于文峰在术后半年内又发生过轻–中度急性排斥反应，医生每次都用强地松龙冲击治疗。陈子道医生安慰于文峰，排斥反应是正常现象，心脏移植术后必然会有这个阶段，只是每个患者的反应程度不同，让他放宽心。

术后45天，于文峰顺利转出心外科隔离病房，进入心内科调整和恢复治疗。在心外科病房住院的一个月，于文峰每天坚持锻炼身体，记录服药量和写日记，与心外科的医生护士们结下了深厚的情谊，他既不放心自己的病情，又舍不得离开心外科的医护人员，但转入心内科意味着他离正常生活更进了一步，又让他兴奋激动，他在日记中写道："这一走，心里还真不是个滋味，不好受，每当想到路姐她们对我这样关心，放弃了节假日

---

① 于文峰访谈，2016年3月30日，哈尔滨。资料存于采集工程数据库。

昼夜护理我，现在仅用几句语言无法表达我对她们的感激之情。"

一有空闲，夏求明便去心内科看望于文峰，做完手术以后，于文峰才真正认识了"夏老师"，经常和他请教很多心脏疾病问题。有一次，于文峰问夏求明："夏老师，你说我以后能活多久？"夏求明没有回答，反问他："你想活多久？"随后又安慰他："不要多想，能活下来就好。"

与夏求明交往，使于文峰对待生命和生活的态度都有了很大变化。住院期间，于文峰家乡遭遇洪水，家里住的平房被水淹了。近两年治病期间，家里已经借了不少钱，更没有能力修房子。夏求明听说了于文峰的困难，自掏腰包给于文峰送去1500元钱，让他不要为生活担忧，还劝他"人都活下来了，困难都会过去的。"在90年代中期，一千多元是不小的数目，对于文峰无疑是雪中送炭。他也慢慢受到夏求明的感染："要积极生活，要更有意义地生活！"

1995年1月，于文峰痊愈出院。经历了大灾大难，从生死线爬回来的于文峰开始迎接新的生活，他觉得活下来不容易，对利益看得越来越淡，对生活的意义却越来越重视。术前他的心功总是不好，对很多事情心有余而力不足，术后心功好了，浑身感觉有使不完的劲儿。他很快回到学校，申请再次投入教学一线工作。

术后一年多我就上班了，1995年4月回到学校，那时候我在高三，学校怕我累到，让我负责印题，不教课。过了一学期我才开始教课，从高一开始教数学。那时候学校对我的状况还是没信心，帽儿山的老百姓把我当作大熊猫一样对待。他们打完招呼就会说一句："于老师，快忙快忙。"背后就会说："他换了心脏的，别跟他多说话，容易累坏！"家里买点粮油，大家都会给我送到家里，不让我累到。后来我用实际行动证明自己没问题，谁家有事情，我就主动做点力所能及的事帮忙，大家就慢慢接受，不那么惊讶了。现在50斤大米我都是自己扛着，我做的好多事情和正常人一样，甚至比正常人还要多。

后来有记者问过我：有没有什么打算？那时候我想，能活到儿子小学毕业就行。一晃儿子小学毕业了，我心里就想，再活四年，我儿子初中毕业就行。后来儿子初中毕业到了高中，我就不再设定三年的时间了，我说我要等到我儿子大学毕业，我要抱孙子。现在22年过去了，儿子已经毕业四年了，今年年底或明年初就结婚。我盼着他结婚，盼着牵着孙子的小手。我只要把身体保护好，这些都可以实现。①

就这样，20多年过去了，于文峰一直工作在教学一线，成为一名优秀的数学教师，他带了五届毕业班，班级成绩在全市名列前茅（图6-1）。

图6-1 "换心"后的于文峰重返教学一线

于文峰也开始积极参与心脏健康宣传的公益事业，在哈医大二院每年举办的"爱心日"活动和医院救灾的医疗志愿队中，总能看到于文峰的身影。他跟随医疗队专家参与各地的医疗救援和义诊活动，现身说法，用亲身经历宣传心脏保健知识，以自己"换心"而来的生命，宣传器官捐献、生命延续的伟大意义。

---

① 于文峰访谈，2016年3月30日，哈尔滨。资料存于采集工程数据库。

攻克亚洲首例"全心移植"

心脏移植手术在哈医大二院再次获得成功，患者于文峰康复效果极佳，再次引起国内医学界关注，力求发展心脏外科的医院纷纷向夏求明团队取经。哈医大二院心外科举办了心脏移植专题学习班，向全国推广心脏移植手术经验。

夏求明并未满足眼前取得的成绩，他再次瞄准国际心脏外科的前沿领域——心脏移植全心法与双腔法。

标准法心脏移植已经在国际通行了20多年，实际上是供体心室的完全移植，而心房则采用供体心房和受体心房的成形术。由于其方法简单，技术安全可靠，移植后的远期和近期疗效都比较受医学界认可，被国际心脏外科医学界广泛采用。然而，食道多普勒超声心动检查发现，使用标准法的心脏移植患者，在解剖上及生理上并不完善。解剖方面，两个心房腔过大，供体心房与受体心房的吻合部在心房腔内形成一道隆起，突入到腔内，容易发现血栓；生理方面，由于供体和受体各具有自己的窦房结，使受体心房与供体心房收缩不同步，受体心房内出现动脉瘤样血流，使房室瓣的开合不同步，有半数的患者会发生二尖瓣反流。为此，国际心脏外科专家提出了全心切除后的原位心脏移植手术，称为"全心移植法"。

90年代初期，夏求明项目组对他们成功实施的两例标准法心脏移植患者的术后观察也发现了问题，两例患者的超声心动图显示心房较大、心房形状不规整、轻度房室瓣关闭不全，心电图显示双房性P波，移植后的心脏有不同程度的心室扩大，印证了国际医学界的疑虑——标准法心脏移植存在难以克服的缺陷。

当第二例标准法原位心脏移植患者于文峰出院后，夏求明带领团队开始研究心脏移植手术的全新术式——全心移植。有了前面的研究基础，心外科很快就建立了新手术标准。此时，寻找患者也没有开始时那么难，很多心脏病患者开始接受心脏移植手术，于文峰也加入了心脏移植的宣传科普活动中，以亲身经历打消其他患者的顾虑。

　　第三名心脏移植的患者比较顺利就找到了。时年48岁的赵传军家住黑龙江省逊克县，以务农为生，是一名慢性克山病患者，患病一年多一直卧床不起。在哈医大二院住院期间，观察其心电图显示频发室性早搏，左束支完全阻滞，超声心动图显示其室壁运动减弱、左心室扩大，整个心腔较常人扩大了将近40%。和其他"换心人"一样，赵传军最开始听说要给他"换心"也是坚决不同意，医生们叫来杨玉民和于文峰来劝他，看到两人的身体状态那么好，赵传军很快同意手术了。

　　1995年11月12日，患者赵传军在哈医大二院接受了心脏移植手术，是该院第三例心脏移植手术，手术术式采用全亚洲第一例"全心移植法"。

　　全心移植法的手术术式改变主要在供体心脏切除阶段，供体心脏切除时，要保留较长的上、下腔静脉，剪除两静脉孔之间的组织，使左心房后壁形成左右两个椭圆形孔，以备与受体的左肺上下腔静脉预留的袖状切口吻合；右心房做个小切口，进行冠状静脉窦插入心脏麻痹液逆行灌注。夏求明与供体组的负责人姚志发在术前尸体实验时，反复研究了供体、受体心脏尺寸大小不对应的特殊情况应对方案，找到了不同尺寸情况下的最佳缝合方法。

　　受体心脏切除方面，体外循环的方式与标准法有较大区别。建立体外循环时，主动脉插管按常规方法施行，而上腔静脉插管改为经上腔静脉本身插入，下腔静脉则紧靠着膈肌处的下腔静脉插入。

　　在切除受体心脏时，先按照常规方法切除心脏，再游离左心房、右心房、上腔静脉及下腔静脉的后方，自上、下腔静脉心房的入口处切断，切除右心房及左心房，但保留右肺上、下静脉在一个袖状切口内，左肺上、下腔静脉在另一个袖状切口内。全心移植法手术期间，受体心脏几乎全部被切除，仅剩连接着各腔管的一小部分心包。

　　供体心脏移植吻合阶段从左肺上下腔静脉开始，夏求明使用缝合线袖状切口的内侧上方下针，以连续缝合法开始吻合，缝线的两端在左前方中点相互结扎，术中吻合的方法、缝合线的尺寸、每一针的间距、拉线的力度等，都经过了无数次研究试验，例如缝合时的针间距，既不能太密也不能太松，太密容易产生血栓导致患者死亡，太松又容易产生吻合部出血，在全心移植法过程中，由于创面缝合针数多、跨度大，一旦术后发生出血，很难补救。为确保移植手术成功，夏求明等人在全心移植术式研究阶段，对每一处细节都精益求精，每一个吻合的力度和距离都训练到了炉火纯青的地步。

右肺静脉组、主动脉和肺动脉的吻合方法与标准法相同，在全心移植手术过程中，供体心脏植入后各部位的吻合，几乎全部采用了外翻缝合方法。但右肺静脉组的吻合，内侧无法做外翻式缝合，只能做腔内侧缘吻合。

对供体心脏的保护方法仍然采取夏求明项目组独创的冠状静脉窦逆行灌注，在右房壁作小切口施行冠状静脉窦插管，等待术中吻合全部完成，开放上腔静脉和下腔静脉及主动脉之前，将冠状静脉窦插管拔出来并关闭。

全心移植法需要吻合的时间较长，夏求明共用时77分钟完成了全部心脏移植吻合，整个手术非常顺利。转入监护病房后，赵传军的状态也令医生们满意。术后三天他就可以下床行走了。赵传军的恢复再一次超出了医生们的预期，术后他仅发生过一次急性排斥反应，术后恢复和状态是三例换心人中最好的一个。

从1992年黑龙江省第一例"标准法"心脏移植手术到1995年亚洲首例"全心移植法"心脏移植手术，夏求明带领着心外科技术力量克服了简陋的医疗条件、模糊而粗略的研究资料、社会观念的壁垒等一系列难题，在麻醉学、心血管内科学等各学科的鼎力支持下，完成了国

图6-2 1996年夏求明七十大寿时，三位心脏移植患者齐聚医院为其贺寿（前排左起：杨玉民、赵传军、于文峰）

际一流的医学创举。挑战医学巅峰，挽救患者生命，更重要的意义是夏求明总结了三例心脏移植手术过程中的珍贵经验，毫无保留地与国内医学同仁分享，为后来全国各大医院开展心脏移植提供了丰富、详实的本土化经验资料。

首先，在手术方法方面，无论标准法还是全心移植法，必须使供体、受体心脏的吻合处对位准确，不能有扭曲或者偏斜；使用标准法移植术式时，尽量少保留受体心脏的左心房壁，以保持吻合后的左心房容量正常，在修剪供体心脏时，主动脉、肺动脉和上下腔静脉的前后缘，以及左心房的上缘分别缝制固定线，有利于同受体心脏的正确对位；吻合过程中，尽可能使用连续外翻缝合，以保证缝合后心脏腔内表面光滑，避免形成术后血栓。

其次，供心保护方面，夏求明从事心脏外科数十年，十分重视心脏保护相关课题，在心脏保护方面积累的经验为心脏移植课题研究和手术实施起到至关重要的基础作用。在20世纪90年代初期，供体心脏保护冷晶体保存法总缺血时限为4—6小时，并且心脏功能随着保存时间的延长呈现不同程度的下降。夏求明项目小组特别研制了冠状静脉窦逆行持续温血停搏液，使供体心脏提前60—90分钟获得氧合血液供应，缩短了供体心脏总的缺血缺氧时间，使心肌缺血得到有效改善。三例"换心人"术中和术后的心肌活检也进一步证实，他们心肌的超微结构均未受到损害。三例心脏移植手术过程中，从供体心脏切除到主动脉开放，时间分别为杨玉民122分钟、于文峰110分钟、赵传军150分钟，其中的冷缺血时间分别为20分钟、24分钟和26分钟。这是后来三例换心人均获得十年以上健康存活的重要保障。在当时年代医疗相关辅助药物和设备欠缺的时期，成为最有效保护心脏的手段。

此外，在抗感染方面，感染是心脏移植患者早期死亡的一项主要原因，20世纪90年代，还没有重症监护室，手术室无菌条件比较简陋，医院动员一切力量严格执行无菌隔离，控制外源性感染。针对随时可能出现的内源性感染，医生们主要是维护机体的免疫状态，提高抗感染能力。然而，抗感染与抗排斥是一对矛盾的机能，提高免疫力抗感染必然会相应提高免疫排斥，增加器官移植后的排斥风险。三例心脏移植患者术后，心外科与心内科的医生们严密监测血细胞计数情况和免疫抑制剂毒副作用，发现问题及时调整用药剂量，以达到抗感染与抗排斥反应的平衡。例如，尽量应用小剂量达到抗排斥反应效果，特别是硫唑嘌呤对骨髓有较强抑制作用，使用时更十分慎重，尽量使用小剂量。

因此，在免疫耐受方面，尽管环孢素 A 能使排斥反应的程度减轻和易于控制，但排斥反应仍然是影响心脏移植患者存活率的一个主要因素。心外科的医生们在严格的血药浓度监测和血细胞追踪检查的帮助下，确定了"三联"用药方案，基本达到了控制排斥反应效果，也未见明显毒副反应。夏求明认为，排斥反应的处理原则是早发现、早治疗，一旦发现患者的临床症状和体征对排斥反应的诊断相符合，如患者出现类似感冒症状、乏力、心率快、足踝水肿等，同时心肌活检能发现排斥反应证据，则提示出现排斥反应，应立即使用甲基强的松龙冲击治疗。为此，夏求明要求于文峰术后记录每天的用药情况和身体感觉，随时印证心肌活检等医学检查结果，顺利应对了多次急性排斥反应，从中得到了很多排斥反应的临床体征诊断经验。这些心脏移植术后的药物使用方案、患者术后的临床表现也为后来广泛开展的大脏器移植积累了大量宝贵经验。

一 鸣 惊 人

夏求明成功开展的第一例心脏移植当时并未在国内引起轰动，一方面，北京安贞医院也于 1992 年 3 月实施了心脏移植手术；另一方面，医学界都在冷静地关注两位患者的术后状态。1993 年，安贞医院心脏移植患者李红梅因急性排斥反应死亡，哈医大二院心脏移植术后患者杨玉民康复出院，夏求明和他的心脏移植团队在此时才引起国内医学界的关注。

哈尔滨医科大学校长金铮教授：

  值此您校欢度校庆之际，您校心脏移植患者已存活一年，我谨代表中华医学会器官移植学会致以最热烈的祝贺。

  我国心脏移植工作还大大落后于国际水平。虽然在上海、北京、武汉、牡丹江已先后进行了数例，但尚缺少长期存活。您校的一例现已存活一年，成绩卓然，在国内是第一例，对国外提高了我国的声誉。相信您校将进一步开展这一尖端手术，并将带动全国心脏移植工作在今后几年的向前跃进。

  致以崇高的敬礼！

中华医学会器官移植学会主任委员　裘法祖
1993年4月15日

同年，同济医科大学器官移植研究所所长夏穗生给夏求明发来贺电。

哈尔滨医科大学附二院夏求明教授：

  您院创造了我国心脏移植存活超过一年的新纪录，特此热烈祝贺。期望您继续取得更好的成就。

同济医科大学器官移植研究所所长　夏穗生

1992—1993年，夏求明在心脏移植手术中应用的特殊技术获得多项荣誉，如"温血停搏一种新的有效的心肌保护法"先后荣获1991年哈尔滨医科大学新技术应用一等奖、黑龙江省医疗新技术应用一等奖，"冠状静脉窦逆行灌注管的制作和使用心肌保护液顺灌和逆灌的联合应用"获得1991年黑龙江省医药卫生科技进步奖三等奖，"温血停搏法保护心脏"获1992年黑龙江省科技进步奖四等奖、黑龙江省医药卫生科技进步奖一等奖，"黑龙江省首例同种原位心脏移植成功"获1992年黑龙江省医药卫生科技进步奖一等奖，"冠状静脉窦逆行灌注管的制作和使用心肌保护液顺灌和逆灌的联合应用"获得1991年黑龙江省医药卫生科技进步奖三等奖。1992年10月，夏求明获得国务院特殊津贴。1993年，哈尔滨医科大学、哈医大二院先后授予他优秀医务工作者、优秀科技工作者奖励。

夏求明团队完成的心脏移植手术引起国内医学界的广泛关注，产生了深远影响，不仅源于患者杨玉民长期存活，还源于夏求明带领团队持续进行了大量心脏移植相关领域的科学研究，取得了丰厚的成果。

再 战 巅 峰

全心移植法的患者术后恢复令医生十分满意，但仍然有局限。全心移植法虽然可以弥补标准法的不足，是心脏移植术式中效果最好的一种，但全心移植法的手术缝合时间过长，缝合期间有一部分操作位于心脏后方，对手术主刀医生的技术要求很高，一旦出现缝合缺陷，很难发现和补救。20世纪90年代初期，国际上改良了手术方法，创造了双腔静脉原位心脏移植手术，简称"双腔法"。与标准法和全心移植法相比较，双腔法心脏移植具有全心移植法的优点，即只有一个供体心脏的窦房结，心脏收缩时不会再像标准法心脏移植那样引起心房内血流的紊乱，造成三尖瓣及二尖瓣关闭不同步产生的血液返流，还可以克服全心移植法手术操作上的困难。

1996年，已经70岁的夏求明再次挑战巅峰，带领团队开展心脏移植"双腔法"的研究工作。

接受双腔移植法的患者是来自黑龙江省尚志县的一名乡村医生，名叫祝秀民，时年31岁。祝秀民4岁时被诊断患有克山病，与他一起长大患有克山病的16个伙伴，后来都相继去世，只有他一人勉强活下来。1991年，祝秀民开始出现心悸气短的症状，1996年，病情逐渐加重，开始住院治疗，后来转入哈医大二院心内科。1997年初，祝秀民反复入院治疗，身体状况却越来越差，双下肢浮肿，夜间甚至不能平躺。心内科医生检查发现，祝秀民的颈静脉严重扩张、心脏增大，心脏前区能听见收缩杂音、心律不齐、肝脏肿大；心电图显示心房扑动、频发室性早搏、室内传导阻滞；

胸部X光片显示双肺血增多，心胸比例为0.72；超声心动图显示心脏各腔明显扩大、房室瓣关闭不全、室壁运动减弱、少量心包积液；心脏ECT检查心室功能严重减退，确诊为慢性克山病。其心脏评级为心功能Ⅳ级，心律失常，生命垂危。

1997年8月10日，夏求明为患者祝秀民进行了"双腔原位"心脏移植手术。根据术前制定的手术方案，供心切取方面，供体心脏的主动脉、肺动脉和左房的切取方法与标准法相同，上腔静脉改为奇静脉汇入处切断，下腔静脉在膈肌返折处略远端切断。在移植阶段，吻合顺序为左心房、下腔静脉、上腔静脉、主动脉和肺动脉。主动脉、肺动脉和左心房的吻合方法与标准法相同，下、上腔静脉的吻合则采用先前后固定2针，然后左、右壁分别吻合的方法。整体吻合时间仅用时61分钟。主动脉开放后，患者的心脏自动恢复了跳动，顺利脱离体外循环机，体外循环总运行时间为182分钟。

祝秀民的急性排斥反应出现在术后18小时，开始出现中心静脉压逐渐升高，尿少、心率快、全身水肿加重。心外科的医生们立即给予强心剂、利尿剂等药物，但疗效不佳。夏求明判断应该是出现急性排斥反应引起的急性右心功能不全，立刻开始抗排斥治疗，随后患者的全身浮肿逐渐消退，心功能也开始恢复正常。两天后，祝秀民脱离了呼吸机，体征逐渐平稳下来。

然而，一波未平一波又起，急性排斥反应这一关刚刚过去，感染又开始威胁着患者。术后第9天，祝秀民开始咳黄痰，白细胞持续升高，化验显示为革兰氏阴性杆菌造成的双肺感染。在经过了将近一个月的抗生素治疗后，祝秀民才逐渐开始痊愈。

由于常年患病，祝秀民术后身体状况一直不如杨玉民、于文峰，但他仍然长期存活下来，术后回到家乡继续为当地患者服务。

随着心脏移植手术在国内陆续开展，哈医大二院心外科进入了国内心脏外科学领域的第一方阵，许多高新心脏外科技术均能得到及时的研究、引进和推广。虽然距离第一例心脏移植手术仅过去三四年，但心脏外科发展建设速度却非常惊人。夏求明凭借敏锐的科技发展嗅觉和开阔的研究思路，带领哈医大二院心外科开展了一项又一项新技术，同时也启发着相关科室的研究思路。

早在20世纪80年代初期，夏求明负责胸心外科工作的时候，认为专科化是未来科室发展的必然趋势，只有术业有专攻才能对每种疾病都有更深刻的认识，才能更好地进行研究。当时，胸心外科分为心外组和胸外组，两个小组的人员有所交叉，心外组由夏求明负责，胸外组先后由姚志发、祁家驹、徐永贵和杨春文负责，后来姚志发和祁家驹又要兼顾心外组的工作，还要完成心脏移植的相关研究，慢慢更侧重于心外科方面的工作，胸外组就交给了杨春文负责。

1983年，夏求明指导胸外组从胸心外科独立出来，在我国外科领域较早地完成了心外科和胸外科分科，走上了各有侧重的专科化道路。在80年代初期，两个科室分科是非常先进的学科建设理念，促使心脏外科和胸部外科各自术业有专攻，哈医大二院两个学科在随后的20年间都走上了快速的发展道路。

胸外科首任主任仍然是赵士杰教授。1985年，杨春文接任胸外科主任职务，哈医大二院胸外科开始脱离心外科，完全走上独立发展道路，诊疗范围和研究领域主要集中于胸部外伤、支气管、肺动脉疾病以及肺癌、食道癌等疾病治疗。

虽然胸心外科分成两个科室，但肺脏和心脏密切相连，两个科室的人员多有交叉，很多新技术研究还是两个部门协力完成。心脏移植手术过程中，胸外科的医生们就在供心组协助。第一例心脏移植完成后不久，夏求明又把研究目光聚焦在肺移植上，为了攻克肺移植，他选派胸外科博士生赴美国迈阿密大学医学院学习肺移植。同时，夏求明带领心外科和胸外科的团队开始研究难度更高的心肺联合移植手术。

在国际医学史上，心肺联合移植很早就随着心脏移植的研究而开始起步，最早于1946年，苏联德米霍夫在没有体外循环或低温辅助的情况下就进行了心肺联合移植的实验研究。1953年，尼普顿在低温下进行了自体心肺移植的动物实验研究。1961年，劳尔和舒姆韦又在体外循环下进行了实验动物的研究，但移植后的实验动物因去神经的肺脏不能恢复正常的自主呼吸而死于呼吸衰竭。人类临床心肺联合移植手术始于1968年，由美国的库勒为一例2个月大的新生儿完成，患者患有先天性完全型房室管畸形，伴肺动脉高压和肺炎，但患者在术后14小时后因纵隔出血死亡。此后，1969年，李拉海为1例肺动脉高压的男性患者进行了手术，手术后8天患者死于肺炎。1971年，巴纳德完成了第三例心肺联合移植手术，术后发生右支气管吻合口瘘，患者于第11天死于肺感染。

真正成功的病例是在1981年，由斯坦福大学医学院完成，一名脑死亡男孩的心肺被移植给一名原发性肺动脉高压的女性患者，术后患者存活62个月，同年实施的另外一例也取得成功。

然而，相比心脏移植，心肺联合移植的发展速度非常缓慢，根据国际心肺联合移植协会的登记资料统计，截至1995年2月15日，心脏移植的数量已经突破3万例，而心肺联合移植仅有1708例。我国的心肺联合移植的研究也并不如人意。技术发展缓慢的原因包括：手术技术难度大；手术后心脏、肺脏管理更困难；肺是开放系统，保护难度大；心和肺的排斥反应不一定同步，肺部的活检问题尚无法解决；术后容易发生肺感染，甚至气管吻合瘘；在供体供不应求的情况下，采集双器官的机会少；20世纪90年代以来，随着肺移植的发展，一部分病例如原发性肺动脉高压等逐渐被单肺移植所替代，继发性肺动脉高压也可以用心脏移植、肺脏移植处理；心肺联合移植的远期存活率不如心脏移植。

心肺联合移植的研究虽然开展的比较早，但研究工作的进展和突破却并不尽如人意，由于客观历史条件的局限，夏求明只得暂时搁置了心肺联合移植的研究。他一方面进行心脏移植不同术式和相关研究，另一方面把更多的精力投入下一代医学科研人才的培养。

1998年，已经72岁高龄的夏求明卸任心外科主任一职，但科研团队的研究却仍然持续进行。

1999年11月24日，时任哈医大二院徐秀玉院长召集相关科室，召开心肺联合移植协作筹备会，奠定了心肺移植手术的基本目标。在会上，夏求明详细分析国内各大医院开展心脏移植的情况，和心脏移植面临的一些挑战。他指出："哈医大二院心外科的心脏移植技术在国内处于领先的地位，黑龙江省、西南地区和东部的很多医院和我们经常往来，对我们的工作比较认可，说明我们仍然有比较高的行业地位。但必须认识到，心脏移植经过这几年的发展，已经在国内很多医院广泛开展，能够完成心脏移植的医院数量不断上升，一些大医院的心脏外科中心完成的非常好。"

夏求明认为："心脏移植的术后效果不单纯由数量决定，追求长期存活才是我们的目标，才是对患者负责；以病员为中心，才能发挥心脏移植最大的作用。我们开展的心脏移植数量虽然不多，但长期存活的效果良好，受到医学界的关注。国内各大医院广泛开展心脏移植，相比过去几年，科研材料大量增长，理论上有很多创新，都值得我们长期关注和研究。"

在开展心肺联合移植方面，夏求明认为："心肺移植手术在开展的顺序上我们已经落后，但如果能获得长期存活，还是有很大社会价值。与其密切相关的技术，肺移植手术方面目前国内完成了两例，但必须要认清目前的技术现实。肺移植手术开展艰难，不仅仅是手术技术的问题，而是术后的困难重重，不克服这些困难，很难实现长期存活的目标。"

为此，夏求明为项目组定下了一系列基本工作目标：①首先要治活，手术成功是第一步工作；②长期存活，要争取各方面技术做到完美，尽量克服所有的技术难题，保障患者长期生存质量；③总结经验，国内推广；④器官供应的条件很好，是不容易的事情；⑤加强科研，可研究的问题很多，全国研讨会的经验很宝贵，不单纯数量的积累；⑥把器官移植放到推动国内整体发展的角度去看；⑦以科室负责人为首，全部项目组的成员都要加强学习。

2000年4月9日，夏求明、姚志发、陈子道、蒋树林等人组成心外科技术团队，为一名31岁扩张型心肌病患者实施了心肺联合移植手术。患者名叫姜山，术前心功能衰竭，有心源性恶液质，肝、肾功能都有一定程度损害，住院期间给予强心、利尿等治疗，尽量维护好心脏功能，降低肺动脉压。手术期间，主刀医生采用Reitz心脏及双肺分别切除法，避开迷走神经、喉返神经及食道。保留上、下腔静脉及右心房套状袖口，再全部切除心脏。先沿着左膈神经前、后方各2厘米处切开心包，上至胸膜顶、下至膈肌分布区，切断左肺下韧带、左肺静脉及动脉、左支气管，切除左肺。切除右肺是同样步骤，但术中发现，患者的胸腔与两肺及后纵隔的粘连非常严重，切除时出血量很大。

移植手术从吻合气管开始，进而吻合下腔静脉、升主动脉、上腔静脉和右心耳。开放循环以后，患者的心脏自动复跳，脱离体外循环后循环稳定，手术顺利完成。按照手术本身的难度来讲，相比心脏移植，心肺联合移植的吻合口反而减少很多，手术的难度并不高。然而最难的问题却印证了夏求明的术前判断：肺部器官排斥反应和感染。

术后第二日，患者姜山出现血压下降、尿量减少、胸腔引流增多的情况，医生们通过药物进行调整，在监护室观察了三小时，情况不见好转，夏求明决定实施二次开胸，发现患者原来的粘连处仍然有出血，进行了紧急止血。二次手术后患者情况稳定，术后第四日拔出气管插管。12小时后，患者出现呼吸困难，又再次进行插管，借助呼吸机辅助呼吸。此后，患者的情况仍有反复，第14日，患者因循环无法维持，多器官衰竭，宣布死亡。

夏求明一直重视死亡病例讨论，作为第一例心肺联合移植的患者，他当然更加重视。经家属同意，对这例心肺联合移植的患者进行尸检，报告显示：患者双侧胸腔凝血块及陈旧性出血，后纵隔广泛性出血，多器官深部曲霉菌感染。

这例心肺联合移植的供心保护和肺保护达到了夏求明的预期目的，术中心脏自行复跳，术后患者的两肺呼吸音清，血氧饱和度正常，气管吻合无漏气，循环稳定。但由于患者术前的身体条件过差，胸腔粘连严重，术中出血过多，实施了二次开胸止血，并出现了感染。研究团队认为，第一例心肺移植以手术本身来说是成功的，但以治疗角度来看却是失败的病例，患者发生多器官功能衰竭是多因素造成，如胸腔粘连严重，术中、术后出血过多，大量输血或血浆造成凝血功能紊乱，用多种升压药维持循环，使机体抵抗力下降，是发生多器官功能衰竭的主要原因。患者术前心、肺功能严重受损，肝肾功能不好，心肺联合移植手术创伤大、体外循环时间长。特别是肺部的排斥反应与心脏排斥反应有所不同，大量的抗排斥药物抑制了机体正常免疫功能,并对肾脏造成一定损害;大量的抗生素应用使得机体菌群失调,造成感染。

"活下来再说"

研究心肺联合移植技术期间,夏求明又完成 8 例心脏移植病例,他注重总结失败案例,也重视研究长期存活的患者,他常说:"失败的原因是什么?成功的因素有哪些?只有总结经验才能得到正确的结论,医生的知识很多都是来源于经验。"经过杨玉民、于文峰、赵传军、祝秀民等长期存活的心脏移植患者,夏求明认为,一些心脏移植的禁忌必须严格遵守,但另一些禁忌却可以被打破,比如年龄。

2000 年 1 月 14 日,夏求明主刀为一名 58 岁的黑龙江患者杨孟勇实施了心脏移植手术。当时国内心脏移植患者平均年龄仅 30 岁,58 岁的杨孟勇成为国内年龄最大的"换心人"。已经年逾 70 岁的夏求明又给医学界带来一个惊诧:原来,心脏移植的受体年龄并无"禁忌"。

从 1992 年第一例心脏移植成功到 2000 年杨孟勇的手术,夏求明完成了心脏移植手术 8 例。8 年间,北京等一些大型医院成为后起之秀,在心脏移植手术数量上已经超过哈医大二院心外科,但患者的生存质量和术后效果仍然难望项背。夏求明不断寻找和总结心脏移植患者长期存活的原因,研究心脏移植手术带来的一系列后续问题,以及长期存活患者的免疫抑制剂方案等课题。他认为手术效果与患者年龄无关,而是与患者术前病情和长期身体素质有关,因此,他大胆决定突破年龄禁忌,为 58 岁的患者杨孟勇实施心脏移植手术,创造了当时心脏外科界的"传奇"。

医学的奇迹由医生和患者共同创造,这一"传奇"的另一位创造者便是患者杨孟勇本人。

杨孟勇是黑龙江省一名作家,人生经历十分坎坷。他原籍在山东烟台附近的农村,7 岁丧父,8 岁母亲改嫁,10 岁时随叔父转业到黑龙江北大荒农场。16 岁那年，因为家里穷交不起学费，杨孟勇被老师点名批评，心高气傲的他受不了同学嘲弄，决定退学不再念书，从此小小年纪就进入农机工厂参加工作。

杨孟勇参加工作时，恰逢"大跃进"时期，每天要工作 18 小时以上，北大荒当地是严重的克山病病区，杨孟勇很快就感觉身体不适，经常捂着胸口说心疼。

> 我们那地区可能是缺硒，有很多人得克山病，当时老百姓不知道什么叫克山病，就叫攻心翻、羊毛疗。后来我住院的时候姚主任问我："你生活的地方有没有克山病？"我 16 岁辍学参加工作，有一天夜班，我心脏难受得受不了，当时我就说心疼。车间的师傅说我胡说八道，这么点小孩，还心疼。实际上当时没有医学知识，不知道克山病。到了 40 多岁的时候，就彻底发病了，第一次发病就差点晕倒车间里。[1]

年轻时期的杨孟勇聪明好学，虽然早早辍学，却很爱读书和研究新事物。凭借聪明和爱研究的劲头，杨孟勇成了车间的能手，对农机器械修理很在行。但是好日子没过多久，"文化大革命"风暴席卷农场，杨孟勇的叔父被打成"黑五类"关进监狱，杨孟勇平日里又爱好读书，接受新思想，很快也成为"斗争"的对象，遭到批判。刚刚新婚不久的杨孟勇夫妇就经历武斗、抄家的灾难，吓得一对年轻人如同惊弓之鸟。杨孟勇的第一个孩子在动乱中夭折。

不幸的遭遇折磨着杨孟勇一家，他开始变得暴躁、歇斯底里，甚至经常产生轻生的念头，他开始沉迷于自己的世界，用读书和写作排解抑郁，或者用一些疯狂的行为自虐。"文化大革命"结束后，杨孟勇很长时间都没有走出阴影，患上了严重的心脏病。敏感的内心和生活的积淀使杨孟勇走上了文学创作的道路，最开始他给兵团报社投稿，写通讯报道小文章，慢慢地开始撰写一些更深刻的文章，尝试自己创作。

---

[1] 杨孟勇访谈，2017 年 8 月 17 日，哈尔滨。资料存于采集工程数据库。

第六章　再创"心"纪录　　*161*

"文化大革命"结束后,很多杂志复刊,稿件需求量遽增。1983年,杨孟勇在《北大荒文学》杂志上发表了成名作《刻舟者》,引起关注。著名知青作家梁晓声、张抗抗、肖复兴等人都对此文赞不绝口。杨孟勇后来调到黑龙江农垦总局《北大荒文学》杂志当编辑,从事他所热爱的文学工作。然而,好景不长,杨孟勇的心脏病越来越严重,55岁那年他办理了病退手续。杨孟勇隐约感觉自己命不久矣,病退后第一件事就是"寻根",找到多年未见的母亲。

> 我当时估计自己活不了几年,就非常想我母亲。病退后我回家住了一年多,病情加重,我母亲在村子里找了一个中医,用大洗衣盆在锅里蒸中药,几十味中药,一边蒸,她一边叨咕:我家孩子千万不要死在我前面……我当时躺在炕上起不来,全身都肿,先从脚肿、腿肿,然后肚子里全是水,最后肿到头上了。我现在是长脸,那时肿成方脸、圆脸,而且脸色发青。舅舅听说我病了,从东北来看我,他到村子里打听我住在哪,村里的邻居说:他死了吧,他早都不行了。后来我感觉不行,还得回去。当时单位没搬到哈尔滨,还在佳木斯。我回佳木斯的第三天就住院了。①

杨孟勇从东北回到阔别了40年的故乡,本计划侍奉离散多年的母亲,没想到当年除夕夜的一场重病就倒下了。他在回忆录中写道:

> 心衰引起浮肿,两只瘦骨嶙峋的脚肿胀得如两个发面馒头,继而全身水肿,使我变成了一个水口袋,而且透明,用手按一下就会出现一个深深的凹陷。过了几天,我的头颅也没能幸免,原本瘦长的脸型,也肿成了圆形的。视物不清,眼前总是有蛛丝状的东西晃来晃去。是否病情已经使我的瞳孔在渐渐扩散?等到瞳孔完全散开,一个生命不就完结了吗?②

---

① 杨孟勇访谈,2017年8月17日,哈尔滨。资料存于采集工程数据库。
② 杨孟勇:《活下来再说——一位心脏移植者的自述》。北京:作家出版社,2005年。

在老家一病不起的杨孟勇决定返回东北，毕竟妻子儿女都在黑龙江，当地医院给他注射了强心剂，保障他在火车上的安全。家人立刻送他住进当地的农垦医院，此后的一个月，杨孟勇三进三出医院，心衰反复发作，挣扎在死亡线上。农垦总院的院长建议杨孟勇转到上级医院，他告诉杨孟勇"哈医大二院是他最后一线希望了"。

1999年12月27日，新千年即将到来前夕，杨孟勇住进哈医大二院心外科。心外科确诊他为终末期心脏病，除了心脏移植再没有其他的治疗办法。和很多患者一样，杨孟勇徘徊了很久，踌躇过、犹豫过、动摇甚至放弃过。住院期间，杨孟勇的家人带着他的检查报告奔走于哈尔滨各大医院、中医院、专科医院，寻找一丝希望，但均无能为力。

住院期间，杨孟勇第一次见到夏求明教授，夏求明仔细为他做检查后说："你的腹腔里全是水"，已经患病多年的杨孟勇明白，这是终末期心脏病患者最严重的症状之一。负责杨孟勇的主治医生是当时心脏外科的主任姚志发教授，他每天都来看望杨孟勇，调整他的身体状态，做杨孟勇的思想工作。不久，姚志发教授带着一丝轻松走进杨孟勇病房，告诉他找到了合适的心脏，配型各项都十分理想，只等杨孟勇同意手术了。

可杨孟勇却不知怎样面对积极治疗的医生，他很清楚自己没有出路了，死亡的现实、高额的手术费、无法预期的术后效果盘绕在他脑海，杨孟勇沉默了许多天。

杨孟勇的瞻前顾后落在姚志发眼里。有一天，姚志发又来看他，慢慢地说了一句改变他命运的话："老杨啊，现在你什么也别想，先活下来再说。"

"先活下来"像一股暖流迅速穿透了杨孟勇麻木的内心，让他久久无法平静，他忽地记起很久前读过的苏联小说《活下去，并且要记住》，小说讲述一个惧怕战争的逃兵，逃回村庄担心被发现，成天东躲西藏，挣扎在生死边缘，但最终活了下来。杨孟勇瞬间觉得冥冥中自有天意，多年后他记录下医生给他生命的启迪：

这是一个外科医生在向他的患者阐述那篇著名小说的要义吗？很

可能他没读过那篇作品，一生从医的他，也许压根不曾知道有这样的作品存在。这一切无关紧要，只要我这样认为就够了，因为他讲述得那样透彻明了，对生命那样富有启发诱惑，使一个迷失的人瞬间顿悟。是啊！应该先活下来。不是说留得青山在吗？当时我两眼眼角干涩，却有一种泪水盈盈的感受。我答应了，答应先活下来。生命需要活下来。①

杨孟勇工作的农垦总局和黑龙江省文联的同事们为他捐款凑够手术费，杨孟勇终于不必担心手术费用，专心投入这场"生命保卫战"。

2000年1月16日，星期天，清晨5时，杨孟勇的心脏移植手术准时开始。杨孟勇竟然没有一丝紧张，自己走上手术台，他觉得一切都有命运主宰。手术进行了6个小时，夏求明夹着弯针，像慈母为儿女缝补衣裳一般，一针一线为他缝合新心脏。助手陈子道医生第一个走出手术室，汇报手术成功的消息，手术室外杨孟勇的家人瞬间喜极而泣。

下午5时，杨孟勇闭了12小时的眼睛慢慢睁开，他发现自己躺在一间新房间，周围一片崭新明亮的天地，如同雪域冰峰般纯净。姚志发估计他快醒了，一直守在床边喊他："老杨啊，你醒了！这一关咱们闯过来了！"

术后第三天，中央电视台《晚间新闻》节目报道了哈医大二院又一例心脏移植手术成功的消息，为58岁的杨孟勇"换心"，打破当时国际医学界公认的55岁心脏移植上限的医学禁区！

打破禁区的杨孟勇很快成为红极一时的"明星"，很多医药卫生界专家学者和领导先后看望杨孟勇，包括时任国家卫生部副部长张文康、黑龙江省副省长王佐书、卫生厅厅长宋兆芹等。有一天，杨孟勇在走廊散步，电梯门忽然打开，里面冲出一辆重症患者的手术车，见他在走廊里挡住去路，推车人认出杨孟勇，冲他喊道："国宝呀，快让路！"原来，媒体已经把这位当时中国医学史年龄最大的换心人描述成了"国宝"。

术后不久，从美国进修回国的哈医大二院党委副书记李剑峰特地看望

---

① 杨孟勇：《活下来再说——一位心脏移植者的自述》。北京：作家出版社，2005年。

杨孟勇，还告诉他："老杨啊，你手术的第二天，美国和德国的互联网就有报导了。我当时正在忙，一个美国的医生很兴奋地告诉我，你们国家打破了55岁的禁区！好样的！"杨孟勇至今仍清晰地记得他自豪、兴奋的表情。

在死亡线上挣扎，杨孟勇被夏求明奋力拉回人世间，他清晰体会过生命的流逝和重生。作为一名作家，他敏感的神经一次次被新生和全新的心脏所打动。搁笔已久的杨孟勇重新拿起创作的笔，在术后第一个秋天写下诗句：

春天的一个早晨
醒来时发现自己
从昨夜开始，已经
睡进了一颗野草的心脏

梦中的情景
好像在北方
希望夏日寂静的早晨
能够听到 A 型血的奔流与歌唱

秋天已经临近
为何不把诞生不久的律动
悬挂在迎风的枝头
熟透的果汁，会在霞光中把她染红

野草，野草
不要把这一切，告诉黄昏的鸟群
入睡前，它们总要低语
小声述说每天的秘密

诗歌让杨孟勇感到震惊，他从未写过诗，病重以后多年没有写作，他时常感觉内心生出的诗意冲动，让他血液奔腾，催促他拿起笔写诗。2004年，杨孟勇将心脏移植的心路历程记录下来，完成一部17万字的作品《活下来再说》，由作家出版社出版，记载了他患病、住院和术后排斥反应和逐渐康复的全过程，描述了很多生存和死亡的病友，文笔细腻、观察入微，是我国心脏移植术后患者唯一一部全记录，启发了医疗行业的人文关怀，对无数心脏疾病患者具有深刻的教育意义。

如今，年过七十的杨孟勇又开始挑战另一项"禁忌"，术后第14年，他减服了抗排斥反应药物。夏求明并不支持，但也没有绝对禁止，对这位年龄最大的换心人，夏求明也期待新的医学奇迹，为医学再添重要经验。

  夏老师开始还担心，他说：你停药有两个结果，第一个结果肯定是排斥，现在文献和资料，查不到心脏移植术后可以停药；第二个结果是你挑战成功了。我说希望是第二种可能。因为我已经停了一年多了。

  实际上，我已经停药停五年了。2012那年，我在哈医大二院做体检，每年做全面的检查。首先要查血药浓度，2012年大夫给我规定125毫克，我自己减少了25，服用100毫克，因为我年纪大了，免疫力逐年开始下降。结果化验显示血药浓度是0，我当时就很奇怪，那时张烁主任问我究竟吃药没有，我说即使没吃药，检查这几天也得假装吃点药，她奇怪为什么血药浓度是0呢，我当时也不知道。

  2013年4月26日又检查，这次血药浓度是19，正常血药浓度应该是90—150。于是我想，如果我不吃抗排斥药看看怎么样。第三年我正式停了。

  2014年开始一点点减药，100、75、50、25，减下来了，2014年化验还是0，又做了各种彩超等各种检查，我怕有变化。那年我特别高兴，可以继续进行科学探索了。

  2014年8月10日我正式停药，当时我有点犹豫：停药行吗，万一出问题呢?①

停药三年后，杨孟勇身体状态仍然健康，甚至比很多七十多岁的老人状态更佳（图6-3）。夏求明解释，杨孟勇移植手术时接近60岁，身体机能已经开始减退，免疫功能进入自然衰退。停药时杨孟勇已经七十岁，相比年轻人，身体对移植器官的排斥更轻，或可无需服用抗免疫排斥药物。夏求明也产生一个大胆的设想：当移植器官在受体内长期健康存活，是否有可能产生自体的免疫耐受呢？然而，此时夏求明已九十岁高龄，他大胆的设想只能寄托给年轻一代去研究。

图6-3 "换心人"杨孟勇术后的健康生活

每次复诊，杨孟勇都会去看夏老师，对于夏求明，死而复生的杨孟勇满怀感激，在医患关系紧张的今天，一名患者从心底里对医生的感激，尤其珍贵。

只要去哈医大二院，我的第一个任务就是看夏老师。心脏移植团队的领头人呀，这个团队他是领头雁、一把手、开拓者，没有他就没有这个科研项目，没有这个团队。得病到了该死的时候，人就死了，没有一点希望。我最初预想做完移植能活三年就行了，谁想到能活许多三年，而且越来越好！没有这位长者，没有这位老先生，没有这位救命恩人，怎能有我们的生命。几小时之内可以救人一条命，这不就是神仙嘛。②

---

① 杨孟勇访谈，2017年8月17日，哈尔滨。资料存于采集工程数据库。
② 同①。

第六章 再创"心"纪录　　*167*

第七章
老骥伏枥　壮心不已

桃 李 天 下

夏求明学识广博，除了心血管外科，很多学科都有涉猎，广阔的学科视野在心脏移植研究这类系统工程中至关重要。夏求明的学生们也不局限于心外科领域，如今纷纷成长为各自领域的顶尖专家。

田家玮[①]是我国著名超声医学诊断专家，尤其擅长心脏疾病超声诊断。说起来，她并不是夏求明"名正言顺"的弟子，但却深得夏求明"真传"。田家玮的姐姐田家琦是皮肤科医生，夏求明还在医大一院时，两家便是邻居。田家玮自幼好学，夏求明对这位小妹妹非常欣赏。那时超声医学处于起步阶段，仪器设备十分落后，医生仅能从黑白的小屏幕看到模糊的器官轮廓，根本无法观察人体内部构造。夏求明教导田家玮，影像科医生必须

---

① 田家玮，哈尔滨医科大学附属第二医院医学影像中心主任、超声医学科主任，博士研究生导师，二级教授，享受国务院特殊津贴。任中华医学会超声医学分会副主任委员、中国医师协会超声分会副会长、中国超声医学工程学会副会长。

非常熟悉器官的解剖结构，才能根据影像做出正确判断。每当遇到特殊的心脏病例，他便让田家玮一起会诊，带着她参观手术，详细剖析心脏结构，教授心脏疾病和循环知识，这为田家玮未来成为黑龙江省心脏彩超领域的首席权威专家打下了坚实基础。

多年后，田家玮回想起来，认为夏求明对她的影响深远。

夏老师对我的影响最大，他经常和我说：你虽然是做超声的，但是不能只做超声，不与临床结合，进步就会非常慢。我按照夏老师教导的，给患者做完超声就去病房抄病历，去手术室观摩医生给我的患者做手术，这样才能验证我的超声诊断是否正确。那时候心外科医生并不信任超声，我们做的超声检查，心外科医生最初只作参考。但是夏老师很重视我，他接任主任后，每次有术前讨论或死亡病例讨论，都会让我去旁听。讨论会上各科室老师都会发言，我因此学到了很多东西。那时候我一有问题就问夏老师，那个年代没有参考书，夏老师就是我的"参考书"。没有超声心动图的书，我就请夏老师给我讲，这是什么病、心电结构什么样、我应该怎么看、病例为什么错……他对我关爱有加，在我的成长道路上真是起到了导师的作用。

我擅长心脏彩超诊断，这与夏老师有很大的关系。没有夏老师的心外科，就没有今天的我。因为心内科患者一般用药物或输液治疗，我们超声诊断的究竟对不对很难得到印证；但心外科做手术的时候就非常直观，胸腔打开就知道我的诊断对还是错。当时我记得夏老师以及其他心外科的老师做手术都会叫我去看，我个子矮，就踩着凳子看。心脏手术的开口很小，他们一边做手术，一边详细讲解。当时还没有三维超声，是这些手术让我在脑袋里建立起心脏的立体结构，所以我的心脏超声水平的提高全仰仗这些老师。当时在夏老师的领导下，心外科精诚团结，和谐上进；每天就是为了患者，早晨很早来、晚上很晚走，半夜有紧急情况也会立刻来医院。那时候医生的责任心，真是我们学习的榜样。[1]

夏求明不遗余力地培养各类人才，除了惜才之情，更源于他的医者仁心。20 世纪 80 年代医学检查方法有限，很多心脏疾病确诊依靠心血管造影，费用昂贵。为减轻患者的经济负担，夏求明希望医院的心脏彩超技术早日成熟，所以尽力帮扶，后来心脏外科患者的确诊主要应用超声诊断，仅检查项目便为患者节省近三分之一的医疗费。

熟悉夏求明的人，都对哈医大二院心外科死亡病例讨论印象深刻。夏求明任心外科主任期间，死亡病例讨论和术前讨论是科室内部最重要的会议。很多同仁认为，夏求明带领的心外科患者死亡率低、手术质量高，重视死亡病例有很大的原因。

当时每天早晨 8 点到 8 点半就开始讨论，有时讨论到 9 点。我每天都参加，特别是涉及超声的病例，夏老师会特意让我参会。出现死亡患者，他会让人准备材料、查找资料，然后进行死亡病例讨论。主要讨论患者为什么死亡、什么原因？是超声 X 光误诊，还是术前没有想到的原因？夏老师非常严谨，他对死亡病例的重视和严谨，在我们二院非常有名，除了沈阳陆军总院汪老教授[2]以外就是夏老师。哈医大二院心外科当时是黑龙江省的旗帜，死亡率低、成功率高，医护素质也高。夏老师还重视术前讨论。我想这些都是手术死亡率低、成功率高的原因。[3]

---

[1] 田家玮访谈，2017 年 8 月 28 日，哈尔滨。资料存于采集工程数据库。
[2] 汪曾炜，江苏人，沈阳军区总院心血管外科创始人，第二、第四军医大学教授，博士生导师，沈阳军区联勤部专家组副组长。从事胸心血管外科工作 50 年，擅长复杂先心病和心律失常外科，是我国该领域的主要奠基人和开拓者之一，首位在我国攻克法洛四联症矫正手术的心外科专家之一，在我国率先开展右心室双出口和室间隔完整肺动脉闭锁的矫正手术、心上型全肺静脉异常连接的心内修复、Ebstein 心脏畸形的房化心室折叠术等。获国家科学技术进步奖一等奖和三等奖各 1 项、全军科学进步一等奖 2 项和二等奖 14 项。享受国务院政府津贴，1996 年，被解放军三总部授予首届专业技术重大贡献奖；2002 年，荣获何梁何利基金科学与技术进步奖；2008 年，与夏求明共同获得中国医师协会颁发的"中国医师协会心血管外科医师奖"（金刀奖）。
[3] 同[1]。

原哈医大二院心外科主任蒋树林对当年死亡病例讨论会记忆犹新。

他不会问得你痛哭流涕，但是对于患者死亡的原因，他一定刨根问底，比如患者出现并发症是什么原因？患者死亡是什么原因？那时候准备患者的死亡讨论，主治医生首先要把整个治疗过程回忆一遍，然后尽快查找文献。那时候如果说"患者是因为病情太重"，肯定是过不了关的。现在有了互联网，查资料很容易，但那时候查就要困难很多。夏老师的英语水平非常高，他读的英文文献很多，这就要求我们也必须有这方面的知识储备，否则无法回答他提出的问题。那时候的要求非常严格。①

心外科的医疗高标准和教学长学制，使心外科招生名额有限。夏求明的研究生并不多，但每一位励志成为心外科医生的学子都十分出色，几乎全部成为业界知名专家。夏求明对学生们的培养和要求很高，他们选择的研究方向都是心血管外科界重要的研究分支。例如，博士研究生刘宏宇主攻冠状动脉搭桥，完成了黑龙江省首例冠状动脉搭桥手术；博士生臧旺福研究心脏移植，目前是上海同济大学附属第十医院心外科主任；硕士研究生于洋主攻方向体外循环，现任北京安贞医院科研部主任；博士研究生叶明研究方向是免疫耐受，现任哈医大二院重症医学科副主任；博士研究生李咏梅研究体外循环，现任哈医大二院体外循环主任；博士研究生张临友主要研究肺癌，现为哈医大二院胸外科主任；硕士研究生莫绪明研究房颤的外科治疗，现任南京儿童医院院长；硕士研究生张海波现任北京安贞医院心脏外科主任，是国内著名的心脏瓣膜病、心脏移植专家。

夏求明培养学生的方式既严谨又自由——对于科学操作、求证过程非常严谨，要求极高；对于学术方向、学术思想又十分自由，甚至天马行空。一位听过夏求明本科课的学生回忆，课堂上夏老师经常讲述学生们从未听过、也不敢想象的大胆设想，但他的这些设想又像预言家一般神奇，

---

① 蒋树林访谈，2017年6月2日，哈尔滨。资料存于采集工程数据库。

如今很多都变成了现实。夏求明对学生的激励、对科研工作的态度，为学生们做出优秀的榜样。

治学严谨，学术自由。夏老师平时板着脸挺严肃的，私下和我们学生在一起的时候，非常自由，非常年轻。他特别理解年轻人的心态，而且能把你的斗志很自然就撩拨起来，这些都建立在兴趣和自由的基础之上。我也把夏老师的理念潜移默化地运用到我的教学上，我觉得学术自由十分重要，老师当年也是这么培养我的，如今我也这样培养我的学生。我的教学理念是要培养学生的兴趣，才能不须扬鞭自奋蹄，我们作为导师只是把他们"扶上马"。我的教学理念和夏老师的言传身教是分不开的。①

器官移植立法

夏求明率领团队接连成功完成多例心脏移植手术，震动国内心血管外科界，各地区心血管外科纷纷来取经，学习心脏移植技术。夏求明认为心脏移植手术技术的普及能惠及广大中晚期心脏病患者，虽然心脏移植手术能带来极大的经济效益，但为了能让更多患者得到救治，夏求明决定普及心脏移植技术，毫无保留地公开手术技术难点和细节。

1994年，黑龙江省医学会心胸外科专业委员会成立，夏求明当选首任主任委员，后任中华医学会器官移植分会委员。90年代中后期，哈医大二院心外科举办了多次心脏移植技术培训班，发表和传播心脏移植技术与学术进展。1999年，夏求明又在哈尔滨举办了全国首届心脏移植研讨会，著名移植专家夏穗生教授和心血管专家朱晓东院士对大会给予了极高的评价，认为哈医大二院的心脏移植工作无论是在临床还是科研中，均处于全

---

① 于洋访谈，2015年11月1日，北京。资料存于采集工程数据库。

国领先地位，极大推动了国内心脏移植工作的开展。

2000年，夏求明带领心脏移植团队飞赴昆明，在当地医院完成了我国西南地区的第一例心脏移植手术，术后，夏求明安排重症医学科医生留守昆明数月，以保证术后患者安全渡过急性排斥反应期，患者术后健康存活。1995—2005年的十年间，夏求明带领团队参加了沈阳、北京、福建等全国多地区的心脏移植指导和会诊，深受业界同仁尊敬。

我国著名心脏移植专家、原福建省协和医院院长廖崇先[①]回忆夏求明完成的心脏移植手术对他们的影响时，仍然满怀感激。

> 夏老师领导的哈医大二院的杨玉民心脏移植手术成功，对我们的鼓舞很大，我非常想学习夏老师先进的技术和经验……1995年8月21日，我们在福建做了第一例毛机水的心脏移植手术。为此我曾带团队找夏老师取经，夏老师毫无保留地把实验和临床经验传授给我，从取心、心肌保护到手术的操作、术后治疗，让我们非常感动。夏老师心外科领域的旗帜，鼓舞着我们前进。
>
> 从哈医大二院学习回来后，我们信心倍增。第一次开展临床手术时，还特意请夏老师以及湘雅二院的一位教授来坐镇，他们两人在手术室外，以防突发事项。我们的第一例临床手术比较顺利，夏老师赞扬我们的准备工作到位、细节处理很好，甚至比他们当时的第一次手术还要好。这例手术的成功，要感谢夏老师和哈医大二院，给我们支持和鼓舞。[②]

1998年，夏求明组织相关学科人员编写《现代心脏移植》（人民卫生

[①] 廖崇先，我国著名的心血管外科专家，福建医科大学附属协和医院主任医师、教授、博士生导师，厦门心脏中心特聘高级专家，心血管外科主任、博士生导师、学科带头人，享受国务院特殊津贴专家、福建省优秀科技工作者、全国优秀科技工作者，福建省著名心脏外科专家，1963年毕业于上海第一医学院（现复旦大学上海医学院），先后在上海中山医院上海市心血管病研究所心外科和福建省立医院、省心研所心外科工作。1986年自美国留学归来后于1987年创建福建省协和医院心血管外科，2001年创建厦门心脏中心心血管外科。1995年福建省第一例心脏移植手术主刀医生，心脏移植患者毛机水迄今仍健康存活。

[②] 廖崇先访谈，2017年9月19日，福州。资料存于采集工程数据库。

出版社，1988），详尽著述其团队多年来开展心脏移植的研究成果，内容包含免疫抑制学、体外循环、心脏移植的麻醉、供心切取、心脏移植手术方法、术后急性排斥反应监测等，这部著作当时堪称心脏移植领域的"圣经"，被作为标准教材研读。在夏求明等一大批心脏移植领域专家的努力推动下，我国心脏移植事业呈现蓬勃发展的新局面。

> 在心脏移植方面，湘雅二院的周汉槎教授编译了《临床心脏移植学》，夏老师后来出版了《现代心脏移植》，是我的"圣经"，不断学习，吸取营养。可以说我们的心脏移植，很大程度上学习和借鉴了夏老师领导的心脏移植小组所取得的成果。①
>
> 1995年以后，我们在全国在22个省、市、自治区的各大医院推广心脏移植手术。当时，我们觉得，只有一两家医院做心脏移植手术是不行的，要让更多医院接受这个手术。我们的推广有了一定的效果，到了90年代末，心脏移植手术就全面推广了——先是上海中山医院连续做了几十例，紧接着阜外医院和中山医院分别于2000年、2001年开展，随后武汉等地也蓬勃发展起来。
>
> 现在，心脏移植手术在武汉协和医院、北京阜外医院、北京安贞医院、福建协和医院等，已经成为常态化手术，这几家医院可以完成近百台心脏移植手术。②

2002年，夏求明带领的心脏移植课题组获得国家科技进步奖二等奖，距他第一次完成心脏移植手术已经过去十年，十年间，夏求明为心脏移植课题做出了一系列重要研究。在评价心脏移植手术，他时反复强调：心脏移植手术绝对不是"一把刀"，不仅是手术技巧的问题，而是涉及许多学科的系统问题，盲目开展心脏移植手术而不注重患者生存质量，会违背心脏移植手术的初衷。

中国工程院院士、前哈尔滨医科大学校长杨宝峰回忆夏求明获奖的情

---

① 廖崇先访谈，2017年9月19日，福州。资料存于采集工程数据库。
② 同①。

景，对他不求名利、严谨科学的态度十分钦佩。

在我之前，金铮校长、金连弘校长等多位校领导都希望夏求明申报这个奖，但是他非常严谨，说：没有十年积累，我不报。到了2002年正好十年，我又建议他报国家奖，这次他终于同意了。毫无悬念，夏求明凭借他在心脏移植领域的卓越成就，获得了2002年国家科技进步奖二等奖，说明他作为我国大器官移植、特别是心脏移植的第一人，获得了国家的认可。通过这件事，我了解了他不仅是一位名医，更是一位严谨谦虚的科学家。除此之外，他非常具有奉献精神，团结合作、锲而不舍、勇于创新，这就是他为什么取得了成功，为什么值得我们今天去追忆、去学习、去弘扬。①

图 7-1 2003年，夏求明获得国家科技进步奖二等奖

就在我国心脏移植蓬勃发展的时候，我国脏器移植事业却遭遇了重大危机。2000年后，随着中国改革开放的步伐越来越大，科学、法律等领域逐渐与国际接轨，国际人权组织对我国脏器移植事业提出了诸多质疑。此外，由于法律条款和伦理程序的差别，我国脏器移植的学术研究成果迟迟不被国际医学期刊认可。与此同时，国内个别地区的器官移植，特别是肾脏移植领域出现了一些乱象，管理上的漏洞给一些不法分子带来可乘之机。

一边是器官移植乱象丛生，另一边是庞大的待移植患者在生死线上争

---

① 杨宝峰访谈，2017年8月31日，哈尔滨。资料存于采集工程数据库。

扎。器官移植规范化迫在眉睫。

　　法律的缺失，使脏器移植事业的发展道路存在严重问题。以医学发达的日本为例，1968年，日本札幌医学院从一名脑死亡供体获得心脏，实施了亚洲第一例心脏移植手术，术后患者存活了80多天，主刀医生因此被指控谋杀，虽最终未进入司法程序，但这件事使公众对脑死亡产生严重的怀疑。1969—1982年，日本再未提出脑死亡的概念，也没有进行过心脏移植。1983年，日本卫生与福利部制定了日本脑死亡的标准，引发之后国内长达10年的争论。1992年，日本脑死亡与器官移植委员会重提脑死亡概念，为器官移植手术奠定了基础。1997年，日本颁布器官移植法。1999年，在第一例心脏移植手术过去31年后，日本终于实施了第二例手术。

　　夏求明也意识到供体不足将成为制约心脏移植发展的瓶颈，心脏是人体唯一、不可或缺的器官，只有志愿死亡捐献才能解决供心不足的难题，这本应是崇尚奉献、传递生命价值、体现社会文明程度的伟大事业，理应受到阳光普照。夏求明与全国人大代表、时任哈医大二院院长徐秀玉商议，尽快推动以心脏移植为首的大脏器移植事业向良性方向发展。2003年，徐秀玉在第十届全国人大一次会议上提交建议，呼吁尽快制定和出台"脑死亡法"，确定脑死亡标准、规范器官移植医疗标准、器官分配标准，以促进我国器官移植事业健康、顺利发展。

　　早在2000年4月，国家卫生部科教司便启动了起草、制定我国"脑死亡判定标准"的工作，成立了起草小组。2003年11月，我国《脑死亡判定标准》和《脑死亡判定技术规范》征求意见稿出台，夏求明受邀参与意见稿的修改论证工作，国家脑死亡判定标准的框架和主要内容初见雏形，为未来公民自愿捐献器官奠定了医学法律基础。

　　2003年7月27日，湖南省长沙市一家酒店的会议室外警戒森严，一批学术专家和卫生部官员步入会议室，随行人员一律在门外等候不得入内。参会人员共43名，除卫生部工作人员外，还包括裘法祖、陈实、黎介寿、夏求明等我国器官移植领域的专家，以及北京大学法学院、中国政法大学、武汉大学法学院等法学领域专家。这批中国顶尖的医疗卫生管理、法学与医学智囊，在这里召开了《卫生部器官移植管理立法论证会》，拉开我国器官移植立法工作的序幕。

同年 12 月，夏求明接到卫生部问询函，参与修改《器官移植准入条例》草案（以下简称《草案》）。《草案》要求，我国各医疗机构在开展器官移植手术前，必须由相关部门对医疗资源、技术实力、硬件配置、医疗经验等进行全面审核，规定了各医院针对不同脏器进行器官移植手术的准入资格，全面规范器官移植医疗市场。

12 月 27—29 日，夏求明再赴海南省，召开《中国器官捐献与移植合作项目》专家扩大会议，与时任卫生部副部长黄洁夫等专家，就公众器官移植捐献意识和科学知识的宣传教育，以及器官捐献与移植的立法研究等工作，开展广泛交流研讨。器官移植专家们担忧，一旦立法程序启动，器官捐献工作跟进不足，将会造成脏器移植手术的严重停滞，大量终末期器官衰竭患者得不到及时救治。因此，专家们达成共识，在政府推进立法工作和完善器官移植捐献程序的同时，同步推广宣传器官捐献，扭转国人的保守观念。

2007 年，国务院颁布《人体器官移植条例》，明确规定器官捐献的来源和公民捐献器官的权利。2009 年，原卫生部下发《关于境外人员申请人体器官移植有关问题的通知》，严格限制"移植旅游"。2011 年，《中华人民共和国刑法修正案（八）》施行，器官买卖和非自愿摘取器官写入刑法。2013 年，国家卫生计生委出台《人体捐献器官获取与分配管理规定（试行）》，以部门规章的形式，确保器官捐献移植的透明、公正、可溯源性。

2014 年 12 月，我国宣布公民捐献成为器官移植的唯一合法来源。有人说，中国器官移植的冬天到了，因为没有老百姓会自愿捐献。黄洁夫却说"是春天到了"。

黄洁夫的话很快得到印证。2015 年，中国公民的器官捐献数量大幅提升，从 2014 年的 1500 例增长到 2766 例。我们的努力也得到了国际器官移植界的认可，2015 年也被誉为中国器官捐献移植实现里程碑式转型的一年。

爱心的启示

如今，随着医疗条件的进步，加上心脏外科专家们的积极推动，心脏移植在我国医疗界已经发展成为十分成熟的技术。然而，心脏移植仍然面临供体不足、受体准备欠缺、转运流程不够快捷等因素的影响，北京、上海、广州等地逐渐成为脏器移植中心地区，黑龙江省虽然在心脏移植领域迈出了重要的第一步，但由于地域因素和社会观念的影响，手术的实施数量远远落后于北上广等地区。夏求明积极参与国家器官移植立法工作，呼吁社会关注心脏移植患者、积极奉献爱心，扭转东北地区长期以来对器官捐献的保守思想。

哈医大二院对夏求明的主张非常支持。每年4月26日是第一例"换心人"杨玉民定期体检的日子，也是他"重生"的纪念日。随着杨玉民的身体越来越健康、生活越来越好，越来越多的心脏移植患者自觉地围绕在他身边，与他交流往来。每年的这一天，哈医大二院的专家和患者都要聚一聚，为恢复健康的杨玉民庆祝他的第二个"生日"。

2005年春天，时任哈医大二院党委宣传科副科长李华虹发现，我国已经确定多个以某一疾病或器官为主题的健康纪念日，例如爱牙日、爱耳日、疼痛日等，唯独没有以心脏健康为主题的纪念日。受到这些健康节日的启发，李华虹想到，能否将每年的4月26日定为"爱心日"？"爱心"二字既表达了呵护心脏的健康理念，还含有传递爱心的互助思想。李华虹便向医院领导提出动议，将"爱心日"策划成为有社会影响力、有社会意义、更有益于心脏病患者与医学科学发展的社会性活动。于是，2005年的4月26日成了哈医大二院的第一个"爱心日"，主题为"呵护心脏，关爱健康"，取其"爱心"之意，倡导保护心脏、奉献爱心。

2005年4月26日9时整，在第一住院部门前，哈医大二院第一个"爱心日"的典礼仪式隆重开始，仪式现场布置以红色为主，会场背景展板绘有一双纤细的手捧着一颗漂亮的红心，上面是"爱心日"的图案标志的，高高悬挂在第一住院部二层门楼上，在阳光下显得尤其耀眼。中国工程院院士、时任哈尔滨医科大学校长杨宝峰，时任黑龙江省卫生厅原厅长金连弘，黑龙江省医学会、医师协会等领导和夏求明等心脏外科及心内科医护人员出席了这次活动，杨玉民、于文峰、杨孟勇、赵传军、叶建华等"换心人"来到现场，杨玉民12岁的女儿还发表了热情洋溢的发言（图7-2）。典礼仪式结束后，夏求明、于波、蒋树林、田伟臣、关振中、于汉力等来自心内科和心外科的专家，组成了近30人的医疗团队，进行了大型义诊活动，为近千人做了关于心脏疾病的咨询和健康辅导，场面非常壮观。

图7-2　2005年4月26日，杨玉民（左一）携妻女参加哈医大二院首届"爱心日"活动

　　第一届"爱心日"当天召开了隆重的新闻发布会，中央电视台、中央人民广播电视台、黑龙江电视台、黑龙江日报等40余家媒体进行了报道，一时间成为热门的新闻话题。此后，哈医大二院于每年4月26日举办"爱心日"活动，夏求明与他的"换心人"们都在这天齐聚一堂，除了给他们体检，众多医学专家们通过举办义诊、科普宣教等活动形式，宣传普及心血管病的预防保健知识，推广器官捐献的理念，采取医疗惠民措施回馈人

民，宣扬爱心传递、关爱社会的医学大爱精神。

如今，哈医大二院的"爱心日"已成为黑龙江人民心目中的健康"金字招牌"。2006年第二届"爱心日"，哈医大二院与市卫生局联合为全省各市县社区医院免费培训全科医生，扩大远程会诊规模；2007年第三届"爱心日"，哈医大二院启动"哈医大二院心脏移植爱心基金"，为需要救助先心病患者提供帮助；2008年第四届"爱心日"的主题是"爱心救助"，除了开展大型义诊活动，哈医大二院全体员工向龙广爱心基金捐款13万余元，心内科还免费为两名特困儿童进行了先心病介入手术，超声医学科也为多名先心病术后患儿免除了心脏彩超检查费（图7-3）。

图7-3 2008年第四届"爱心日"，夏求明与他的心脏移植患者们合影留念（左起：赵传军、孙立斌、于文峰、夏求明、杨玉民、杨孟勇）

这一年，夏求明获得了由中国医师协会颁发的金刀奖——终身成就奖，该奖项高度评价了他完成的心脏移植手术在我国脏器移植历史上的重要作用。

2009年，"换心人"杨玉民迎来了术后第17个"生日"，哈医大二院也迎来了第五届"爱心日"。这一年的"爱心日"与往年不同：2009年我国四川地区遭遇了严重的大地震,哈医大二院派出多批医疗队奔赴四川支援灾后救援,在哈医大二院完成心脏移植手术的四川籍"换心人"叶建华竟然主动找到医疗队,表示希望为医疗队当翻译、做义工。

图 7-4 2002 年,夏求明荣获中华医学科技奖一等奖

为使更多的群众受益,尤其是为震后的灾区群众送去爱心,哈医大二院在黑龙江和四川两地同步举行了第五届"爱心日"大型义诊系列活动,同时还与四川省江油市中医院联合创建了"爱心日"合作医院,聘请叶建华为哈医大二院和江油市中医院的"爱心使者"。

这年,哈医大二院已有 3 位"换心人"的术后生存时间超过 10 年以上,不断刷新着中国心脏移植的奇迹。为了更好地探讨心脏移植患者术后长期、高质量生存的问题,2009 年 4 月,哈医大二院联合国际心血管病和基因研究领域专家成立了"心脏移植长期存活研究攻关"课题组,依托现有技术力量,借鉴国际最新研究成果,持续研究脏器移植相关课题。

哈医大二院"爱心日"的影响力逐年扩大,"爱"与"心"的理念逐渐得到广泛认同。2010 年 4 月 26 日,哈医大二院的第六届"爱心日"也是当杨玉民的第 18 个重生纪念日,哈尔滨、齐齐哈尔、同江、绥芬河四地医院联动,在黑龙江省范围内举行了大型义诊活动,共同庆祝"换心人"杨玉民崭新的"成人礼"——18 岁生日。继四川江油市中医院之后,齐齐哈尔市人民医院、同江市医院、绥芬河医院同时建立了"爱心医院",在"爱心日"当天举行系列活动,以实际行动支持"爱心日"理念。义诊当天,哈医大二院心血管病专家通过网络,为远在绥芬河的俄罗斯心脏病患者做了远程会诊,将爱心与先进的医疗技术,传播到海外和边区。同时,哈医大二院心内科为一名年仅 5 岁的贫困先心病患儿做了免费介入手术。义诊队伍还来到哈尔滨市儿童福利院,为 200 多名孤儿做了全面体检,把

图7-5 2009年第五届"爱心日",患者向夏求明(左二)和哈医大二院院长张斌(左三)表示感谢

爱心和健康送到失去亲人的孩子身边。

2011年,国家卫生部提出加强儿童先心病防治工作。同年,哈医大二院的第七届"爱心日"以"关爱幼小的心脏"为主题,呼吁关注儿童心血管疾病问题,将爱心送给贫困的先心病儿童,为他们能够健康快乐成长奠定健康基础。当天,医院派出心内科、心外科、儿内科顶尖专家,举行大型义诊活动,为数百名心血管疾病患者免费诊疗,还筛选了6名先心病儿童实施免费介入手术。哈医大二院第二位"换心人"于文峰(目前国内大陆地区存活时间最长的"换心人")也来到义诊现场,作为一名人民教师,他对于儿童心脏病的防治工作十分热心,主动为现场的孩子和家长宣讲心脏保健知识,受到小朋友的欢迎。

2010年,夏求明的第一位"换心人"杨玉民病危,夏求明带领团队进行多次会诊。在心脏移植手术后,哈医大二院对杨玉民等患者一直保持着非常完备的术后随访,心内科、超声医学科、病理科、风湿免疫科、重症医学科等相关科室都参与了心脏移植患者的术后随访,一旦发现慢性排斥反应或者其他疾病会及时纠正和治疗。然而，杨玉民本人却对自己的身体过于"自信"，术后爱喝酒、熬夜，还常常擅自停药，因为酒后痛风、车祸等事件住院数次。

杨玉民的文化程度不高，常常背着医生做很多"荒唐"事，但夏求明仍然像爱自己的孩子一般疼爱杨玉民。眼看杨玉民的身体越来越差，夏求明感到十分难过，他为此红着眼圈，手上的烟也一支接着一支。

2010年11月20日，夏求明的第一位心脏移植患者、当时我国大陆地区心脏移植术后存活时间最长的"换心人"杨玉民，在度过了十八年半的重生岁月后，因多脏器衰竭去世。由其保持的我国心脏移植术后存活纪录，传递给夏求明完成的第二例心脏移植患者于文峰，目前，于文峰仍然健康生活，从事着教育工作。

几位心脏移植术后患者、与杨玉民熟识的"换心人"都来到哈医大二院送老大哥最后一程，大家又一次聚到夏求明身边。见到熟悉的夏老师，他们就更加有了信心，继续面对生活。杨孟勇曾经这样描述过对夏老师的感情。

> 他几乎成了我们的亲人，论感情比亲人还亲，真是不是亲人胜似亲人。我把他当成一位老长辈，是救了我的命的人，是给了我第二次生命的人。每次见面我都想在他身边多待一会儿，在他身边就很有安全感。[①]

杨玉民离世后，他的心脏封存入医学馆藏，继续支持心血管病的研究工作；叶建华又亲历了罕见的心脏二次移植手术，容纳了第三颗心脏；年龄最大的杨孟勇越活越年轻，写书作画，已成黑龙江省文化界名人；于文峰换心已迫近三十年，刷新了中国内陆地区的心脏移植存活纪录，仍然活跃在事业的最前沿……他们对来之不易的新生活无比珍惜，对失而复得的心脏非常爱惜，尽全力在各自人生轨迹上续写精彩的篇章。

---

① 杨孟勇访谈，2017年8月18日，哈尔滨。资料存于采集工程数据库。

白驹过隙，光阴荏苒。以夏求明为代表的一代又一代心血管病专家默默耕耘。一台台手术、一张张处方、一本本病历……在手术台上，他们兢兢业业、一丝不苟；在手术台下，他们热衷公益、奉献爱心。夏求明常说，自己只是开了个头，医学有太多未知的问题需要探索，心脏疾病的本质还远远没有被认识，留给后代的任务还很艰巨。我国心脏移植的发展历史凝聚了医学的大爱、人类的极限、科技的进步，在发展道路上，爱心一次次被诠释，换心前路仍未央。

后世纪念

2019 年 6 月 5 日，夏求明因病医治无效，在哈尔滨逝世，享年 94 岁。

夏求明逝世后，社会各界人士通过各种方式表示沉痛哀悼，他的患者、亲朋、同事纷纷在自己的博客、微博或个人空间发文致哀，国内医学专业类媒体、黑龙江媒体发布了长篇的纪念文章，回顾夏求明教授为医学所做的贡献，缅怀他令人敬仰的一生。

尊重夏求明教授的遗愿"不开追悼会，不要搞纪念仪式，一切从简"。6 月 7 日，夏求明教授遗体告别仪式在哈尔滨西华苑举行，数百名全国各地的学生、患者、同事和社会各界来宾自发汇集到哈尔滨西华苑，参加了告别仪式，隆重而庄严地向这位医学泰斗做最后的告别。

中华医学会、医学界、搜狐网、腾讯网等发表文章深切缅怀我国心脏移植开拓者夏求明教授："作为我国心脏移植的开拓者，夏老的一生是忘我、坚持、钻研的一生，哪怕是在动荡、坎坷的岁月里，夏老都没有想过放弃。'心无名利，只念家国'是夏老最真实的写照！夏求明教授虽然逝世了，但经他手术救活的病人还在健康地存活着，由他开启的哈医大二院心脏移植的历史新篇章，还会在一代代医生的努力下，继续书写下去。"

结 语

"开心"人的"爱心"人生

面对夏求明精彩的人生长卷,我们只能撷取点点闪光,竭力组成一部绚丽华章。掩卷遐思,我们分明看到一位英俊少年,他雄姿英发、踌躇满志,又翩翩守礼、满怀慈悲。在风云动荡的年代,他安静地持刀引针,只专注一颗颗跳动的心。经历抗美援朝的血腥,熬过政治运动的十年孤独,他指挥百人医疗战队终于完成国人数十年的夙愿,重燃祖国医学界对心脏移植的热忱。他的人生,潇洒至极。

纵观夏求明波澜壮阔的学术人生,正如其父为夏家三个子女的取名一般——求真、求明、求洁。他对医学本质"求真"不辍,每一个医学现象必求其原理,每一位特殊病例必究其病根。找准问题才能做出正确解答,技术可以靠练习获得,但精准、快速、有效的思维判断却得益于学术素养、丰富经验和天赋积累,这种求真务实的精神对于一名外科医生尤为难得。他对医学发展和人情世事"求明"通达,看待事物的眼光从不流俗,不追求利益,不参与纷争,支援边疆的决定、政治运动的蛰伏、拒绝上海的召唤,他心系祖国发展、医学进步、患者利益,从不犹豫,从未动摇。他从医做人一生"求洁"清廉,从未收过"红包",甚至自掏腰包给患者治病，不追求名利，一心治病救人，从来不以青史留名、成名成家为目的，使得他的创新和科研成果更贴近临床、更有实效。夏求明以年逾九十高龄之姿仍开心快乐地为医疗工作、为患者奉献，他的人生就是一位"开心"人的"爱心"人生。

正确高尚的人文教育

不同于理工学科，医学的研究和服务对象是活生生的人，既有客观规律，又有人文关怀。医学生的培养周期远远长于其他学科，因为医学教育不单要培养学生精益求精的技术，更要培养他们良好的医德。在漫长的医学学习和临床生涯中，夏求明秉持为患者负责、生命至上的理念，最终成为一名杰出的医生和临床医学科学家，得益于正确高尚的人文教育养成了他的人生观、价值观、事业观。

对职业的"事业观"，夏求明曾说："一个人，既然你选择了这个职业，就要认真去完成这个职业的任务。如果想赚钱就去从商，如果想当官就去为官，医生是就只是救死扶伤。"

对待医学"价值观"，夏求明曾说："患者完全信任你，把生命交托给你，他没有别的要求，你治好治坏，他把命都交给你，而不是钱的买卖，不是人和人的交换。"

对待医生成长的"人生观"，夏求明曾说："我们真正医学的本领从哪里来的？是从患者身上得到的。医生生下来就会做这个手术吗？没有！患者他用身体奉献，让你在他的身上得到知识，得到才能，我们的技术是在患者身上得来的。所以，我的观念是，技术是患者给我们的，有了患者才有我们。"

夏求明一生的医学生涯，秉承这些信仰和理念，坚守医生品德的最高标准，在风云多变的时代甚为难得。而这主要来自夏求明的家庭、学校和社会对他的人文教育。

夏求明的父亲夏仲方是上海著名经方学派中医，后任上海华东医院中医科主任。在父亲的影响下，夏求明接受了良好的医学世家熏陶，对夏求明未来的医德养成起到了重要的典范作用。夏仲方行医不迎合富贵、不避嫌贫困，入药不多，但效果治本，为贫苦患者所称道，遇到困难患者常常不收诊金、赠医赠药。父亲体会患者疾苦、爱护病患的良好医德，潜移默化地培养和教育着夏求明。

夏仲方不问政治，却充满爱国情怀。在新中国成立后带头结束私人营业，投身公立医学事业，尽显大医精神。夏求明子随父业，虽然学习西医，但积极响应国家号召，主动报名参加抗美援朝医疗队、支援边疆建设，一生扎根祖国边陲黑龙江，得到了父母家人的鼎力支持。在随后的政治运动中，夏求明始终坚守医生岗位，不离手术刀、不弃疾病患者，在动乱中反而锻炼了手术技能。在20世纪80年代的心外科重建过程中，夏求明克服种种艰苦的医疗条件，一心向着重开心外手术的目标前进。这些坚持，在旁人看来实属不易，但在夏求明心中却再自然不过。这些都得益于夏家的良好教育和支持。

夏求明在哈医大一院时的同事兼好友曲仁海形容夏求明的父亲"十分精干、少言寡语"，母亲"持家有方，也是受过教育的知识女性"。对待医学，夏求明父子均以严谨著称，据儿子夏青回忆，祖父和父亲都善于记录，每有学习和研究心得，必须记录在便签上，对待问题必须求根寻源才能定论。

夏父严格的家教、严谨的治学态度、对待患者的慈悲，以身为范地影响了子女们的一生，夏求明和他的姐姐、妹妹三人都成为各自研究领域的顶尖学者。夏家的教育如同涓涓细流，润物无声，对夏求明性格养成起到至关重要的作用，塑造了他彬彬有礼、与人为善的温和性格，以及对待医学严谨求实的思维方式。

另一种人文教育，来源于夏求明就读的学校和他所经历的社会教育。夏求明幸福快乐的童年时光止于战乱，一家人开始颠沛流离、四处逃亡，多次与死亡擦肩而过的经历，给幼年的夏求明打上深深的烙印，家庭的责任感和爱国主义情怀，以残酷的方式裹挟他成长。抗日战争时期，夏求明就读的上海中学的教师和同学自觉抵制日语教学、支持抗日，就是活生生的爱国主义教育。

防止血吸虫病和抗美援朝志愿医疗队的经历对夏求明产生了很大影

响。年轻时期的他血气方刚、意气勃发，作为一名学生很难表达对侵略者的愤怒，只好用积极的社会实践彰显满腹的爱国情感。1950年，夏求明等圣约翰大学医学院学生参与了上海郊区防止血吸虫病运动，与解放军部队一起下乡逐户走访排查疫情，在下乡诊疗的过程中，夏求明与解放军部队官兵结下了深厚的情谊，战士们对老乡们的热情和关怀，分文不取的爱民举动，带给夏求明深深的感动和触动。

防止血吸虫病活动结束后不久，朝鲜战争打响，与夏求明曾经一起下乡的部队战士再次奔赴抗美援朝战场，部队伤亡惨重。国家的需要、友人的伤病，令夏求明热血沸腾，他毫不犹豫地报名参加第一批抗美援朝志愿医疗队，奔赴前线支援战地医疗。这在当时无疑是一项惊人之举，战争伊始，战争前线的形势不明，上海社会对抗美援朝的态度也举棋不定。因此，第一批报名参加医疗队的同学全部是党员或团员。他在志愿书上写下"为了新中国的自由、独立，为了争取和平，为了更进一步表现爱国热潮，为了我们的下一代，这些都是每一个新中国的人民应负的责任"。彰显了青年时代的夏求明为国奋斗的爱国热忱和身为医生的高责任感。

抗美援朝期间，夏求明等八名同班同学被分配在通化二道江第十一陆军医院，负责接收从前线转下来的受伤战士。时值新中国刚刚建立，又是隆冬时期，北方的物资急缺，解放军战士们把有营养的食物留给受伤的战士和志愿医疗队的学生们，他们无私奉献的精神对夏求明影响极大。同时，抗美援朝医疗队在战争伤员救治、医疗流程调度和死亡病例讨论等方面的医疗救治措施，也给夏求明等医学生上了极其生动的医学教育课，丰富了夏求明的从医经验。

战争时期结下的情谊，令夏求明终生难忘。抗美援朝志愿医疗队的经历，彻底改变了他的人生选择——曾经，他学医是听从父亲的意见，认为学医是一项技能，会有不错的收入；经过战争洗礼，他意识到学医不是用来赚钱的，医生的根本是治病救人、解除疾苦、保卫和建设国家，战争经历树立了他的爱国主义精神，改变了他的人生方向，这是他后来选择支援边疆建设、扎根祖国边陲的根本原因。

扎实的基础教育和高水平的医学教育

夏求明就读的圣约翰大学被誉为"东方哈佛",这所当时上海乃至中国最优秀的大学之一,在它存在的73年间成果显赫,培养了一批著名专家学者,其医学院的教育体系至今仍在现代医学高等教育中沿用。夏求明在圣约翰大学的七年大学生涯中,接受了扎实的基础教育和当时国内最高标准的现代医学教育,为他后来从医打下了坚实的基础。

英文教育:圣约翰大学对英文非常重视,几乎所有专业课程均用英文授课。夏求明入学时英文较差,他刻苦努力补习英文,养成了优秀的英文读写能力。现代医学发源于欧美,有关医学的知识信息等几乎都要从国外获得,英文水平直接决定了医学信息的获取能力。语言能力扩大了夏求明的眼界,在夏求明的整个从医生涯中,对英文资料收集和转译帮助他医学学习能力的提高,也有助于他建设团队、培养人才,使得他带领下的心外科团队能够紧跟国际学术前沿。

医学基础教育:作为出色的外科医生,扎实的基本功主要体现在手术技术,解剖机理是否熟悉、刀法缝合是否正确、病灶判断是否准确、能否在术中为治疗做出最快最正确的选择等,训练这些素质的基础就是解剖学。在圣约翰大学医学院,夏求明接受了良好的解剖学训练,课程设置合理,解剖实践条件充分,使他得到充分锻炼。夏求明的解剖学成绩出色,也极大地培养了他对医学的兴趣,显露他外科医生的天赋。圣约翰大学医学院按照西方医学的教学理念安排医学课程,课程设置符合现代医学生培养规律,教育理念十分先进。第一、第二学年主要进行生理学、病理学、细菌学、解剖学等基础医学教学,第三学年开始临床诊断学、实验诊断学、外科学、内科学、神经病学等临床医学教育,高年级开始耳鼻喉、皮肤科、骨科、眼科、外科等分科的专科化教学。圣约翰大学医学院非常注重医学的临床应用,学生从三年级开始进入医院,在医生带领下参加临床病例讨论和门诊出诊实习。

知名教师团队:扎实的医学基础训练使夏求明打下良好的根基,而他丰富的医学素养和临床经验源于圣约翰大学医学院的优秀教师团队。圣约翰大学的教学规模堪称当时国内的顶尖水平，教导夏求明的教师包括：外科学教授是著名医学家、中国整形外科先驱、圣约翰大学医学院院长倪葆春，中国心血管外科奠基人兰锡纯，热带病学教授是中华医学会创始人之一刁信德，内科学授课教授是中国血吸虫病专家黄铭新，矫形外科学教授是骨科专家、后任中华骨科学会名誉会长叶衍庆，骨科矫形外科先驱胡兰生，眼科学教授是眼科学专家、国家一级教授张福星等。这批顶尖医学专家为新中国医学发展史做出了杰出贡献，中华医学会21位发起人中有7位毕业于圣约翰大学医学院，其中颜福庆、俞凤宾、刁信德、牛惠霖、牛惠生均担任过会长。因此，圣约翰大学又被誉为"名医的摇篮"，夏求明和许多同学均在各自医学领域成就不菲。

高标准的临床实践：在上海仁济医院实习期间，夏求明表现出了优秀外科医生的高尚医德和出色能力，得到仁济医院医生们的广泛认可，为他的实习鉴定写出了最高的评语。夏求明也是学生中唯一一位在实习期间就参与手术的医学生，实习期间他得到众多优秀外科专家的指导，如著名外科先驱董方中教授，就以主刀身份亲自辅导过夏求明手术。严谨、标准、高水平的临床手术教学对外科医生的培养无疑具有重大意义，在实习期间，夏求明已经成为合格的外科医生了。

一心为了患者的外科医生

临床医学科学家首先必须是一名优秀的医生。几乎所有与夏求明共事过的医学同仁，都对他赞不绝口，认为他是深受患者爱戴的好医生。夏求明先后荣获哈尔滨医科大学建校以来"三十名家"荣誉称号、黑龙江省卫生系统先进工作者、中华医学会颁发的"全国百名优秀医生"称号，都是他作为一名优秀医生的充分证明。

夏求明对待患者尽心竭力。胸心外科是死亡率较高的科室，早期的医学检查检验设备不多，医疗经验和学科知识也均处于探索阶段，毫无借鉴经验可谈，在早期摸索阶段，夏求明每完成一例手术，必在病房坚守，随时看护患者、记录病程。胸心外科的术后患者病情较重，早期的无菌条件不好，术后感染率高，医生看护患者一看就是几天几夜，遇到病情变化随时进行救治。在他的努力下，胸心外科死亡率大幅度下降。

抢救患者，他不抛弃、不放弃。患者术中心脏骤停，夏求明实施心脏按压长达 80 分钟，在他七十高龄的时候，仍然在手术台上坚持心脏按压救回患者的生命。他曾说："作为医生，在台上你就是将军，如果将军都放弃了，这场战争就失败了。所以不能轻言放弃，再多坚持一下，也许这个患者就被救活了。医生就是跟死神在拽扯一个生命，当你的手一松，死神就把他拽走了，当你的手紧一紧，这个人就被你拉回来了。"同事谢宝栋回忆：有一次在手术台上，面对大出血的患者，所有医生都觉得患者没救了，夏求明却坚持尝试各种止血方法，终于在众人的惊叹中救回了患者的生命。在夏求明的学生印象中，从来没有患者死在夏老师的手术台上。老同事、麻醉医生曲仁海说，夏求明的手术患者从未因医生的责任而死亡。作为一名心脏外科医生，这样的业绩堪称奇迹。

对成功的手术，夏求明重视术后随访工作，对一些特殊手术患者持续跟踪随访，观察期长达一年以上。他与心脏移植术后患者更是随时保持联系，每年固定时间为他们做健康检查。术后随访能让夏求明随时掌握心脏外科患者的第一手资料，得以总结经验、发现规律、制定标准，积累了大量真实可靠的样本资料。

对失败的手术，夏求明更加重视。在他的主持下，哈医大二院心外科死亡病例讨论具有很高的临床实践价值，同事们对责任不推诿、不隐瞒，尽力寻找患者的死亡原因，为下一位患者能够痊愈总结教训、积累经验。

医生们的努力，患者看在眼里，感受在心中。有时患者家属感动不已，跪倒在夏求明面前，或者与他抱头痛哭；数十年后仍然健康生活的老病患，再见到夏求明时仍激动不已；还有很多心脏重症术后患者，每次都有人依偎在夏医生身边，只为了感受到"安全感"……这些情绪里凝结了无数医患间的真情和信任，今天看来尤为珍贵。

20 世纪 80 年代重建心外科时，他急于攻克一项又一项心外科技术壁垒。夏求明全心全意为患者着想，首先选择了瓣膜疾病和复杂畸形，因为这两种病患的数量较多、治疗难度最大、死亡率最高，攻克它们对患者更为有益，这些疾病手术的成功奠定了夏求明在心脏外科界的权威地位。为

结 语 | *191*

了保障手术成功率、确保术后患者的生存质量，夏求明终其一生研究心肌保护方法，并取得了许多重要研究成果，使他在举国心脏移植失败的阴影下，取得独树一帜的成功。即使要开展心脏移植手术的创举，他仍然主张要从患者的需要出发，而不是为了获得移植技术才进行移植手术。

> 我们开展心脏移植不是为移植而移植，而是因为广大的患者需要治疗、需要延长寿命、需要更好的生活质量，这是我们的责任。过去，我们没有完成这个责任，我们没有满足患者的需要，我们对不起患者。我们的条件是很困难，但我们在想如何在困难的条件下更上一层楼，如何去满足患者的需要。①

求真务实的科研精神与广阔的学术视野

良好的人文教育和扎实的医学教育，是成为一名优秀外科医生的基础条件，夏求明能够成长为杰出的临床医学科学家，得益于他求真务实的科研精神与广阔的学术视野。科学的真理无穷尽，需要科研工作者不断深入探索，而探索的手段需要不断创新。在认识医学规律、揭秘疾病本质、医学技术研发等方面，夏求明都堪称优秀的科学家。

科学的思维建立在对客观事物及其规律正确认识的基础之上。经过扎实的医学基础学习和训练，夏求明对医学本质的认识更为深刻，科学思维更加精准，练就了他敏锐的分析视角，使他能够找准问题的根源。例如，在与赵士杰教授关于胃部吻合口瘘的学术争论中，虽然两位教授的观点都正确，但夏求明的观点更为直接，更利于解决实际问题。

这种求真务实的科学研究态度使得夏求明在医学研究的道路上少走了许多弯路。例如，在全国都在学习针刺麻醉的时候，夏求明却不以为然，他坚定地认为气管插管才是最好的麻醉手段，这成为他后来胸心外科大手术成功的重要条件；在体外循环刚刚兴起的时期，夏求明敏锐地发现体外循环将会是保障未来心脏外科发展的利器，于是他全力攻克体外循环的原

---

① 夏求明在心脏移植手术表彰大会上的发言。1992年，未刊稿。

理与技术，没有受到当时流行的半身体外循环的干扰，这使他后来带领的哈医大二院心外科在国内遥遥领先；在瓣膜置换、心肌保护等心脏外科的重要技术领域，夏求明都在条件有限的情况下，创造了最佳的治疗方案。

研究体外循环、发明心肌保护装置、设计软支架瓣膜……这些发明看似与外科医生并不相关。医学技术日渐成熟，如今大量的医疗器械公司可以研发出先进的医疗装置，但在20世纪80年代，这些装置还都刚刚起步，夏求明凭借广博的学识，自行设计研发了许多新装置、新技术、新治疗手段。

作为一位学识广博、眼界开阔的学者，在夏求明的学术生涯中，他始终保持旺盛的工作精力和学习热情。他对新生事物充满好奇心，勤于学习和研究新医疗技术，对医学未来发展极富远见。一位在80年代听过夏求明授课的学生回忆，夏老师在课堂上讲述的先进显影技术、检验手段等，在当时他们看来简直是不可想象的天方夜谭，然而后来在十几年间变成了现实。

夏求明不局限于心外科领域，他还研究血液动力学、免疫排斥学、分子生物学，甚至研究机械设计，多个学科都有涉猎。曾经跟随夏求明学习的超声医学科医生田家玮对夏求明的广泛的跨学科研究能力记忆犹新，她记得夏求明很快就学会分析刚上市的新型心脏超声诊断图，而不是像大多数医生只看彩超医生的报告就做诊断。对于心内科心肌活检、血管造影技术、气管插管麻醉方法、重症监护、免疫制剂等多学科知识，夏求明均有良好的研究基础，这使他在指挥心脏移植这项复杂的系统工程中能够得心应手。

君子之风　凝神聚力

心脏是一个有着复杂机制的重要器官，心脏疾病的治疗一直都是一个系统工程，心脏外科比任何医学学科都需要团队的力量。夏求明深刻地认识到这点，从步入胸心外科领域起，他便对团队建设十分重视。早年间，他积极参与麻醉组的建设，深谙麻醉技术，亲自与同事一道购买麻醉机，开展气管插管麻醉。麻醉科成立后，他又刻苦研究体外循环技术，成功开展心内直视手术。"文化大革命"结束后,他重新建设团队,培养了黑龙江省最杰出的体外循环团队,成为他心外科技术力量的重要保障。他与哈尔滨医科大学合作,推动心肌保护液成分研究;与吉林水利机械厂合作,设计研制心肌保护灌注装置;与风湿免疫科合作,研究脏器移植免疫排斥反应;与心内科合作,开展血管造影技术与心肌活检技术;与影像学科合作,开展心脏影像学检查……今天,多学科综合治疗(MDT)俨然成为医学治疗的热门模式,而夏求明早在80年代就已经开始应用了这一现代化模式。

心脏移植研究的十余年间,夏求明带领心外科团队,联合心内科、泌尿外科、肾移植、麻醉、风湿免疫、血液科等众多学科团队,突破了百余项技术难题,成功实施心脏移植手术,推动了我国心脏移植事业全面振兴。夏求明反复强调"心脏移植工程的成功是集体智慧的结晶,是大家共同努力的结果,不要总是宣传我、表扬我"。

夏求明不仅一个名医,而且是一个科学家,甚至是战略层面非常杰出的科学家。他有甘于奉献、团结合作、锲而不舍、不断创新的精神,这是他成功的原因,这些都值得我们今天去追忆、去学习、去弘扬。

夏求明能够在当时的情况下脱颖而出,主要因为他具备敢为人先的精神,就是创新的精神。创新是什么?技术瓶颈那么多,怎么去突破?供体的保存、供体的选择、营养液的配比、免疫抗排斥反应的药物、术后护理等一系列难点,都得靠技术、靠集体。夏求明有创新性的思维,他能够破解每一个环节的难点。

今天,党和国家重视科学,我们的科研环境非常好。我们要培养出夏求明这样的科学家,就要培养他们的奉献、团结、创新精神。长江后浪推前浪,一代更比一代强,如今我们有许多优秀人才。在夏老师的带领下,在他的理念和精神的影响下,现在双手移植、单前臂移植、肾脏移植、肝脏移植等临床手术发展得很好,在国际上都有影响力。①

---

① 杨宝峰访谈,哈尔滨,2017年8月31日。资料存于采集工程数据库。

在夏求明实施第一例心脏移植术后的数十年，哈医大二院心内科、重症监护、超声诊断等众多学科，仍然坚持为夏求明的"作品"——心脏移植术后患者实施完善的术后治疗和长期随访，保障着他们健康积极的生活。正如杨宝峰院士所言，那些曾经跟随夏求明的学科团队，如今已经成为强劲的"后浪"，步入国家优秀学科的第一方阵，夏求明的心愿得以完成：

我只希望我们的工作作为星星之火，能把哈尔滨医科大学的整个科研工作、整体工作点燃起来！

附录一　夏求明年表

1926 年

6月2日，出生于江苏省松江县（现上海市松江区）。外祖父张友苌（1871—1915年）是当地的名门望族，第十三代儒医。父亲夏仲方师从张友苌，为松江、上海地区著名"经方派"中医，后为上海华东医院中医科主任，一级教授。母亲张尧超原是教员，与夏仲方结婚后辞去工作操持家务。姐姐夏求真，比其年长2岁，毕业于上海大同大学化学工程系，后任西南化工研究院副总工程师。

1929 年

妹妹夏求洁出生。夏求洁后毕业于圣约翰大学医学院（现上海第二医学院），北京协和医院、中国医学科学院肿瘤医院病理科主任，博士生导师，病理生理学专家。

1932 年

就读松江县观音桥小学。

1936 年

父亲夏仲方自筹资金建设诊所,所在地紧邻松江一中,后将该诊所小楼无偿捐赠给松江一中做图书馆,命名为"仲方图书馆",慷慨义举对子女们做出了重要的人生表率。

1937 年

8 月 13 日,"淞沪会战"爆发。

8 月 16 日,日军轰炸松江县,举家逃难到乡下。数月后日军扫荡村庄,全家再次逃到上海租界。

1938 年

就读上海齐鲁小学五年级。

1939 年

就读江苏省立上海中学。

1940 年

举家搬迁至上海法租界兴安路 141 弄 11 号,父亲夏仲方在新址开诊。

1945 年

9 月,考入圣约翰大学医学院,就读预科班。

1947 年

9 月,预科班毕业,正式升入圣约翰大学医学院,接受了当时国内顶尖的正规医学教育。解剖学课程成绩出色,奠定了扎实的外科手术基础。

1949 年

9 月,获得圣约翰大学医学学士学位。

9 月,进入上海仁济医院见习。

12月，参加上海郊区防治日本血吸虫病工作，至次年3月。

1950年

4月，获得上海郊区日本血吸虫病防治委员会颁发的记功证，记功一次。

5月，进入上海仁济医院实习，跟随外科医学巨擘董方中等著名专家学习临床手术，得到带教老师的高度好评。

1951年

7月27日，报名参加上海市医务工作者抗美援朝手术医疗队。

8月1日，与另外7名同学共赴吉林省通化二道江县第十一陆军医院，协助治疗朝鲜战争志愿军伤员。

1952年

5月，抗美援朝志愿者医疗队返回上海。

7月，圣约翰大学医学院毕业，获得医学博士学位。

9月，响应国家支援边区的号召，奔赴黑龙江省，在哈尔滨医科大学外科学院任助教。

1953年

哈尔滨医科大学整体搬迁，新校址建设开工，布局分为南北两部分，北部为办公教学区域，南部为医院区即哈尔滨医科大学附属第二医院（以下简称"哈医大二院"）。哈尔滨医科大学外科学院更名为哈尔滨医科大学附属第一医院（以下简称"哈医大一院"）。

响应国家号召，开始学习俄语。

进入哈尔滨医科大学外科学院泌尿外科轮科。

1954年

进入哈医大一院骨科轮科。

父亲夏仲方响应国家公私合营号召，带头关闭私人诊所，投身国家公共医学教育，由于其在上海中医界名望颇高，被聘为上海华东医院中医科主任。

1956 年

9 月，任主治医师。哈医大一院普通外科与胸心外科分离，成立胸心外科专科，与主任徐敬业着手创建哈医大一院胸心外科。

与徐敬业共同在黑龙江省率先开展心脏二尖瓣分离术，两年内共完成手术 40 例，无一例死亡。

父亲夏仲方被评为上海市先进工作者，出席全国先进工作者大会。

1957 年

拓展胸外科手术技术，开发"器官代食管的优选器官""气管吻合口漏问题的解决方法""肺癌手术的最佳方案"等一系列临床新技术。

1958 年

与哈尔滨医科大学病理生理学教师黄舜毅结为伉俪，婚后黄舜毅赴苏联进修，师从世界顶尖生物分类学大师斯格拉宾，后任哈尔滨医科大学病理生理学教研室主任。

参加万家水库修建劳动一个月。

赴上海购置心肺机上海 II 型，开始研究体外循环技术。

1959 年

6 月，晋升为哈医大一院讲师。

1960 年

参加下乡实习半年。

1962 年

进行低温下心内直视手术 40 例动物实验，开展低温阻断循环和体外循环的研究。

将体外循环技术正式应用于临床。

1963 年

2 月，获哈医大一院先进工作者。

完成黑龙江省首例体外循环下儿童先心病手术。

1965 年

1 月，为抢救一名重症缩窄性心包炎患者，进行开胸手术直接进行心脏按摩长达 80 分钟，成功挽救患者生命。

3 月，完成一系列体外循环实验，在《哈尔滨医科大学学报》发表论文《上半身灌注侧枝吻合的观察》，证实了当时流行的半身体外循环实为全身体外循环的重要结论，证实了半身体外循环的缺陷。

5 月，在《哈尔滨医科大学学报》发表论文《低温低流量体外循环的实验研究》，介绍了体外循环机器不完善情况下的临床应用方法。一系列科研论文使黑龙江省的体外循环及心肌保护技术进入临床应用并与国内同步发展。

在体外循环支持下，成功完成了 15 例先天性心脏病患者手术。

1966 年

1 月，调入哈尔滨医科大学附属第二医院胸心外科，任讲师。

5 月，"文化大革命"开始，哈医大二院胸心外科主任赵士杰被停止医疗工作，独立支撑胸心外科手术。

哈医大二院胸心外科被省政府列为重点建设学科。重点发展心脏外科，将临床工作及科学研究的重点首先放在了先天性心脏病上。

1968 年

父亲夏仲方去世。

全省心内直视手术被迫停顿，仍坚持从事胸外科的临床及科研工作，发表《食管胃吻合口瘘的防治》《缩窄性心包炎手术死亡原因》和《晚期肺癌的化学治疗——经肺动脉灌注化学药物》等文章。

1969 年

响应国家"战备医院"建设号召，带领进修医生白天开展胸外科手术，晚上挖地道做战备。

1978 年

3 月，任哈尔滨医科大学附属第二医院胸心外科副教授。

4 月，发表《先天性紫绀四联症（法鲁氏四联症）》。

8 月，发表《心血管外科的进展》。

恢复心内直视手术，更新体外循环技术，研究心肌保护，全面开展重症、复杂心脏病及大血管病的手术治疗。

1979 年

5 月，发表《软支架猪主动脉瓣作二尖瓣移植（动物实验总结）》。在国内最先研制软支架生物瓣，最早临床应用。

与吉林水工机械厂合作研制保持恒定低温重复灌注冷血钾的装置。

8 月 7 日，任哈医大二院外科副主任。

其父夏仲方平反，骨灰移至上海革命烈士公墓，以志永久纪念。

1980 年

8 月，任哈尔滨医科大学附属第二医院胸心外科副主任、教授，黑龙江省胸心外科学重点学科带头人。

软支架人工瓣膜临床应用获省科技集体奖。

1981 年

8 月，发表《软支架生物瓣二尖瓣置换术的临床应用》。

软支架人工瓣膜临床应用获省科技集体奖。

1982 年

3 月，全国首届体外循环学术交流会，发表《体外循环的应用与管理》。

9 月，发表《体外循环中的病理生理变化》。

12 月，发表《用体外循环泵重复灌注冷血钾停跳液——心肌保护技术的临床探讨》。

加入民盟。

与吉林水利机械厂合作，设计研制冷灌注装置（Ⅰ型）。

1983 年

3 月 1 日，与吉林水工机械厂合作研发的"心肌保护的临床研究——一种能保持恒定低温重复灌注冷血钾的装置"项目获得黑龙江省人民政府优秀科技成果奖三等奖。

9 月，赴美国堪萨斯城杜鲁门医学院胸心血管外科访问学者半年，取得杜鲁门医学院心血管医师合格证。在美期间，学习了美国体外循环、儿童先心病、心脏支架等技术，对比国内经验的优点和不足，为全面建设心脏外科奠定了重要基础。

12 月，参加上海心血管外科会议，发表论文《软支架异种主动脉瓣替换二尖瓣》《冷冻血应用于心脏手术的临床意义》。

带领胸科开展了先心病"艾伯斯坦"畸形根治术获得成功。

1984 年

5 月 7—9 日，赴美国纽约市，参加全美第二十四次全国胸外科年会。

7 月 27 日，任心血管外科教研室、胸外科主任。

赴成都、上海等地参观急救中心建设，为医院建设急救中心做经验积累。

进一步改进设计并研制成功设计研制冷灌注装置（Ⅱ型），制成内外套筒式，只需一个泵作为灌注动力，使用更为方便，推广至省内四个医疗单位应用。

1985 年

8月，参加中华医学会黑龙江分会举行的"黑龙江省胸心血管外科学术会议"，所著《22例法乐四联症右室流出道的梗阻》《心脏粘液病（附13例报告）》在会上被评为优秀论文。

9月10日，获得黑龙江省人民政府颁发的教师荣誉证书。

当选黑龙江省胸心外科学会主任委员。

1986 年

赴北京参加第一次国际心胸外科学会。

帮助建设哈医大二院第一住院部急救中心病房，后改为心脏外科重症监护病房，是黑龙江省早期的重症监护室 ICU 雏形。

1987 年

2月10日，"冷冻血用于体外循环开心手术的临床意义"获得黑龙江省卫生厅1985年度科技成果奖四等奖。

4月30日，《用冷血钾作为补充停跳液保护心肌的临床观察》荣获中华医学会哈尔滨分会1985—1986年度优秀学术论文。

7月15日，《主动脉骑跨征的鉴别诊断》荣获中华医学会哈尔滨分会1987年度优秀学术论文。

与哈铁中心医院合作，进一步改进冷灌注装置外形，缩小体积改进注水管，为冷灌注装置（Ⅲ型），共制作15套。

1988 年

4月1日，"用自体心包加宽瓣叶的方法作二尖瓣成形术""Ⅲ型心肌保护冷却器的改进，再生产和推广应用"获1987年度哈尔滨医科大学新技术成果奖二等奖。

5月20日，"重症动脉导管未闭的外科治疗""蘑菇形修补体治疗室间隔缺损""深低温低流量体外循环治疗重症动脉导管未闭""常温体外循环"获哈医大二院1987年度新技术成果奖二等奖。

当选哈尔滨市第七届政协委员。

1989 年

1月，被评为哈医大二院 1988 年度医院先进工作者。

2月，当选中华医学会第二十届理事会理事。

4月1日，"用机械瓣做心脏瓣膜的临床应用与观察"获 1988 年度哈尔滨医科大学新技术成果奖三等奖、1988 年度黑龙江省新技术应用奖二等奖。

5月1日，"Ⅲ型心肌保护冷却器的改进、生产和推广应用"获 1988 年度黑龙江省新技术应用奖一等奖。

5月25日，在中华医学会黑龙江分会第二次会员代表大会上被选为中华医学会黑龙江分会常务理事。

6月28日，"用自体心包片修补先心病房缺的方法"获 1988 年度黑龙江省医药卫生科技进步奖二等奖。

7月22日，赴日本参加第二届国际心胸外科年会，做"The clinical status of cardiac myxoma in CHINA"（《我国心脏粘液瘤外科疗法的现状》）专题报告。

当选哈尔滨市第八届政协委员。

当选中华器官移植学会委员。

担任黑龙江医药技术高级评委。

1990 年

2月，被评为 1989 年度哈医大二院优秀科技工作者。

4月1日，"感染性主动脉心内膜炎的外科治疗"荣获 1989 年哈尔滨医科大学新技术成果奖二等奖。

6月，参编其父亲专辑著作《夏仲方专辑》，由化学工业出版社出版发行。

7月，被授予哈尔滨医科大学终身教授。

7月，成为日本国际胸心外科协会 Founding Member，国内仅两人获此殊荣，另一位是上海第二医学院附属仁济医院王一山教授。

7月27日，赴日本参加第三届国际心胸外科年会，发表专题报告"Surgical result and follow-up study of mitral leaflet enlargement valvuloplasty using autogenous pericardial patch"（《自体心包补片二尖瓣扩张术的手术结果及随访研究》）。

8月1日，被聘为哈尔滨市中级人民法院法医顾问。

9月1日，"提高心肌保护的冷血钾停搏法"获1989年度黑龙江省医药卫生科技进步奖二等奖、1989年度黑龙江省科技进步奖四等奖。

当选哈尔滨市第九届政协委员。

1991年

3月27日，"Bentall手术治疗Marfan氏综合症"荣获1990年度哈尔滨医科大学新技术成果奖三等奖、1990年度黑龙江省新技术应用奖三等奖。

3月27日，"二尖瓣瓣环成形的新方法"荣获1990年度哈尔滨医科大学新技术成果奖三等奖、1990年度黑龙江省新技术应用奖三等奖。

9月14日，《氧合热血心停搏》在黑龙江省心胸外科学术交流会上被评为优秀论文。

赴日本参加日本国际心胸外科会议，发表论文《用心包片加宽二尖瓣叶治疗二尖瓣关闭不全》。

1992年

1月9日，被评为哈医大二院优秀管理干部。

1月10日，被评为1991年度哈医大二院优秀科技工作者。

3月28日，"温血停搏一种新的有效的心肌保护法"获1991年度哈尔滨医科大学新技术成果奖一等奖、1991年度黑龙江省卫生厅新技术应用奖一等奖。

3月28日，"部分型房室通道合并少见的血管畸形3例"获1991年度哈尔滨医科大学新技术成果奖二等奖、1991年度黑龙江省卫生厅新技术应用奖一等奖。

4月26日，攻克100多项技术难题，克服国内特殊条件的困难，带领百余名医务工作者，采用标准法成功完成黑龙江省首例同种原位心脏移植手术。患者杨玉民术后存活18年零6个月，患者在世时，创下中国内陆地区心脏移植术后存活时间的纪录。心脏移植手术成功震惊全国医学界，为我国心脏移植的全面开展积累了大量的宝贵经验。

5月3日，《人民日报》（海外版）第三版报道心脏移植手术成功消息。《光明日报》第二版报导了心脏移植手术成功消息。

5月8日，《人民日报》在第四版报道了心脏移植手术成功消息。

5月27日，时任黑龙江省省长邵奇惠到哈医大二院看望心脏移植手术患者杨玉民，并慰问医务人员。

6月6日，哈尔滨医科大学召开首例心脏移植阶段总结表彰大会，黑龙江省政府拨款10万元奖励心脏移植研究团队。

10月19日，参加北京"中美医师心脏移植学术研讨会"。

10月，获得国务院特殊津贴。

12月，"冠状静脉窦逆行灌注管的制作和使用心肌保护液顺灌和逆灌的联合应用"获得1991年度黑龙江省医药卫生科技进步奖三等奖。

1993年

3月20日，被评为1992年度哈尔滨医科大学优秀医务工作者。

3月27日，被评为1992年度哈医大二院优秀科技工作者。

4月26日，参加哈尔滨医科大学召开的庆祝首例心脏移植一周年暨黑龙江省移植中心成立大会。

7月16日，被聘为黑龙江省医药技术高级评审委员会委员。

9月，"温血停搏法保护心肌的研究"荣获黑龙江省科技进步奖四等奖、1992年度黑龙江省医药卫生科技进步奖一等奖。

9月15日，参加辽宁省兴城市举行的东北三省首次胸心外科学术会议。

12月6日，"黑龙江省首例同种原位心脏移植成功"获1992年度黑龙江省医药卫生科技进步奖一等奖。

12月6日，"全周"Devega"式缝缩法行二尖瓣环形成形术"获1992

年度黑龙江省医药卫生科技进步奖四等奖。

获中华全国归国华侨联合会爱国奉献奖。

1994 年

2月，采用标准法完成哈医大二院第二例同种原位心脏移植手术，截至2021年5月，患者于文峰已经健康存活27年，至今仍然是中国内陆地区心脏移植术后存活时间最长的"换心人"。

3月，参加在北京举行的中华医学会第二十一次代表大会。

4月4日，加拿大卡尔加里大学校长克莱伦斯·甘特来访交流，并看望第二例"换心人"于文峰。

4月28日，被大庆油田总院聘为客座教授。

5月26日，首例心脏移植患者杨玉民术后体征良好，其夫人赵艳华顺利分娩健康女婴，身长46厘米，体重1900克，心率、呼吸均在正常范围内。

9月6日，荣获哈尔滨医科大学"十大名医"称号。

9月8日，时任黑龙江省省长等领导、哈尔滨医科大学校长等一行访问哈医大二院，看望"换心人"于文峰，并与夏求明等心外科医生会谈。

9月11—12日，参加黑龙江省心胸外科学术年会，当选为黑龙江省医学会心胸外科专业委员会主任委员。

成功将心脏Cox迷宫手术改良后应用于治疗风心病合并心房纤颤的治疗。

1995 年

1月9日，"温血逆灌在主动脉置换手术中的应用"被评为哈尔滨医科大学1994年度医疗新技术成果奖二等奖、1994年度黑龙江省医疗新技术应用奖二等奖。

1月9日，"重症缩窄性心包炎体外循环下行心包剥脱术"被评为哈尔滨医科大学1994年度医疗新技术成果奖三等奖、1994年度黑龙江省医疗新技术应用奖三等奖。

1月20日，被评为全国卫生系统先进工作者。

2月21日，被评为1994年度哈医大二院优秀科技工作者。

2月24日，被评为1994年度哈医大二院先进工作者。

4月25日，被聘为黑龙江省科学进步奖医疗卫生行业评审委员。

5月，被黑龙江省卫生厅聘为1995年省医药高级评委会委员。

6月12日，被黑龙江省自然科学基金委员会聘为1995年度黑龙江省自然科学基金委员会"省杰出青年科学基金"学科组同行评议专家。

6月27日，作为专家组成员参加黑龙江省首届杰出青年科学基金学科评审。

9月27日，黑龙江省医学会第三次会员代表大会上当选黑龙江省医学会第五届理事会常务理事。带领的胸心外科专业委员会荣获黑龙江省医学会授予的先进专业委员会称号。

11月，为48岁黑龙江省逊克县农民赵传军完成心脏移植手术，是哈医大二院第三例心脏移植手术。该例手术术式采用了亚洲首例全心移植法，克服了标准法原位心脏移植手术的缺陷。三例成功的心脏移植手术在心脏保护、免疫耐受、抗感染、手术术式等方面积累了大量宝贵经验，为后来全国心脏移植的开展做出重要的探索。

福建协和医院、上海胸科医院、沈阳陆军总医院等单位派专家组到哈医大二院学习心脏移植。

1996年

8月，迎接原全国人大副委员长、全国妇联主席彭珮云视察。

11月，北京中华医学会胸心血管外科学会第四次会议发表论文《3例长期成活的同种异体原位心脏移植围术期处理》。

11月8日，赴海南省三亚市，参加中华医学会举办的中美心脏瓣膜研讨会。

赴湖北协和医院特邀讲座，介绍心脏移植手术经验。

"同种原位心脏移植"荣获1995年度国家科技成果奖三等奖。

开展激光心肌打孔血管重建治疗冠心病新技术，开创了治疗冠心病新途径，形成了冠心病治疗五大手段（药物、介入、搭桥、心脏移植、心肌激光打孔心肌再血管化）齐全的优势。

1997年

1月，主持黑龙江省科技攻关重大课题"抗人类排斥基因猪的研究与临床应用"。

2月27日，"感染性心内膜炎外科治疗"获得黑龙江省医药卫生科技进步奖二等奖。

4月1日，获黑龙江省卫生系统先进工作者、先进个人标兵。

4月8日，迎接原卫生部部长陈敏章来哈医大二院视察，并陪同看望"换心人"杨玉民和于文峰。

6月，哈尔滨医科大学胸心外科学博士生导师。

6月，实施一例心脏移植患者术后死亡，为夏求明心脏移植患者中首例死亡病例，给其留下深刻印象。经尸检与死亡病例研讨，确定病变源于肺动脉高压，为心脏移植技术改进提供了重要经验。

8月10日，采用双腔心脏移植法为一例终末期慢性克山病患者实施了心脏移植手术，双腔移植法能够保留供体心脏右心房解剖和功能的完整性，特别是心脏传导系统的完整性，成为后来心脏移植手术广泛采用的手术术式。自此，攻克了标准法、全心移植法、双腔法三项心脏移植的全部术式。

10月11日，担任中华医学会器官移植分会第三届委员会委员。

11月20日，"同种异体原位心脏移植"获得哈尔滨医科大学高新医疗技术成果奖。

"原位心脏移植免疫监测治疗——附三例成功报告"获1996年度黑龙江省医药卫生科技进步奖一等奖。

1998年

3月，"用自体心包加宽瓣叶的二尖瓣直观成形术"获得1997年度黑龙江省医药卫生科技进步奖一等奖，7月，获黑龙江省科学技术进步奖一等奖。

4月，卸任哈医大二院心外科主任。

7月，参编《新编冠心病学》由中国科学技术出版社出版发行。

8月，主编《临床心脏移植学》由人民卫生出版社出版发行。

12月，参编苏泽轩、于利新、黄洁夫主编的《现代移植学》由人民卫生出版社出版发行。

卸任黑龙江省胸心外科学会主任委员，被授予黑龙江省胸心外科学会名誉主任委员。

1999年

1月，主持国家八五攻关课题"心肺移植"。

2月，荣获中华医学会、中华医学管理学会、《健康报》社颁发的"全国百名优秀医生"荣誉及奖励。

11月15—17日，参加全国器官移植学术会议，作题为《加快我国心脏移植的步伐》专题报告。

在哈尔滨成功举办全国首届心脏移植研讨会。著名移植专家夏穗生和心血管著名专家朱晓东院士对大会给予了极高的评价，认为哈医大二院的心脏移植工作无论是在临床工作还是科研工作中，在全国均处于领先地位，极大推动了国内心脏移植工作的开展。

心胸外科被卫生部授予心脏移植继续教育培训基地。

2000年

1月，参编叶衍庆、汪曾炜主编的《现代胸心外科学》，由人民军医出版社出版发行。

1月14日，为哈尔滨患者杨孟勇（58岁）完成心脏移植手术，创造了心脏移植患者年龄最大的全国纪录。

4月9日，完成哈医大二院首例心肺联合移植手术，患者姜山术后存活14天。

3月3日，被佳木斯大学临床医学院聘为客座教授。

5月4日，被天津医科大学总医院聘为名誉教授。

5月18日，参加全国中青年器官移植医师培训。

9月，参编陈实主编的《器官移植手术图谱》由湖北科学技术出版社出版发行。

9月16日，应昆明第二医学院邀请，带领10名医护人员组成的心脏移植团队，赴昆明成功完成了一例心脏移植手术，患者龚孟坤长期存活，是我国西南地区第一例心脏移植手术。

参加在哈尔滨市举办的国际心血管外科进展研讨会。

2001年

2月，参编许业珍主编的《重症加强护理学》，由军事医学科学出版社出版发行。

6月，参加编译的《图说心血管系统病理生理学》由黑龙江科学技术出版社出版发行。

9月，建设成立哈医大二院心血管外科二病房。

11月28日，一次性心肌保护液灌注装置获国家专利，专利号：CN01211519.3。

带领团队协助天津医科大学完成同种异体原位心脏移植手术1例。

参编江一清主编的《现代冠心病学》，由人民军医出版社出版发行。

参编胡大一主编的《心脏病学实践》，由人民军医出版社出版发行。

2002年

2月1日，获得中华医学科技进步奖一等奖。参加北京举办的中华医学科技奖励大会暨2002年新春专家座谈会，由吴阶平颁发中华医学科技进步奖一等奖证书和奖杯。

2月10日，接待原黑龙江省省长宋法棠一行的慰问。

4月10日，带领团队赴徐州医科大学，完成标准法同种异体原位心脏移植手术一例，患者赵德根术后存活7年。

5月，赴济南市参加济南军区胸心外科专业委员会成立及专题研讨会。

7月11日，带领团队赴徐州医科大学，完成双腔静脉法同种异体原位心脏移植手术一例，患者郭庆芝术后存活7年。

10月11日，带领团队赴昆明第二医学院，完成昆明第二例心脏移植手术，患者李永和。

2003年

1月，参编汪曾炜主编的《心脏外科学》由人民军医出版社出版发行。

2月28日，获得国家科技进步奖二等奖。参加国家科学技术奖励大会，受到国家主席、中央军委主席江泽民，中共中央总书记胡锦涛，国务院总理朱镕基，国务院副总理李岚清，中央政治局常委吴邦国、温家宝、曾庆红、李长春等党和国家领导人接见。

3月22日，赴沈阳市参加东北地区心外研讨会。

3月，全国人大代表、哈医大二院院长徐秀玉在第十届全国人大一次会议上提交议案，正式呼吁尽快制定《脑死亡法》，将脑死亡做为死亡标准。

7月1日，被哈医大二院心外三病房返聘。

7月27日，赴湖南长沙市，参加卫生部器官移植管理立法论证会，同时参会的有裘法祖、陈实、黎介寿等我国器官移植领域的专家，以及北京大学法学院、中国政法大学、武汉大学法学院等法学领域专家学者，代表总计43名。

9月，带领团队赴沈阳军区总院，协助完成同种异体原位心脏移植手术一例，患者焦春胜。

9月，参编由顾恺时主编的《胸心外科手术学》由上海科学技术出版社出版发行。

10月，参编由黄洁夫主编的《现代外科学》由人民军医出版社出版发行。

12月9日，应卫生部要求，修改《器官移植准入条例—心脏移植部分》草案。

12月27—29日，赴海南省三亚市，召开《中国器官捐献与移植合作项目》专家扩大会议，就公众器官移植捐献意识和科学知识的宣传教育，以及器官捐献与移植的立法研究等工作，开展广泛交流研讨。

2004 年

2月，国家卫生部科教司于2000年4月启动起草、制定我国"脑死亡判定标准"的工作，并成立了起草小组，咨询和论证了国家脑死亡判定标准的框架和主要内容。参与2003年11月出台的我国《脑死亡判定标准》和《脑死亡判定技术规范》征求意见稿的修改工作。

5月22日，举办哈尔滨原位心脏移植学习班。

7月，被聘为《中国现代外科学杂志》常务编委。

8月，担任中华医学会主办的《中华器官移植杂志》第六届编辑委员会委员。

2005 年

3月1日，"树突状细胞亚群的鉴定及其诱导免疫耐受机理的研究"获得黑龙江省高校科学技术奖一等奖。

3月27日，被聘为《中华现代外科学杂志》专家编辑委员会常务编委。

10月，被聘为《中国体外循环杂志》顾问。

获得黑龙江省高校科技奖一等奖。

2006 年

参加北京国际心血管病论坛会议。

2007 年

3月，《新型心肌保护灌注器》获2006年度黑龙江省医药卫生科技进步奖三等奖。

3月，我国第一部《人体器官移植条例》出台，包括哈尔滨医科大学附属第二医院在内的全国范围内百余家医疗机构获得器官移植准入资格。

2008年

1月，当选黑龙江省医师协会胸外科专业委员会名誉主任委员。

3月，获得中国医师协会心血管外科医师奖"金刀奖——终身成就奖"。

4月，参编《实验动物质量控制》由中国标准出版社出版发行。

7月9日，黑龙江省医师协会心血管外科专业委员会成立，当选第一届主任委员。

11月，参与修改中华医学会器官移植学分会编纂的《临床诊疗技术操作规范〈器官移植学分册〉》。

同种原位心脏移植入选"黑龙江省改革开放三十年十大科技成果"；夏求明教授获"黑龙江省改革开放三十年十大科技人物"入围人物。

荣获黑龙江省老年学学会、黑龙江省老年医学研究会颁发的实施百岁健康工程"百名名医"荣誉称号。

2009年

1月，与器官移植专家夏穗生、肾移植专家于立新共同主编《器官移植学》重新编辑再版，由上海科学技术出版社出版发行。

2010年

1月，参编近代海上名医医案系列《夏仲方医案》一书，由上海科学技术出版社出版发行。

3月，获得哈医大二院颁发的宣传工作特殊贡献奖。

11月，首例心脏移植患者杨玉民病危，多次参加多学科抢救会诊。11月20日，杨玉民因严重痛风导致多脏器衰竭去世，是当时我国存活时间最长的"换心人"，死后捐献全部脏器用于医学研究事业。

2011年

11月11日，荣获中华医学会胸心血管外科学分会颁发的"中国胸心血管外科杰出贡献奖"。

2012 年

9月4日，作为技术指导专家，参与黑龙江省首例心脏二次移植手术及术后会诊。

2014 年

赴北京参加国家临床重点专科评审会，哈医大院心脏大血管外科获得国家临床重点专科建设项目。

2015 年

8月，在武汉召开的中国器官移植大会暨第二届中国器官移植医师年会上，获得中国器官移植"杰出贡献奖"，另外七名获奖者为吴孟超、黎介寿、汤钊猷、郭应禄、夏穗生、唐孝达、李炎唐。

11月1日，在中国北京国家会议中心召开的第二十六届长城国际心脏病学会议暨第九届北京五洲国际心血管病会议上，做《我对心脏移植的认识》专题报告。

2017 年

8月3日，参加云南省昆明市召开的中国器官移植大会暨第四届中国器官移植医师年会。

2019 年

6月5日，于哈尔滨逝世。

附录二 夏求明主要论著目录

［1］徐敬叶，付士英，夏求明，等. 二尖弁狭窄手术 40 例［J］. 黑龙江医刊，1959（Z1）：135-136.

［2］于跃渊，夏求明，曲仁海，等. 上半身灌注侧枝吻合的观察［J］. 哈尔滨医科大学学报，1965（1）：66-68.

［3］徐敬业，夏求明，曲仁海，等. 低温低流量体外循环的实验观察［J］. 哈尔滨医科大学学报，1965（2）：61.

［4］夏求明，胡靖藩，张明文，等. 坚持心按摩 80 分钟抢救循环骤停 1 例成功［J］. 哈尔滨医科大学学报，1965（2）：60-61.

［5］夏求明. 先天性紫绀四联症（法鲁氏四联症）［J］. 黑龙江医药，1978（3）：32-38.

［6］夏求明. 心血管外科的进展［J］. 哈尔滨医科大学学报，1978（4）：91-96.

［7］夏求明. 软支架猪主动脉瓣作二尖瓣移植（动物实验总结）［J］. 黑龙江医药，1979（5）：37-40.

［8］夏求明. 软支架生物瓣二尖瓣置换术的临床应用［J］. 黑龙江医药，1981（8）：1-4.

［9］陈子道，夏求明，赵士杰，等. 先天性食管闭锁（附 6 例报告）［J］.

黑龙江医药，1981（2）：10-12.

[10] 陈子道，夏求明，赵士杰. 纵隔淋巴结核的外科治疗（附30例分析）[J]. 中华外科杂志，1981（11）：673-675.

[11] 夏求明. 体外循环中的病理生理变化[J]. 黑龙江医药，1982（9）：7-11.

[12] 夏求明，陈子道，陈厚坤，等. 用体外循环泵重复灌注冷血钾停跳液——心肌保护技术的临床探讨[J]. 黑龙江医药，1982（12）：6-11.

[13] 夏求明，苏英凡. 一种能保持恒定低温的冷血钾停跳液重复灌注装置[J]. 中华外科杂志，1982（11）：678.

[14] 夏求明. 外科治疗先天性和后天性心脏病1601例总结[J]. 哈尔滨医科大学学报，1985（4）：26-30.

[15] 徐敬业，夏求明. 冷冻血用于开心手术的临床意义[J]. 中华心血管病杂志，1985（3）：210-212.

[16] 祁家驹，夏求明. 室间隔缺损合并主动脉瓣脱垂或关闭不全在诊断和治疗上的某些问题[J]. 哈尔滨医科大学学报，1988（2）：110-112.

[17] 祁家驹，夏求明，赵士杰. 心内直视手术后脑栓塞（附6例报告）[J]. 哈尔滨医药，1988（2）：13-16.

[18] 祁家驹，夏求明，陈子道，等. 用自体心包加宽瓣叶的二尖瓣直视成形术[J]. 哈尔滨医科大学学报，1988（6）：463-465.

[19] 祁家驹，陈厚坤，夏求明. 胸骨后感染的预防和处理[J]. 哈尔滨医药，1988（3）：19-21.

[20] 祁家驹，夏求明，陈子道，等. 经右房及房间隔行二尖瓣直视手术的探讨[J]. 黑龙江医学，1989（4）：6-7.

[21] 徐永贵，夏求明，陈子道. 体外循环围术期消化道监测与处置[J]. 中国急救医学，1989（4）：26-28.

[22] 徐永贵，陈子道，夏求明，等. 重症心脏病术后左房测压的临床应用[J]. 中国急救医学，1989（5）：17-19.

[23] 田家玮，丁玉舒，孙桂荣，等. 主动脉骑跨征的超声鉴别诊断（附误判病例分析）[J]. 哈尔滨医科大学学报，1988（2）：105-107.

[24] 姚志发，汪少华，夏求明，等. Postoperative Infective Endocarditis and its Prevention in Open-heart Surgery with Extracorporeal Circulation [J]. 哈尔滨医科大学学报，1989（3）：202-203.

[25] 姚志发，夏求明，陈厚坤. 用自体心包片修补先天性心脏病房间隔缺损[J]. 哈尔滨医科大学学报，1989（2）：147-148.

[26] 田伟忱，陈厚坤，夏求明. 右室壁、房间隔、室间隔多发性假性动脉瘤1例[J]. 哈尔滨医科大学学报，1991（5）：353.

[27] 陈厚坤，陈子道，夏求明. 持针钳改制成胸骨钢丝钳的临床应用[J]. 哈尔滨医科大学学报，1991（6）：432.

[28] 陈子道，夏求明. 52例心脏粘液瘤的诊断与治疗[J]. 中华外科杂志，1991（4）：233-234.

[29] 莫绪明，夏求明. 冷冻在心脏外科应用的进展[J]. 心血管病学进展，1993（1）：45-48.

[30] 莫绪明，夏求明. 心房纤颤的外科治疗[J]. 心血管病学进展，1993b（3）：154-157.

[31] 祁家驹，夏求明，陈子道，等. "DeVega"法行二尖瓣环成形术[J]. 黑龙江医药，1993（6）：11.

[32] 马丽英，王孝铭，邢虹，等. 在人心脏换瓣手术中心肌缺血再灌注损伤时能量代谢的变化[J]. 中国病理生理杂志，1993（4）：485-489.

[33] 夏求明，陈子道，陈厚坤，等. 逆行灌注温血钾保护心肌在心脏移植中的应用[J]. 哈尔滨医科大学学报，1994（28）：395-398.

[34] 刘天兴，夏求明，姚志发，等. 心肌保护液顺灌和逆灌的联合应用[J]. 中华胸心血管外科杂志，1994（1）：60.

[35] 马丽英，王孝铭，邢虹等. 冷钾稀释血逆灌对心肌缺血再灌注损伤的保护作用[J]. 中国病理生理杂志，1994（5）：525-528.

[36] 马丽英，王孝铭，李向青，等. 温血逆灌对心肌缺血再灌注损伤的

保护作用［J］．中国病理生理杂志，1994（5）：529-532.

［37］赵明杰，夏求明，丁文祥．氧合晶体停搏液对心肌保护的作用［J］．上海第二医科大学学报，1995（1）：39-42.

［38］莫绪明，夏求明，姚志发．瓣膜替换术对心房纤颤转归的影响［J］．中国胸心血管外科临床杂志，1995（1）：3-5.

［39］莫绪明，夏求明，姚志发．瓣膜替换术后心房颤动的变化（附144例分析）［J］．中国循环杂志，1995（6）：341-344.

［40］莫绪明，夏求明．心房纤维颤动的外科治疗［J］．中华胸心血管外科杂志，1995（5）：6-8.

［41］祁家驹，蒋树林，夏求明，等．30℃血停搏液心肌保护的临床与基础研究（158例报告）［J］．中华胸心血管外科杂志，1995（1）：22-24.

［42］赵明杰，夏求明，丁文祥．氧合晶体停搏液对心肌保护的作用［J］．上海第二医科大学学报，1995（1）：39-42.

［43］赵统兵，王璞，关振中，等．同种原位心脏移植的免疫抑制治疗［J］．中华器官移植杂志，1995（3）：130-133.

［44］赵明杰，夏求明，丁文祥，等．氧及红细胞在心肌保护中的作用［J］．中华胸心血管外科杂志，1995（6）：358-360.

［45］车广耀，陈子道，夏求明．先天矫正型大动脉转位合并室缺及肺动脉瓣狭窄手术修复［J］．哈尔滨医科大学学报，1995（4）：282.

［46］陈子道，陈厚坤，祁家驹等．体外循环心内直视手术后急性心包填塞［J］．中华胸心血管外科杂志，1995（4）：251-252.

［47］王孝铭，李相忠，贾玉芝，等．冷钾稀释血顺灌及逆灌对心肌毛细血管保护效果的动态定量观察［J］．微循环学杂志，1995（4）：12-15.

［48］莫绪明，夏求明，高学奎，等．浸冷式心脏外科冷刀的研制及应用实验［J］．中华胸心血管外科杂志，1996（3）：154-155.

［49］田伟忱，夏求明．两例原位心脏移植术后的远期现状［J］．中华器官移植杂志，1996（2）：53-54.

[50] 臧旺福,夏求明,陈子道,等. 同种原位心脏移植(3例报告)[J]. 哈尔滨医科大学学报,1996(6):37-40.

[51] 陈子道,夏求明,姚志发,等. 全心脏切除原位心脏移植[J]. 中华胸心血管外科杂志,1997(6):56.

[52] 臧旺福,夏求明,陈子道,等. 三例心脏移植的远期心功能[J]. 中国胸心血管外科临床杂志,1997(4):9-12.

[53] 臧旺福,夏求明,陈子道,等. 三例原位心脏移植的疗效分析[J]. 中华器官移植杂志,1997(2):66-68.

[54] 吴振铎,张守臣,朱平,等. 原位心脏移植心内膜活检组织的电镜观察及排异监测[J]. 电子显微学报,1998(2):82-83.

[55] 夏求明. 同种原位心脏移植的实验和临床应用[J]. 黑龙江科技信息,1998(8):27.

[56] 赵统兵,关振中,李学奇,等. 原位心脏移植术后急性排斥反应的监测[J]. 中华器官移植杂志,1998(2):82-83.

[57] 于波,臧旺福,李学奇,等. 重症慢型克山病的治疗——心脏移植(附3例报告)[J]. 中国地方病学杂志,1999(1):50-53.

[58] 陈子道,夏求明,姚志发,等. 3例原位心脏移植免疫抑制治疗及急性排异的监测[J]. 中华胸心血管外科杂志,1999(1):25-26.

[59] 臧旺福,夏求明,姚志发,等. 双腔法原位心脏移植术后心脏功能和形态学观察[J]. 现代外科,1999(1):3-5.

[60] 臧旺福,谢振华,夏求明,等. 速尿对改善供心保存的作用[J]. 中华器官移植杂志,1999(2):39-41.

[61] 夏求明,臧旺福. 心脏移植进展[J]. 中华器官移植杂志,1999(4):9-11.

[62] 臧旺福,韩振,夏求明,等. 改善供心保护对移植后冠状血管病的影响[J]. 哈尔滨医科大学学报,1999(2):110-113.

[63] 臧旺福,谢振华,李君权,等. 前列腺素E1改善离体鼠心保存效果的研究[J]. 中国胸心血管外科临床杂志,1999(3):137-139.

[64] 唐玉荣,向桂玉,夏新芬,等. 心脏移植术中供心的保护[J]. 中华

器官移植杂志,1999(4):232-233.

[65] 臧旺福,夏求明,姚志发. 用双腔静脉吻合法行心脏移植一例[J]. 中华器官移植杂志,2000(1):54-55.

[66] 孙晨光,夏求明,李咏梅,等. 同种异体原位心脏移植(附6例报道)[J]. 中华器官移植杂志,2000(4):46-48.

[67] 夏求明,李君权. 器官移植在新世纪所面临的挑战[J]. 黑龙江医学,2001(4):241-242.

[68] 韩振,魏广志,夏求明. 血管紧张素转换酶抑制剂在心脏移植中的研究与应用[J]. 中国急救医学,2001(5):58-59.

[69] 夏求明,李君权. 器官移植在新世纪所面临的挑战[J]. 黑龙江医学,2001(25):241-242.

[70] 李君权,刘宏宇,王雪峰,等. 自体血管移植后内膜增生与内皮素-1 mRNA 表达的关系[J]. 中华实验外科杂志,2001(5):476.

[71] 张海波,夏求明,张国伟. 一氧化氮在心脏和血管移植免疫反应中的作用[J]. 心血管康复医学杂志,2002(2):189-191.

[72] 臧旺福,夏求明. 移植心脏的保存[J]. 哈尔滨医科大学学报,2002(3):251-252.

[73] 祝沪军,夏求明,李永刚,等. 胸骨"T"形锯开微创切口在先天性心脏病手术中的临床应用[J]. 哈尔滨医科大学学报,2002(5):388-389.

[74] 姚志发,何天腾,田海,等. 心肺联合移植后发生多器官功能衰竭一例[J]. 中国器官移植杂志,2002(5):306-307.

[75] 刘宏宇,李君权,叶明,等. 转化生长因子-β1及受体在自体血管移植后的表达[J]. 中华实验外科杂志,2002(5):477.

[76] 张临友,张学峰,夏求明. 恒河猴外周血 pDC_1/pDC_2 的分离和细胞表现型的研究[J]. 中华器官移植杂志,2003(2):36-38.

[77] 张国伟,夏求明. 茯苓醇提取物抗心脏移植急性排斥反应的实验研究[J]. 中华器官移植杂志,2003(3):40-42.

[78] 邱凤,臧旺福,田海,等. 缺血对移植心脏冠状血管的影响[J]. 中

华器官移植杂志，2003（6）：10-12.

[79] 夏求明，徐秀玉，臧旺福，等. 同种原位心脏移植的实验和临床应用研究［J］. 医学研究通讯，2003（2）：17-19.

[80] 张临友，张学峰，夏求明. 恒河猴外周血pDC_1/pDC_2的分离和细胞表现型的研究［J］. 中华器官移植杂志，2003（2）：36-38.

[81] 于洋，叶明，夏求明. 兔体外循环模型的建立［J］. 中国胸心血管外科临床杂志，2003（2）：151-152.

[82] 于洋，蒋树林，刘艳萍，等. 体外循环中抗肿瘤坏死因子抗体的肺保护作用［J］. 中华胸心血管外科杂志，2003（19）：159-161.

[83] 张临友，张学峰，马北北，等. Flt3L免疫扩增恒河猴外周血树突状细胞前体（pDC1/pDC2）的研究［J］. 中华实验外科杂志，2003（11）：1005-1006.

[84] 臧旺福，夏求明. 应进一步提高我国心脏移植的治疗水平［J］. 中华医学杂志，2004b（19）：5-6.

[85] 张国伟，夏求明. 茯苓醇提取物延长移植心脏存活作用研究［A］. 第6次全国微生物学与免疫学大会［C］. 2004：2.

[86] 张国伟，刘宏宇，夏求明，等. Anti-rejection effect of ethanol extract of Poria cocos wolf in rats after cardiac allograft implantation［J］. Chinese Medical Journal，2004（6）：132-135.

[87] 臧旺福，夏求明. 同种原位心脏移植的实验和临床应用研究［J］. 医学研究通讯，2004a（1）：11-13.

[88] 于洋，祁丹妮，夏求明. 抗肿瘤坏死因子α抗体对体外循环肺损伤的保护作用［J］. 中国胸心血管外科临床杂志，2004（1）：35-38.

[89] 张临友，张学峰，郭晓彤，等. pDC1抑制T细胞增殖的实验研究［J］. 中华实验外科杂志，2004（11）：1372-1373.

[90] 李咏梅，夏求明. 外源性肺泡表面活性物质对大鼠呼吸机相关性肺损伤的保护作用［J］. 中国胸心血管外科临床杂志，2005（2）：106-109.

[91] 徐广全，王斌，金相元，等. 塞来昔布对大鼠心脏移植急性排斥反

应的抑制作用［J］. 中华器官移植杂志，2006（2）：105-106.

［92］徐广全，王斌，金相元，等. 青藤碱对心脏移植大鼠急性排斥反应及环氧化酶2活性的影响［J］. 中华医学杂志，2006（13）：911-914.

［93］安守宽，夏求明，田伟忱. TBX1基因多态性与先天性心脏病的相关性［J］. 中国实用儿科杂志，2006（6）：463-464.

［94］韩振，夏求明. 血管紧张素转换酶抑制剂对心脏移植后冠状血管增殖病变的影响［J］. 中华实验外科杂志，2006（12）：1478-1480.

［95］叶明，吴乃石，夏求明. 门静脉预输注供者凋亡骨髓细胞延长大鼠移植心脏的存活时间［J］. 中华器官移植杂志，2006（5）：301-304.

［96］姚志发，田海，张临杰，等. 存活十年以上同种原位心脏移植三例［J］. 中华器官移植杂志，2007（5）：261-264.

［97］唐玉荣，夏求明，夏新芬. 新型心肌保护灌注器的研究［J］. 中国体外循环杂志，2007（4）：256.

［98］李君权，刘宏宇，王雪峰，等. 自体血管移植后内膜增生与eNOS mRNA表达关系的实验研究［J］. 哈尔滨医科大学学报，2008（4）：351-353.

［99］姚志发，夏求明. 生存时间最长的同种原位心脏移植3例［J］. 中华胸心血管外科杂志，2008（6）：415-416.

［100］李君权，安守宽，乔友进，等. 心脏移植术后长期存活的临床研究［J］. 重庆医学，2011（16）：1637-1638.

［101］李君权，安守宽，章佰承，等. 心脏移植术后长期存活病例移植物血管病变的临床分析［J］. 哈尔滨医科大学学报，2012（4）：364-366.

［102］田海，陈巍，谢宝栋，等. 心脏移植长期存活受者免疫抑制治疗经验总结［J］. 中华移植杂志（电子版），2017（1）：24-27.

［103］夏求明. 现代心脏移植［M］. 北京：人民卫生出版社，1998.

参考文献

[1] 夏求明. 现代心脏移植［M］. 北京：人民卫生出版社，1998.

[2] 夏穗生，于立新，夏求明. 器官移植学（第2版）［M］. 上海：上海科学技术出版社，2009.

[3] 陈实. 移植学［M］. 北京：人民卫生出版社，2011.

[4] 哈尔滨医科大学附属第二医院志（1986—2005）［Z］. 内部资料，2009.

[5] 薛建平. 图说上中：精英教育的缩影［M］. 上海：上海教育出版社，2015.

[6] 冯志刚. 史品上中：精英教育的缩影［M］. 上海：上海教育出版社，2015.

[7] 熊月之，周武. 圣约翰大学史［M］. 上海：上海教育出版社，2007.

[8] 哈尔滨医科大学附属第二医院年鉴（2014）［Z］. 内部资料，2015.

[9] 哈尔滨医科大学附属第二医院华诞（1954—2004）［Z］. 内部资料，2005.

[10] 陈玉英. 中医经方学家：夏仲方专辑［M］. 北京：化学工业出版社，1990.

[11] 哈尔滨医科大学附属第二医院五十周年院庆专刊：岁月留痕（1954—2004）［Z］. 内部资料，2005.

[12] 金红霞. 哈尔滨医科大学90年大事记［Z］. 内部资料，2016.

[13] 高晓燕. "哈尔滨"一词的来源及出现年代［J］. 学习与探索，1986（1）：61.

[14] 李志平. 20世纪下半叶中国医学发展史分期问题探讨［J］. 中华医史杂志，2005（1）：37-40.

[15] 那剑波. 被媒体误读误解误译的那些哈尔滨历史[J]. 新闻传播, 2013（12）: 214.

[16] 庞学臣. 俄侨历史文化——哈尔滨的城市记忆[C]// 城市记忆的变奏——中国博物馆协会城市博物馆专业委员会论文集（2013—2014）. 北京: 中国博物馆协会, 2014: 356-361.

[17] 上海线档案馆. 抗美援朝期间上海医务工作者支前档案史料选[J]. 冷战国际史研究, 2008（2）: 373-419.

[18] 石嘉. 抗战时期日本在上海的文化侵略——以上海日本近代科学图书馆为例[J]. 江苏社会科学, 2015（1）: 218-225.

[19] 徐振岐. 民国时期黑龙江高等教育述论[D]. 吉林: 吉林大学, 2013.

[20] 由岳峰. 浅谈哈尔滨近代城市的历史纪元[J]. 黑龙江史志, 2016（3）: 38-41.

[21] 魏洲阳. 上海英美派高等医学教育研究——以圣约翰大学医学教育为中心（1896—1952）[D]. 上海: 上海大学, 2011.

[22] 苏鸿熙, 孙衍庆. 喜庆我国心脏移植新进展的思维[J]. 中华胸心血管外科杂志, 1994（1）: 1.

[23] 朱军. 心血管病专家傅世英教授[J]. 中国医院管理, 1987（4）: 1.

[24] 苏鸿熙. 心脏外科的进展及其展望[J]. 中国人民解放军军医进修学院学报, 1984（2）: 201-206.

[25] 苏鸿熙, 李功宋. 心脏外科发展概况[J]. 北京医学, 1979（1）: 48-55.

[26] 陈挥, 魏洲阳. 医学界的"光与真理"——圣约翰大学医学院[J]. 上海交通大学学报（医学版）, 2010（4）: 1-3.

后 记

　　心，是人体最重要的能量中枢。自古以来，从它衍生出无数生命的遐想，人类的繁衍生息离不开它，人与人的爱离不开它，生命的奇迹离不开它。我们也因"心"的话题，窥见夏求明教授的一生，见识了许多人世间的悲喜。

　　我们曾坐在哈尔滨曲仁海教授朴素古旧的家中，听他讲述半个多世纪前医学的粗陋和种种不易，感慨20世纪医学先驱们因陋就简的奇思妙想、大胆创新，敬佩他们对生命的执着。盛夏时节在福州如火的烈日下，我们在"换心人"经营的小吃铺里见证他术后如火如荼的新生活，听廖崇先教授讲述与夏求明的缘分，感受20多年前夏求明不远万里协助福建开展心脏移植手术的友情。

　　我们在2017年4月26日见到了回哈医大二院定期复查的"换心人"于文峰，作为目前中国存活时间最长的换心人，他兴奋地向我们展示刚刚出生的小孙子的照片，而后将那几本写满了绝望与希望的病中日记郑重地交给我们，希望这些记载着生命奇迹的故事能够不被遗忘。我们收到了年龄最长的"换心人"杨孟勇亲手描绘的牡丹图，大红大紫的怒放色彩，生机勃勃。也来到他家中，听他详细地回忆痛苦的前半生和幸福的后半生，看到了心脏移植患者QQ群中分享的励志故事、养生经验、用药指南，和那些最终没有等到供体而永远变成灰色的头像。

  我们还进入了哈医大二院器官移植手术的现场,亲眼见证医生们向器官捐献者鞠躬致敬,器官捐献者的心又一次在别人的胸腔里有力地跳动,一人挽救了5人的生命。当捐赠者的母亲说:"我感觉,我的孩子又活下去了……"我们不禁潸然泪下。亲爱的夏老师,您看见了吗?二十多年前您描绘的多器官联合移植理想已经成为现实,您和许多前辈开启的器官移植时代已经走向成熟,您期望的"利他主义"器官移植精神已经被大众广泛接受。

  走进夏求明的人生,里面不仅有攻坚克难的医学突破,不仅有高精尖的医疗科技和精彩绝伦的手术技巧,更满载着人生的悲欢离合,隐匿着许多生命的脆弱与顽强。我们逐渐读懂了医学科技的意义,理解了夏求明教授终其一生所追求的"救死扶伤"的真谛,也愈发清晰地看到老科学家学术成长资料采集工程的崇高使命。

  我们愧于文字的苍白,圈囿于历史资料的匮乏,期望凭借辛勤的史料挖掘和全方位访谈,竭力还原那些艰苦的研究过程。其间,我们忝借夏求明教授的威望,得到了上海市松江区地方志办公室、上海中学、上海交通大学医学院档案馆、北京安贞医院、哈尔滨医科大学、哈尔滨医科大学附属第一医院、新华社黑龙江分社、福建协和医院等多家单位和医学同行的支持,使得这位毕生专注于医学的科学家人生得以丰富起来。

  最后,感谢采集工程的专家们在采集工作中给予我们的专业指导和帮助,你们充满专业性的思考,弥补了我们对史料挖掘深度和采集角度的浅薄,让"心之历程"逐渐蕴含丰厚。

老科学家学术成长资料采集工程丛书
已出版（139种）

《卷舒开合任天真：何泽慧传》　　《此生情怀寄树草：张宏达传》
《从红壤到黄土：朱显谟传》　　《梦里麦田是金黄：庄巧生传》
《山水人生：陈梦熊传》　　《大音希声：应崇福传》
《做一辈子研究生：林为干传》　　《寻找地层深处的光：田在艺传》
《剑指苍穹：陈士橹传》　　《举重若重：徐光宪传》

《情系山河：张光斗传》　　《魂牵心系原子梦：钱三强传》
《金霉素·牛棚·生物固氮：沈善炯传》　　《往事皆烟：朱尊权传》
《胸怀大气：陶诗言传》　　《智者乐水：林秉南传》
《本然化成：谢毓元传》　　《远望情怀：许学彦传》
《一个共产党员的数学人生：谷超豪传》　　《没有盲区的天空：王越传》

《含章可贞：秦含章传》　　《行有则　知无涯：罗沛霖传》
《精业济群：彭司勋传》　　《为了孩子的明天：张金哲传》
《肝胆相照：吴孟超传》　　《梦想成真：张树政传》
《新青胜蓝惟所盼：陆婉珍传》　　《情系梁菽：卢良恕传》
《核动力道路上的垦荒牛：彭士禄传》　　《笺草释木六十年：王文采传》

《探赜索隐　止于至善：蔡启瑞传》　　《妙手生花：张涤生传》
《碧空丹心：李敏华传》　　《硅芯筑梦：王守武传》
《仁术宏愿：盛志勇传》　　《云卷云舒：黄士松传》
《踏遍青山矿业新：裴荣富传》　　《让核技术接地气：陈子元传》
《求索军事医学之路：程天民传》　　《论文写在大地上：徐锦堂传》

《一心向学：陈清如传》　　《钤记：张兴钤传》
《许身为国最难忘：陈能宽传》　　《寻找沃土：赵其国传》

《钢锁苍龙　霸贯九州：方秦汉传》
《一丝一世界：郁铭芳传》
《宏才大略　科学人生：严东生传》

《我的气象生涯：陈学溶百岁自述》
《赤子丹心　中华之光：王大珩传》
《根深方叶茂：唐有祺传》
《大爱化作田间行：余松烈传》
《格致桃李半公卿：沈克琦传》
《躬行出真知：王守觉传》
《草原之子：李博传》

《此生只为麦穗忙：刘大钧传》
《航空报国　杏坛追梦：范绪箕传》
《聚变情怀终不改：李正武传》
《真善合美：蒋锡夔传》
《治水殆与禹同功：文伏波传》
《用生命谱写蓝色梦想：张炳炎传》
《远古生命的守望者：李星学传》

《善度事理的世纪师者：袁文伯传》
《"齿"生无悔：王翰章传》
《慢病毒疫苗的开拓者：沈荣显传》
《殚思求火种　深情寄木铎：黄祖洽传》
《合成之美：戴立信传》
《誓言无声铸重器：黄旭华传》
《水运人生：刘济舟传》
《在断了 A 弦的琴上奏出多复变
　　最强音：陆启铿传》

《虚怀若谷：黄维垣传》
《乐在图书山水间：常印佛传》
《碧水丹心：刘建康传》

《我的教育人生：申泮文百岁自述》
《阡陌舞者：曾德超传》
《妙手握奇珠：张丽珠传》
《追求卓越：郭慕孙传》
《走向奥维耶多：谢学锦传》
《绚丽多彩的光谱人生：黄本立传》

《探究河口　巡研海岸：陈吉余传》
《胰岛素探秘者：张友尚传》
《一个人与一个系科：于同隐传》
《究脑穷源探细胞：陈宜张传》
《星剑光芒射斗牛：赵伊君传》
《蓝天事业的垦荒人：屠基达传》

《化作春泥：吴浩青传》
《低温王国拓荒人：洪朝生传》
《苍穹大业赤子心：梁思礼传》
《仁者医心：陈灏珠传》
《神乎其经：池志强传》
《种质资源总是情：董玉琛传》
《当油气遇见光明：翟光明传》
《微纳世界中国芯：李志坚传》
《至纯至强之光：高伯龙传》

《弄潮儿向涛头立：张乾二传》　　《材料人生：涂铭旌传》
《一爆惊世建荣功：王方定传》　　《寻梦衣被天下：梅自强传》
《轮轨丹心：沈志云传》　　　　　《海潮逐浪　镜水周回：童秉纲
《继承与创新：五二三任务与青蒿素研发》　　口述人生》

《淡泊致远　求真务实：郑维敏传》　《采数学之美为吾美：周毓麟传》
《情系化学　返璞归真：徐晓白传》　《神经药理学王国的"夸父"：
《经纬乾坤：叶叔华传》　　　　　　　金国章传》
《山石磊落自成岩：王德滋传》　　　《情系生物膜：杨福愉传》
《但求深精新：陆熙炎传》　　　　　《敬事而信：熊远著传》
《聚焦星空：潘君骅传》

《逐梦"中国牌"心理学：周先庚传》　《恬淡人生：夏培肃传》
《情系花粉育株：胡含传》　　　　　《我的配角人生：钟世镇自述》
《情系生态：孙儒泳传》　　　　　　《大气人生：王文兴传》
《此生惟愿济众生：韩济生传》　　　《历尽磨难的闪光人生：傅依备传》
《谦以自牧：经福谦传》　　　　　　《思地虑粮六十载：朱兆良传》

《世事如棋　真心依旧：王世真传》　《心瓣探微：康振黄传》
《大地情怀：刘更另传》　　　　　　《寄情水际砂石间：李庆忠传》
《一儒：石元春自传》　　　　　　　《美玉如斯　沉积人生：刘宝珺传》
《玻璃丝通信终成真：赵梓森传》　　《铸核控核两相宜：宋家树传》
《碧海青山：董海山传》　　　　　　《驯火育英才　调土绿神州：
　　　　　　　　　　　　　　　　　　徐旭常传》

《追光：薛鸣球传》　　　　　　　　《通信科教　乐在其中：李乐民传》
《愿天下无甲肝：毛江森传》　　　　《力学笃行：钱令希传》
《以澄净的心灵与远古对话：吴新智传》《与肿瘤相识　与衰老同行：
《景行如人：徐如人传》　　　　　　　童坦君传》

《没有勋章的功臣：杨承宗传》　　　《科学人文总相宜：杨叔子传》